자유주의의 철학적 기초

신중섭 지음

자유주의의 철학적 기초

신중섭   지음

철학과현실사

· 시작하는 글 ·

　이 책의 주제인 자유주의에 대한 관심은 1990년대 초 미국과 멕시코를 여행하면서 시작되었다. 미국에서 멕시코로 넘어가는 국경 검문소는 아무런 제재 없이 통과하였다. 그러나 미국으로 입국하는 쪽에는 긴 자동차 행렬이 천천히 움직였다. 의아해하면서 멕시코로 들어갔다. 미국에서 나가는 것과 미국으로 들어오는 것이 왜 그렇게 차이가 나는가를 곧 알게 되었다. 국경을 넘어 처음으로 나타난 도시 티후아나의 분위기는 조금 전에 지나온 샌디에이고와 완전히 딴판이었다. 음산하고 살벌한 기운이 감돌았다. 겁에 질려 핸들을 미국으로 돌렸다. 국경 검문소에서 오랜 시간을 기다려 꼼꼼한 검열을 받고 미국 땅으로 다시 돌아왔다. 짧은 경험으로 전체를 판단할 수는 없지만, 왜 두 나라는 이렇게 다른가 하는 의문이 생겼다. 자연환경은 크게 다르지 않은데 국경을 경계로 양쪽은 왜 이렇게 다른 것일까? 사람의 차이인가? 정치의 차이인가? 문화의 차이인가? 이념의 차이인가?

그러나 멕시코 여행에서 생긴 의문은 귀국 후에 곧 잊혔다. 그때의 의문이 학문적인 관심으로 옮겨져 연구의 주제가 되지는 못했던 것이다. 그런데 상당한 시간이 흐른 후에 인공위성이 찍은 한반도의 밤 사진을 보면서 오래전에 멕시코 여행에서 받은 강한 인상과 의문이 되살아났다. 인공위성 사진은 미국과 멕시코의 선명한 차이가 남한과 북한 사이에도 존재한다는 사실을 보여주었다. 인공위성이 전송한 사진에서 남쪽은 밝게 빛났지만 북한은 중국과 남한 사이에서 적막한 어둠 속의 섬처럼 보였다. 한반도가 남북으로 갈리기 전에는 같은 민족으로 같은 문화 속에 살았다. 사람과 문화의 차이가 크게 작용하지는 않았을 것이다. 그것은 단시간에 변하지 않는다. 그렇다면 불과 몇십 년 사이에 이런 차이를 낳은 것은 이념과 정치의 차이임이 분명해졌다. 물론 이념과 정치의 차이로 사람과 문화도 변했을 것이다. 이를 계기로 이념에 관심을 갖게 되었고, 이것이 이 책을 구상하게 된 근원적인 이유가 되었다.

1930년대 영국의 경제학자 케인스는 "경제학자와 정치철학자의 아이디어는 그것이 옳았을 때나 틀렸을 때나 모두, 일반적으로 생각하는 것보다 더 강력하다. 실제로 세계를 통치하는 사람은 극소수다. 어떠한 지적인 영향력도 받지 않는다고 생각하는 실제적인 사람도 대개 어떤 죽은 경제학자의 노예다."[1]라고 했다. 이념의 중요성을 역설한 것이다.

"인종, 민족, 정부의 역할과 기능, 남녀 사이의 관계, 자연환경에 대한 인간의 책임, 그리고 그 밖의 많은 문제와 관련하여 인간의

---

1) John Maynard Keynes, *The General Theory of Employment, Interest, and Money*(London: Palgrave Macmillan, 2018), p.340.

사고와 행동을 형성하는 일련의 이념 체계"로서 이념(ideology)[2]은 인간 사이에 어떤 관계가 존재해왔고, 현재 어떤 관계가 존재하며, 앞으로 어떻게 될지, 또 어떻게 되어야 하는지에 관한 사람들의 생각에 영향을 미친다. 이념이 다르면 사람들은 인간과 사회, 국가에 대해 다른 생각을 갖게 된다.

이런 관점에서 본다면 남한과 북한의 차이를 설명할 수 있는 가장 좋은 도구 가운데 하나는 두 나라가 채택하고 있는 이념이다. 단정적으로 말하면 남한과 북한의 차이는 자유주의의 시행 여부로 설명할 수 있다. 무엇보다도 남한은 자유시장경제를 받아들였지만, 북한은 계획경제를 택한 것이 현재 남한과 북한의 차이를 유발한 가장 큰 원인 가운데 하나다. 이런 생각은 이념이 남한과 북한의 여러 방면에서의 차이를 설명할 수 있는 개념적 도구라는 믿음을 갖게 하였으며, 이런 믿음은 자연스럽게 자유주의에 대한 연구로 필자를 이끌었다.

이렇게 시작된 필자의 관심은 자유주의에 대한 단편적인 공부와 논문으로 이어졌다. 짧은 공부를 논문으로 만들어 여러 지면에 발표하였다. 이 과정에서 자유주의에 대한 여러 문헌을 읽으면서 이런저런 생각을 하게 되었다. 그러나 필자의 관심과 시간의 제약으로 자유주의 사상과 사상가 모두를 체계적으로 다루지는 못하고, 다만 아담 스미스, 프리드리히 하이에크, 밀턴 프리드먼, 존 롤즈, 칼 포퍼, 마이클 샌델, 필립 페팃, 리처드 로티, 토마 피케티의 사상을 자유주의와 관련지어 논의하였다.

필자는 이 책에서 자유주의자들이 가지고 있는 규범적 이슈들을

---

2) Terence Ball and Richard Dagger, *Political Ideologies and the Democratic Ideal*, 8th Edition(Boston: Longman, 2011), p.2.

명료하게 설명함으로써 자유주의의 철학적 기초를 보여주려고 한다. 필자는 이 책에서 다루고 있는 자유주의 사상가들의 주장을 비판적인 분석을 통해 명료하게 이해하고 그것을 설명하고 해설하지만 평가하려고 하지는 않았다. 필자는 이런 작업을 통해 자유주의 사상가들이 진정으로 하고 싶었던 이야기가 무엇인가를 찾아내려고 하였다. 이 책의 많은 부분은 '개념적 분석'으로 구성되어 있다. 여기서 말하는 '개념적 분석'은 자유주의자들이 사용하는 개념의 의미가 무엇인가를 파악하는 것을 의미한다.3) 곧 개념들을 명확하고 주의 깊게 생각하고, 그들이 자유주의적 신념을 갖게 된 이유를 비판적으로 성찰해보는 것을 뜻한다. 이 책의 목적은 자유주의 철학자들의 주장을 명확하게 이해하는 것이다. 곧 자유주의 철학자들은 왜 자신의 자유론을 옳다고 생각하는지, 그와 다른 입장을 왜 반대하는지, 그 이유를 분명하게 이해하려고 한다.

'개념적 분석'은 그것 자체가 목적일 수도 있지만, 이런 분석은 누구의 주장이 옳은지를 판단할 때 도움을 줄 수 있다. 우리는 어떤 주장을 만났을 때 그 주장을 하는 사람이 자신의 주장이 옳다고 하면서 왜 옳은가를 입증하기 위해 여러 이유를 댄다는 것을 안다. 우리는 그들의 주장이나 논증을 분석함으로써 그들의 주장의 장점과 단점을 동시에 알 수 있다. 따라서 '개념적 분석'은 그 분석의 대상이 되는 자유주의 사상가들의 주장이 동일한 가치를 가지고 있다는 결론으로 이끌지는 않는다. 분석을 통해 우리는 어떤 주장이 옳고, 진리에 가까운가를 판단할 수 있다. 그러나 필자는 이 책에서

---

3) '개념적 분석'에 대해서는 Adam Swift, *Political Philosophy: A Beginner's Guide for Students and Politicians*, Second Edition(Cambridge: Polity Press, 2006), p.4.

논의하거나 비판한 자유주의자들의 사상에 우열을 매기려고 하지는 않았다. 그것은 독자의 몫으로 남겨두었다. 물론 독자들이 자유주의 사상가들을 상대평가할 때 그들의 가치가 개입되는 것은 피할 수 없는 일이다. 가치 판단에는 사실 판단과 달리 주관적인 요소가 개입된다. 따라서 '개념적 분석'은 자유주의 사상가들의 주장을 평가하는 데 도움을 주겠지만, 어느 사상이 더 좋거나 옳은가를 확정하지는 않는다.

물론 자유주의자들이 사용하는 개념을 이해하는 필자의 입장도 완전히 중립적이라고 할 수는 없다. 그러나 제삼자적 입장에서 이해하려고 노력하였다. 이런 노력이 필요한 이유는 우리가 가지고 있는 이념적 가치나 신념을 좀 더 비판적으로 성찰해볼 필요가 있기 때문이다. 확신하기보다는 회의하는 것이 학문적 태도라고 믿는다. 따라서 이 책은 독자들에게 자유주의가 다른 이념보다 더 우월하기 때문에 그것을 자신의 정책적 견해로 채택하라고 설득하지는 않는다.

이 책은 그동안 필자가 공부한 자유주의에 대한 간략한 보고서로 여러 지면에 발표한 글을 다시 읽으면서 수정하고 재구성한 것이다. 이 책은 서장, '경제성장의 철학으로서 자유주의'(1장-4장)와 자유주의에 대한 강력한 철학적 비판으로서 '시민적 공화주의'(5장), '자유주의보다 우위에 있는 민주주의와 자유민주주의의 위기'(6장-8장)와 에필로그로 구성되어 있다. '경제성장의 철학으로서 자유주의'에서는 아담 스미스, 프리드리히 하이에크, 밀턴 프리드먼, 존 롤즈의 자유주의를 논의하였다. 고전적 자유주의자인 스미스, 하이에크, 프리드먼과 평등주의적 자유주의자인 롤즈는 복지국가에 대해서 입장을 달리하지만, 이들은 모두 경제성장을 중요하게 생각했다는 측면에서 '경제성장의 철학으로서 자유주의'를 옹호한 철학자에 속한다. '시민적 공화주의'에서는 자유주의를 비판한 마이클 샌델의 공화주의를 논의한다. 샌델은 시민적 공화주의를 통해 자유주의 비판을 기치로 내걸었지만, 실제로는 자유주의를 전면적으로 거부하지 않았다는 점에서 넓은 의미의 자유주의 범주에서 벗어나지 않았다고도 볼 수 있다. 그의 공화주의는 자유주의에 대한 대체재가 아니라 보완재라 할 수 있다. 6장과 7장에서는 칼 포퍼와 리처드 로티의 자유주의를 논의하면서 이들의 민주주의에 초점을 맞출 것이다. 모든 형태의 이념은 자기 완결적 체제를 갖추고 있기 때문에 경험에 의해 결정적으로 반증될 수 없을 뿐만 아니라 이론 체제와 어긋나는 반증 사례가 많이 발견되는 경우에도 그 체제의 지지자들은 자신의 지지를 쉽게 철회하지 않는다.

자유주의의 운명을 결정하는 것은 민주주의다. 논리적으로 동등한 가치를 갖는 이념 가운데 현실에서 어떤 것이 채택되는가를 결정하는 것은 민주주의이기 때문이다. 그러나 민주주의가 많은 문제를 내포하고 있음에도 불구하고 아직은 그것을 대체할 수 있는 정치 체제가 없기 때문에 민주주의를 용인할 수밖에 없다.

이 책의 토대로 삼은 필자의 글들은 다음과 같다.

1장 : 「도덕 감정과 이기심: 아담 스미스를 중심으로」, 『철학논총』 제73집, 2013.

2장 : 「스코틀랜드 계몽주의, 자본주의, 신자유주의」(공동논문), 『국민윤리연구』 46권, 2001.

「자생적 질서와 도덕」, 『철학논총』 제68집, 2012.

4장 : 「도덕적 자격과 정의」, 『철학논총』 제80집, 2015.

5장 : 「샌델의 시민적 공화주의」, 『윤리교육연구』 제42집, 2016.
7장 : 「로티의 자유주의 유토피아」, 『과학사상』 제7집, 1996.

이 논문들과 함께 참고문헌에 적은 필자의 다른 글들도 사용하였다. 필자는 이 연구를 자유주의에 대한 연구의 새로운 출발점으로 삼으려 한다. 나아가 우리 사회에 자유주의, 공동체주의, 공화주의가 초래한 변화를 추적하고, 우리 사회가 앞으로 나아가야 할 길이 무엇인가에 대한 연구로 확장할 것이다.

· 차례 ·

◦ 서장 ◦

자유주의란 무엇인가

자유주의는 건국과 함께 우리나라를 규정하는 새로운 이념이 되었다. 1948년 우리나라 제헌 헌법[1]은 대한민국이 '자유민주적 기본질서'의 나라라고 천명했다. 모든 나라의 법과 제도는 그 나라가 표방하는 기본질서를 가지고 있으며, 기본질서는 이념의 기본원리에 기초해 있다. 기본원리가 다르면 기본질서가 다르게 되어, 국민은 다른 법과 제도 아래에서 삶을 유지하게 된다. 이념의 기본원리는 국가와 개인의 정체성과 삶의 방식에 영향을 미친다.

우리나라의 헌법이 자유주의를 기본원리로 선택했다는 사실은 우리도 비로소 근대 국가로 출발했음을 의미한다. 자유주의는 근대

---

1) 대한민국헌법 전문과 제4조.

서구의 국가들이 절대왕정에서 근대 자유민주주의 국가로 전환하는 데 결정적인 이념적 토대를 제공했다. 우리나라도 자유주의를 건국 헌법의 이념으로 채택함으로써 서구의 정치 체제와 경제 체제를 수용하기 시작하였다. 물론 헌법은 한 국가가 표방하는 보편적 이념을 규범적으로 선언한 것이기 때문에 그 이념이 곧 현실에서 구현되는 것은 아니다. 우리나라가 자유민주주의를 이념적으로 표방하였지만, 그것이 현실적으로 정착하여 발전하기 시작한 것은 일반적으로 1987년 이후라고 생각한다. 그러나 아직도 자유민주주의의 이념이 현실에서 충분히 실현된 것은 아니다. 그러므로 앞으로도 그것을 실현하기 위한 개혁이 필요하다.

자유주의의 속성을 밝히는 것은 어렵다. 많은 사람들이 자유주의라는 말을 자유롭게 사용하고, 사용자는 자기 나름의 분명한 의미를 담아 자유주의라는 말을 사용하지만, 듣는 사람은 다른 의미로 이해하는 경우가 많다. 역사적으로 여러 형태의 자유주의가 존재하였고, 지금도 여전히 자유주의는 진화하고 있기 때문이다. 자유주의는 여러 형태의 철학적 기초를 가지고 있으며, 그 기초로부터 이끌어낸 자유주의의 이념이나 정책적 함의가 다르다. 그럼에도 불구하고 우리는 어떤 이념적 주장에 대해 자유주의라는 말을 공통적으로 사용하며, 각기 다른 철학적 기초에서 자유주의를 말하고 있는 데이비드 흄(1711-1776), 아담 스미스(1723-1790), 임마누엘 칸트(1724-1804), 존 스튜어트 밀(1806-1873), 프리드리히 하이에크(1899-1992), 칼 포퍼(1902-1994), 밀턴 프리드먼(1912-2006), 존 롤즈(1921-2002), 로버트 노직(1938-2002)을 자유주의 철학자라고 부른다. 이들을 자유주의자로 통칭할 수 있는 것은 그들이 어떤 공통점을 가지고 있기 때문이다. 그 공통점은 무엇인가?

존 스튜어트 밀은 자유주의의 특징을 가장 선명하게 보여준다. 그의 자유주의를 추적하면 자유주의의 기본 모습이 드러난다. 밀은 개인을 인간이 만든 다른 어떤 조직체보다 중요하다고 여겼으며, 개인의 자유가 모든 가치 가운데 우선한다고 믿었다. 밀이 말한 '개인의 자유'는 개인이 원하는 것이 무엇이든 그것을 선택할 수 있어야 한다는 것을 의미한다. 다른 사람이 다른 사람을 대신해서 무언가를 선택해서는 안 된다. 곧 개인은 그가 원하는 삶을 살 수 있는 자유를 가져야 하며, 모든 인간은 자신의 적절한 노력으로 그렇게 할 수 있는 능력이 있다고 주장하였다. 이러한 밀의 생각은 그의 『자유론』에 잘 나타나 있다. 밀은 다음과 같이 말한다.

　　나는 이 책에서 자유에 관한 아주 간단명료한 단 하나의 원리를 천명하고자 한다. 이를 통해 사회가 개인에 대해 강제나 통제—법에 따른 물리적 제재 또는 여론의 힘을 통한 도덕적 강권—를 가할 수 있는 경우를 최대한 엄격하게 규정하는 것이 이 책의 목적이다. 그 원리는 다음과 같다. 인간 사회에서 누구든—개인이든 집단이든—다른 사람의 행동의 자유를 침해할 수 있는 경우는 오직 한 가지, 자기 보호를 위해 필요할 때뿐이다. 다른 사람에게 해를 끼치는 것을 막기 위한 목적이라면, 당사자의 의지에 반해 권력이 사용되는 것이 정당하다고 할 수 있다. 이 유일한 경우를 제외하고는, 문명사회에서 구성원의 자유를 침해하는 그 어떤 권력의 행사도 정당화될 수 없다.2)

밀에 따르면 자유는 남에게 해를 끼치지 않는 범위 안에서 개인

---

2) 존 스튜어트 밀, 서병훈 옮김, 『자유론』(책세상, 2010), 35-36쪽.

이 자신이 하고 싶은 것을 하는 것이다. 밀은 남에게 해를 끼치는 행위를 제외하면 어느 누구도 개인의 자유를 막아서는 안 된다고 주장한다. 상대방을 간섭함으로써 그의 도덕적 이익이나 물질적 이익이 올라가는 경우라 할지라도 그를 간섭해서는 안 된다.

당사자에게 더 좋은 결과를 가져다주거나 더 행복하게 만든다고, 또는 다른 사람이 볼 때 그렇게 하는 것이 현명하거나 옳은 일이라는 이유에서, 당사자의 의사와 관계없이 무슨 일을 시키거나 금지시켜서는 안 된다. 이런 선한 목적에서라면 그 사람에게 충고하고, 논리적으로 따지며, 설득하면 된다. 그것도 아니면 간청할 수도 있다. 그러나 말을 듣지 않는다고 강제하거나 위협을 가해서는 안 된다. 그런 행동을 억지로라도 막지 않으면 다른 사람에게 나쁜 일을 하고 말 것이라는 분명한 근거가 없는 한, 결코 개인의 자유를 침해해서는 안 되는 것이다. 다른 사람에게 영향을 주는 행위에 대해서만 사회가 간섭할 수 있다. 이에 반해 당사자에게만 영향을 끼치는 행위에 대해서는 개인이 당연히 절대적인 자유를 누려야 한다. 자기 자신, 즉 자신의 몸이나 정신에 대해서는 각자가 주권자인 것이다.3)

그렇다고 밀이 자유의 원리를 모든 사람에게 적용한 것은 아니다. 그는 "이 원리가 정신적으로 성숙한 사람에게만 적용될 수 있다는 사실을 굳이 부연할 필요는 없을 것이다."라고 말함으로써 '정신적으로 성숙한 사람에게만' 자유로울 권리를 부여하였다. 그는 '미개한 사회에 사는 사람들'도 '자유로운 사람'에 포함시키지 않았다. 미개한 사회에 사는 사람과 미성년자를 동일하게 보았다.

___

3) 같은 책, 36쪽.

뿐만 아니라 이들을 개명시키기 위해서는 독재도 정당하다고 주장하였다.

미개인들을 개명시킬 목적으로 그 목적을 실제 달성하는 데 적합한 수단을 쓴다면, 이런 사회에서는 독재가 정당한 통치 기술이 될 수도 있다. 우리가 여기에서 검토하고 있는 자유의 원리는 인류가 자유롭고 평등한 토론을 통해 진보를 이룩할 수 있는 시대에나 성립되지, 그런 때에 이르지 못한 상태에서는 생각할 수 없는 것이다.4)

오늘날 밀의 주장 모두를 받아들이기는 어렵다. 모든 인간은 인간이라는 사실 하나만으로 평등하게 대우받아야 한다는 입장에서 본다면, '정신적 성숙' 여부에 따라 자유를 누릴 수 있는 자격이 발생한다는 주장은 잘못이다. 뿐만 아니라 밀의 단서, 곧 '다른 사람에게 피해를 주지 않은 한'과 같은 조건은 다의적으로 해석될 수 있기 때문에 철학적으로 이론적으로 많은 논란을 불러일으키고 있다. 그럼에도 불구하고 밀의 자유에 대한 설명은 여전히 자유에 대한 고전적인 설명으로 널리 받아들여지고 있다.

이러한 밀의 자유주의는 칼 마르크스의 사상과 선명하게 구별된다. 마르크스와 밀의 삶은 상당 부분 시간과 공간이 겹친다. 둘 다 오랫동안 런던에서 생활했다.5) 그러나 마르크스가 본 세계는 밀의 그것과 확연히 달랐다. 마르크스는 개인은 개인을 넘어 존재하는 역사의 포괄적인 힘의 통제 아래 놓여 있으며, 개인은 그들의 삶을

---

4) 같은 책, 37쪽.
5) 마르크스의 딸 가운데 하나는 존 스튜어트 밀의 의붓딸과 서로 알고 지냈다.

형성해갈 수 있는 힘이 거의 없다고 믿었다. 마르크스에게 사회 변화의 도구는 사회 계급이었다. 개인은 사회 계급의 일부가 됨으로써 사회 변화의 과정에 참여할 수 있다는 것이다. 나아가 마르크스는 인간 사회의 변화는 오직 혁명을 통해서만 달성될 수 있다고 믿었다. 반면에 밀은 인간의 문제는 혁명이 아니라 개혁을 통해 효과적으로 해결될 수 있다고 믿었다.6) 이 점에서 마르크스는 자유주의자가 아니다.7)

자유주의의 공통점

자유주의는 18세기에 하나의 이념으로 등장한 이후 끊임없는 진화를 거듭했다. 이 과정에서 자유주의는 고전적 자유주의, 현대 자유주의, 신자유주의, 자유지상주의, 냉전 자유주의, 복지 자유주의, 공동체 자유주의 등 다양한 명칭으로 불리면서 그 내용이 보완되고 수정되고 재해석되었다. 어떤 학자는 '자유주의'가 아니라 '자유주의들'이 존재한다고 말한다. 하나의 자유주의가 아니라 여러 자유주의들이 존재한다면, 자유주의들 사이에 어떤 공통점과 차이점이 있는가? 자유주의들 사이에 존재하는 공통점이 그것들의 차이에도

---

6) 밀과 마르크스에 대한 비교는 오번(Auburn) 대학 철학과의 엘프스트롬(Elfstrom) 교수가 필자에게 보내온 이메일의 내용에 기초한 것이다.

7) 마르크스는 자유주의자들과 같이 '자유'를 중요하게 생각하였지만, 그가 말하는 '자유'는 자유주의자들이 말하는 자유와 그 내용이 다르기 때문에, 마르크스는 자유주의자가 아니다. '자유'를 중요한 가치로 인정한다고 해서 자유주의자가 되는 것은 아니다. 마르크스가 중시한 자유의 내용에 대해서는 George G. Brenkert, *Marx's Ethics of Freedom*(London: Routledge & Kegan Paul, 1983), pp.85-130 참고.

불구하고, 자유주의라는 명칭을 붙일 수 있을 정도로 충분한가?

수정과 재해석을 거듭한 여러 형태의 자유주의가 '자유주의'라는 하나의 이름 아래 포섭될 수 있는 공동의 내용이 실제로 존재하는가에 대한 의문이 자연스럽게 제기되기도 하였지만, 이 책은 다양한 형태의 자유주의들은 '가족 유사성'을 넘어 특정의 공통성을 갖는다는 주장을 수용하였다.

우선 자유주의의 공통성은 역사적으로 자유주의가 다양한 나라에서 전개되면서, 그것이 저항하고 극복하려고 한 것에서 찾을 수 있다. 자유주의는 공통적으로 종교적 순응, 타고난 생득적 신분 곧 귀족주의적 특권, 정치적 절대주의에 저항하고 반대하였다.8) 첫째로 자유주의자들은 종교의 자유, 교회와 국가의 분리를 주장하였다. 이것은 종교와 정치를 일치시킨 중세적 세계관에 대한 반동이었다. 중세에는 교회와 국가 사이에 명확한 구분이 없었다. 국가권력은 기독교의 세계관에 의해 정당화되었다.

둘째로 자유주의자들은 귀족 신분제에 반대하였다. 귀족 신분은 후천적으로 이룩한 지위가 아니라 선천적으로 타고난 지위다. 사람들은 선천적으로 타고난 신분에 따라 귀천이 결정되었다. 이런 세계관은 인간의 신분적 평등을 인정하지 않는다. 자유주의는 이러한 봉건적인 신분제에 반대하였다. 상당 기간 초기의 자유주의자들은 모든 사람이 평등하여 정치에 참여할 수 있다고 믿지는 않았다. 따라서 모든 성인들에게 보통 선거권을 부여해야 한다고 생각하지 않았지만, 적어도 신분제를 인정하지 않았다는 점에서는 이후 자유주

---

8) 테렌스 볼·리처드 대거, 정승현·강정인·김수자·문지영·오향미·홍태영 옮김, 『현대 정치사상의 파노라마: 민주주의의 이상과 정치 이념』(아카넷, 2006), 96-124쪽.

의자와 공통점이 있다.

마지막으로 정치적 절대주의를 공격하였다. 정치적 절대주의에 대한 공격은 귀족 신분을 부정하는 것과 밀접한 관계가 있다. 중세적 신분제에서는 귀족들이 방대한 토지를 소유하고 무수한 특권을 누렸다. 절대주의 아래서 왕은 법 위에 군림하면서 절대 권력을 행사했다. 자유주의자들은 이러한 절대주의를 붕괴시키고 정치권력을 민주 권력으로 대체하려고 했다. 그러나 자유주의가 지금까지 말한 세 가지 공통점을 갖는다고 하더라도, 그것이 자유주의를 규정하는 고유한 특성이라고 할 수는 없다. 왜냐하면 사회주의와 같은 다른 이념도 그러한 특성을 갖기 때문이다.

그렇다면 자유주의에만 있는 고유한 특성은 무엇일까? 이념으로서 자유주의를 다른 이념과 구별시켜주는 요소는 무엇인가? 존 그레이에 따르면 역사가들이 고대 그리스와 로마에 있었던 자유주의 관점의 존재를 밝혀내긴 했지만, 이러한 요소들은 근대 자유주의의 구성 요소라기보다는 자유주의 이전 시기의 한 요소일 뿐이다. 하나의 정치적 흐름과 지적 전통으로서 자유주의, 그리고 뚜렷한 정체성을 지닌 사상적, 실천적 노선으로서의 자유주의는 19세기에 나타났다. 1812년 스페인의 자유주의 정당이 '자유주의적'이라는 말을 정치적 운동을 뜻하는 것으로 최초로 사용하였다.9)

다양한 형태의 자유주의는 다른 시대와 구별되는 근대적인 인간

---

9) John Gray, *Liberalism*, Second Edition(Buckingham: Open University Press, 1995), p.xi. 이보다 앞서 스코틀랜드 계몽주의 시대에 아담 스미스는 '평등, 자유, 정의에 대한 자유주의의 계획'을 말했지만, 아담 스미스 이전에 '자유주의적(liberal)'은 인간성, 너그러움, 열린 마음과 같은 덕을 의미하는 개념으로 사용되었다.

관과 사회관을 공통으로 가지고 있다. 존 그레이는 다양한 형태의 자유주의에 내재된 공통적 요소로 개인주의적인(individualist) 요소, 평등주의적인(egalitarian) 요소, 보편주의적인(universalist) 요소, 사회 개선주의적인(meliorist) 요소를 꼽았다. 개인주의적 요소는 사회의 집단적 요구에 반대해 개인의 도덕적 우선성을 주장하고, 평등주의적 요소는 모든 사람이 동일한 도덕적 지위를 가지고 있다는 사실을 인정하여 사람들 사이의 도덕적 가치를 차별하는 법질서나 정치 질서를 허용하지 않는다. 보편주의적 요소는 인류 전체의 도덕적 단일성을 인정하고 특정 시대의 사회 문화에 대해 부차적인 중요성만을 인정하며, 사회 개선주의적인 요소는 모든 사회제도와 정치 질서를 올바르게 개선할 수 있다고 믿는다. 그는 이 네 가지 요소가 자유주의의 방대한 내적 다양성과 복합성을 모두 뛰어넘어 자유주의의 정체성을 부여하는 인간관과 사회관을 형성한다고 말한다.10)

이념이나 운동을 연구하는 역사가들은 단 하나의 자유주의가 아니라 느슨한 가족 유사성에 의해 서로 연결되어 있는 여러 자유주의가 존재한다는 주장도 하지만, 그레이는 자유주의는 자신이 말한 네 가지 구성 요소에 의해 단일한 전통을 갖는다고 주장한다. 특히 이 가운데 이성의 권위를 인정하는 보편주의적 입장과 사회 개선주의적 역사철학은 자유주의 이론 내부에서 상호 보완해주면서 긴밀하게 결합되어 자유주의의 필수적인 구성 요소를 이룬다고 말한다.11) 이렇게 주장하면서 그레이는 존 로크, 임마누엘 칸트, 존 스

---

10) 같은 책, p.xii.
11) 같은 책, p.87. 그레이(Gray)는 보편주의적 요소와 사회 개선주의적 요소
  가 나머지 두 요소와 비교하여, 좀 더 자유주의의 핵심적인 구성 요소라

튜어트 밀, 허버트 스펜서, J. M. 케인스, F. A. 하이에크, 존 롤즈, 로버트 노직을 자유주의자의 범주에 포함시킨다. 고전적 자유주의가 현대적 자유주의에 자리를 내주긴 했지만, 양자는 단일 전통 안에 있으며, 자유주의의 정체성은 변화하면서도 지속성을 지닌 인간관과 사회관에 의해 유지된다.12)

테렌스 볼과 리처드 대거도, 자유주의 진영 사이에 분열이 있어도 이러한 분열은 목적이 아니라 그 목적을 달성하기 위한 수단에 대한 강조점과 의견의 불일치에 지나지 않기 때문에 자유주의는 여전히 단일한 이데올로기라 믿는다.13) 그들이 제시한 이유는 모든 이데올로기와 마찬가지로 자유주의는 설명, 평가, 지향, 강령에서 공통적인 입장을 견지하고 있다는 것이다. 첫째로 모든 이데올로기는 왜 사물이 지금과 같은 형태로 존재하는지를 사회적, 경제적, 정치적 조건들에 초점을 맞추어 설명하는데, 자유주의의 설명은 전형적으로 개인주의적이다. 자유주의자들은 사회 조건들을 개인의 선택과 행동의 결과로 설명한다. 곧 사회를 설명할 때 방법론적 개인주의적인 입장을 채택한다. 예를 들면 경기 침체를 설명할 때 자유주의자들은 시장 상황에 대응하여 합리적 개개인이 내린 결정이 모여 나타난 의도하지 않은 결과라고 믿는다. 자유주의자들 사이에서도 경기 침체를 해결하기 위해 취해야 할 정책에 대한 입장은 다르지만, 궁극적으로 왜 사물이 지금과 같이 존재하는가에 대한 설명은 근본적으로 동일하다.

둘째로 자유주의는 개인을 통해 상황을 평가한다. 자유주의자들

고 말한다. p.86.

12) 같은 책, pp.xii-xiii.

13) 테렌스 볼·리처드 대거, 앞의 책(2006), 163-167쪽.

은 개인이 타인의 권리를 침해하지 않는 한 자신이 원하는 대로 행동할 자유가 있는 상황을 좋은 상황으로 평가한다. 개인이 더 많은 자유를 누릴수록 좋고, 더 적은 자유를 누릴수록 나쁘다. 그리고 어떤 자유를 누리든지 그 자유는 가능한 한 평등해야 한다. 따라서 자유주의자의 '개인의 자유'에 대한 입장에 따르면 개인이 성공할 수 있는 평등한 기회를 가져야 한다.

셋째로 정치 이데올로기로서 자유주의는 사람들의 정체성과 사람들이 사물의 거대한 조직에 어떻게 적응할 것인가에 대해 일정한 방향을 제시한다. 자유주의는 인간은 각자 추구하고 선택할 이해관계를 가진 합리적 개인이라고 본다. 그리고 모든 자유주의자들은 개인의 정체성은 집단적이 아니라 개인적이라고 주장한다. 사람들은 어떻게 살 것인가를 자유롭게 선택하길 원하는 이기적인 개인이라는 것이다. 자유주의는 자신뿐만 아니라 타인도 자신과 같이 자유롭게 선택한 삶을 살 수 있는 권리가 있다는 사실을 인정한다.

넷째로 강령에 있어서도 자유주의자들은 공통성을 지닌다. 자유주의자들은 개인의 자유와 기회를 증진시킬 수 있는 강령을 채택한다. 역사적으로 자유주의자들은 종교적 순응, 타고난 신분, 경제적 특권, 정치적 절대주의 및 다수 여론의 전제(專制)에 반대했다. 자유주의자들은 종교적 자유, 자신의 노력과 능력에 따라 사회에서 출세하거나 몰락할 자유, 시장에서 동등한 가격으로 경쟁할 자유, 정부에 대해 일정한 영향력을 행사할 자유, 사상과 표현의 자유를 지닌다는 사실에 대해 동의한다.

자유주의자들 사이에 자유라는 목적을 달성하기 위한 수단이 무엇인가에 대해서는 의견이 다를지라도 자유주의자들은 공통의 정체성을 지니고 있다는 것이 그레이와 볼, 대거의 입장이다. 이들의 관점에 따르면 이 책에서 다루고 있는 철학자들은 공통의 정체성을 지닌 자유주의 철학자다. 이 책은 자유주의가 공통성을 가지고 있다는 이들의 입장을 받아들인다.

하나의 모델로서 이념

이념은 그 이념의 기초로서 철학적 토대를 가지고 있으며, 현실 정치에서 정책의 근거가 된다. 현실 정치에서 여러 정책이 제시될 때, 그 정책은 특정 이념에 기초해 있다. 정책은 이념으로부터 나온다. 우리가 어떤 정책을 신자유주의적이다, 자유주의적이다, 사회주의적이다, 우파적이다, 좌파적이다, 보수주의적이다라고 말할 수 있는 이유는 정책이 이념에서 나오기 때문이다.

이념은 하나의 모델(model)[14]이다. 우리가 현실을 지각하고 사실을 바라보고 그것의 중요성을 평가하기 위해서는 어떤 가정이나 선입견이 필요하다. 이 가정이나 선입견인 이념은 하나의 이론적 모델이다. 이 모델은 다음과 같은 역할을 한다.[15]

---

14) 과학자들은 실제 세계를 이해하고 설명하기 위해 모델(model)을 만든다. 모델은 실제 세계와 들어맞는가 아닌가에 따라 참일 수도 있고 거짓일 수도 있다. 그러나 사회과학에서 사용하는 모델은 자연과학의 모델과 달리 참 거짓이 확정적으로 결정될 수 없다. 사회과학에서는 확증적인 반례가 나와도 설명력이 높으면 그 모델은 포기되지 않는다. 모델에 대한 자세한 설명은 Ronald N. Giere, *Understanding Scientific Reasoning* (Fort Worth: Harcourt Brace College Publishers, 1997), pp.21-27.

15) Samuel P. Huntington, *The Clash of Civilizations and the Remaking of World Order*(New York: Simon & Schuster, 1996), p.30.

(1) 현실에 질서를 부여하고 일반화한다.

(2) 현상들 사이에 존재하는 인과관계를 이해한다.

(3) 미래의 발전을 전망하고, 행운이 따르면 예측도 할 수 있다.

(4) 중요한 것과 중요하지 않은 것을 구분한다.

(5) 목적을 달성하기 위해 어떤 길을 선택해야 할 것인가를 보여준다.

하나의 이념으로서 자유주의

그런데 자유주의자 철학자들도 특정 문제를 해결하기 위한 정책에 대해서는 서로 다른 입장을 가질 수 있다. 하이에크, 노직, 프리드먼, 롤즈, 포퍼는 현대의 대표적인 자유주의자이지만 하이에크와 노직, 프리드먼은 복지국가에 대해 부정적이고, 롤즈와 포퍼는 긍정적이다. 하이에크와 프리드먼의 이론은 대처[16]와 레이건의 정책을 뒷받침하고 그들은 신자유주의적인 경제정책을 채택하여 감세와 민영화를 시행하였다. 그러나 하이에크와 프리드먼은 현실 경제정책에 대해서는 같은 입장이지만, 그 경제정책을 지지하는 이론은 서로 다르다. 서로 다른 이론적 기반을 가진 자유주의에서 어떻게 동일한 정책이 나올 수 있는가?

자유주의적 공동체주의자인 샌델은 롤즈와 함께 복지국가를 지지하지만, 샌델은 롤즈의 자유주의를 강하게 비판하면서 공동체주

---

16) 대처는 1992년 인촌기념강연에서 스스로 자신의 정치철학은 하이에크와 포퍼의 영향을 받았다고 하였다. 마거릿 대처, 「대처주의의 이념과 실제」, 인촌기념회 · 고려대학교, 『인촌기념강좌』(인촌기념회 · 고려대학교 · 동아일보사, 2002), 154쪽.

의를 주창하였다. 샌델과 롤즈는 전혀 다른 철학적 기초 위에 서 있지만 어떻게 해서 복지에 대해서는 함께 긍정적인 입장을 견지하고 있는가?

자유주의는 여러 형태로 존재하고, 그것의 철학적 기초도 서로 다르다. 철학적 기초란 이론적 가정을 의미한다. 자유주의의 철학적 기초에 대한 탐구를 시작하기 위해 필자가 우선 채택한 자유주의자들은 아담 스미스, 하이에크, 프리드먼이다. 이들은 일관적인 자유주의자들로 자유주의의 철학적 기초를 잘 보여준다.

특히 이들 가운데 하이에크는 진화론적 합리주의라는 자신의 철학을 바탕으로 이러한 기초 위에 서지 않은 자유주의를 사회주의로 규정하였다. 현대 복지국가를 뒷받침하는 모든 '자유주의'는 그의 관점에 따르면 자유주의가 아니라 사회주의다. 하이에크는 버나드 맨더빌, 데이비드 흄, 아담 스미스의 고전적 자유주의를 이어받아 현대의 자유주의를 부흥시켰다. 하이에크는 '자생적 질서'라는 새로운 개념을 창안하여 자신의 자유주의를 전개하였다. '자생적 질서' 이론은 하이에크 정치철학의 핵심이며, 그는 자신의 자생적 질서의 지적 뿌리를 스코틀랜드 계몽주의에서 찾았다. 그는 자신의 자유주의를 '진화론적 자유주의'로 규정하고, 그것은 스코틀랜드 계몽주의에서 유래하였다고 주장하였다. 곧 '자생적 질서'는 사회 현상을 '인간의 설계의 결과가 아니라 인간 행동의 결과'로 이해한 버나드 맨더빌, 데이비드 흄, 아담 스미스의 스코틀랜드 계몽주의에서 나왔다는 것이다.

따라서 하이에크 자유주의의 철학적 기초를 밝히는 것은 곧 그의 자생적 질서 이론의 철학적 기초를 밝히는 것이다. 그의 자생적 질서 이론은 스코틀랜드 계몽주의에 대한 그의 독특한 해석에서 유래하며, 이것은 아담 스미스의 '보이지 않는 손'에 대한 이론과 유사한 성격을 지니고, 양자는 경제에 대한 국가 개입을 반대하고 규제 없는 시장 옹호에 대한 강력한 이론적 근거가 되었다.

하이에크의 자유주의는 개인의 자유에 대한 옹호가 도덕철학이 아니라 사회 이론에 의존하고 있다는 점에서 다른 현대 자유주의와 구별된다. 하이에크는 자유주의의 근거를 사회현상에서 나타나는 자기 발생적 또는 자생적 질서의 발견에서 이끌어내었다. 이 점에서 하이에크의 자유주의는 자유주의의 기초를 도덕철학에서 찾은 노직이나 롤즈의 자유주의와도 다르다. 노직은 하이에크처럼 복지 정책을 반대하지만 철학의 기초를 로크의 개인의 도덕적 권리에서 찾았으며, 롤즈는 그의 분배적 정의론을 도덕적 고찰을 통해 세웠다. 이 점에서 하이에크는 노직, 롤즈와 명확히 구분된다.17)

이처럼 자유주의 진영에 속하는 철학자들이 특정의 사회 및 경제 문제에 대해 서로 다른 입장을 유지하고, 서로 다른 정책을 지지하는 이유는 그들의 자유주의 이념이 기초하고 있는 철학적 기초가 다르기 때문이다. 이 책에서 말하는 철학적 기초는 다양하게 해석될 수 있는 여지가 있지만, 각각의 철학자가 내세우는 이념을 지지하고 있는 세계관, 인간관, 인식론, 형이상학 등을 총칭한다. 이 책은 이러한 철학적 기초에 초점을 맞추어 여러 철학자들의 자유주의 이념을 분석할 것이다.

---

17) 이에 대한 자세한 논의는 Christina Petsoulas, *Hayek's Liberalism and its Origins: His idea of spontaneous order and Scottish Enlightenment* (London: Routledge, 2001), p.1과 p.9 각주 4 참고.

1장

도덕 감정과 이기심

이기심에 대한 철학적 해석의 변천

이기심에 대한 철학적 해석은 시대에 따라 달라졌다. 중세에는 이기심을 일곱 가지 죄악[1] 가운데 하나로 규정하고 엄격하게 다스렸다. 중세 정치철학을 청산하고 근대적인 정치철학을 전개하였다고 평가받는 토마스 홉스도 이기심에 대한 분석을 정치철학의 출발

[1) 기독교에서 말하는 일곱 가지 죄는 '사람이 자유의지에 따라 지은 모든 죄의 근원이 되는 죄'이며, '다른 많은 죄의 근원이면서 악습을 만드는 죄들'이다. 교황 그레고리오 1세(590-604) 시대부터 이를 일곱 가지로 정리하였다. 교만, 인색, 음욕, 탐욕, 질투, 분노, 나태가 여기에 해당한다. 탐욕은 이기심에서 나온 것이다. 탐욕은 '자기를 위한 열망'이다. 탐욕의 근원은 자기만을 원하는 마음 곧 이기심이다. 주원준, 「구약성경의 세 가지 '탐욕'」, 『인간 연구』 제22호(가톨릭대학교 인간학연구소, 2012, 봄), 7쪽 각주 2, 15쪽, 18쪽 참고.

점으로 삼고, 개인의 이기심을 견제하기 위해 국가를 고안했다. 그는 이기심을 가진 개인이 살아가는 '자연 상태', 국가가 존재하기 이전 상태를 야만의 상태로 상정함으로써 국가의 필요성을 정당화하였다.

홉스에 따르면 인간은 누구나 자신의 욕망과 욕구의 대상을 선으로 여기고 그것을 추구한다. 인간은 본질적으로 이기적 존재이기 때문에 자신의 욕망만을 충족시키려고 한다. 이기적인 개인이 아무런 양보 없이 자신의 이익만을 추구하는 '자연 상태'는 '만인에 대한 만인의 투쟁 상태'2)이고, 이 상태에서 인간은 '고독하고, 곤궁하고, 험악하고, 무자비하고 그리고 단명(短命)한다.' 자연 상태에서는 산업이 발전할 여지가 없다. 토지의 경작이나 항해, 편리한 물건, 지표에 대한 지식, 학문과 예술이 존재할 수 없다. 왜냐하면 노력의 성과가 자신에게 돌아올 것이라는 보장이 없기 때문이다.3) 홉스는 개인이 모두 각자의 이기심에 따라 살 때 나타날 참혹한 결과를 기술하고 그것을 피할 수 있는 유일한 방책이 절대국가라고 주장했다. 이기심을 제어하고 평화롭게 살 수 있는 장치가 개인에게 존재하지 않고 오직 외부에만 존재할 수 있다고 믿었기 때문이다. 죽음과 절대국가 가운데 하나를 선택해야 할 상황에서 절대국가를 선택하는 것이 생명과 평화의 길이라는 것이다.4)

---

2) Thomas Hobbes, *Leviathan*, ed. by Richard Tuck(Cambridge: Cambridge University Press, 1991), p.90.

3) 같은 책, p.89.

4) 홉스가 절대국가에 부여한 역할은 아담 스미스와 확연히 구분된다. 아담 스미스는 국가의 필요성 곧 법과 정부의 필요성을 제한적으로 설정하였다.

Adam Smith, *An Inquiry Into The Nature and Causes of The Wealth of*

120여 년이 지난 뒤 아담 스미스는 이기심을 경제활동의 원동력으로 설정하고 그것에 윤리적인 정당성을 부여했다. 근대 산업 사회가 발전하고, 자본주의가 성장하면서 이기심에 대한 철학적 해석이 달라진 것이다. 아담 스미스 이래로 자신의 이익을 추구하는 '경제적 인간'은 경멸의 대상이 아니라 사회 발전과 공익에 헌신하는 사람으로 재인식되었다.

그러나 아담 스미스는 『도덕 감정론』에서 인간의 이기심을 통제할 수 있는 메커니즘으로 개인의 자율적 절제와 이것을 바탕으로 한 자율적 사회 규범의 필요성을 강조하였다. 아담 스미스는 다른 사람을 속이거나 해치지 않는 범위 안에서, 절제 안에서 추구되는 개인의 자기 이익 추구만 정당화될 수 있다는 입장을 취한 것이다.

아담 스미스는 『국부론』에서 시장경제 메커니즘 속에서 개인의 이기심이 한 나라의 부의 축적에 기여하고 타인의 복리에 기여하고 있다는 사실뿐만 아니라 자본주의 경제의 효율성이 초래할 수 있는 부정적인 결과, 인간 소외를 초래한다는 점도 지적하였다. 개인의 이기심이 번영을 가져오는 강력한 엔진이긴 하지만 그것이 지나친 탐욕으로 확장될 경우 사회에 부정적인 결과를 초래한다는 점도 지적한 것이다.5)

그런데 자유주의적 자본주의가 발전하면서 예측하지 못했던 여

Nations, Volume II, eds. by R. H. Campbell and A. S. Skinner (Indianapolis: Liberty Press, 1979), p.715. 이 책은 두 권으로 출간되었지만, 이 책에서는 구분하지 않고, 페이지 수를 표시하였다. 페이지가 연속으로 되어 있다.

5) Andrew Skinner, "Adam Smith", *The New Palgrave Dictionary of Economics,* Volume 7, Second Edition, eds. by Steven N. Durlauf and Lawrence E. Blume(New York: Palgrave Macmillan, 2008) p.541.

러 가지 사회 문제가 발생함으로써 인간의 이기심에 기초한 자본주의는 공격의 대상이 되었다. 루소는 사유재산제도가 초래한 인간의 불평등에 주목하여 초기 자본주의를 직접적으로 비판했고, 마르크스는 자본주의에 대한 대안으로 공산주의를 제시했다. 그리하여 20세기 초 공산주의 혁명을 통해 자본주의 체제에 대한 대안으로 공산주의 체제가 성립했다.

그러나 공산주의 체제는 스스로의 모순에 의해 망하고 자본주의는 적이 없는 체제로 자리를 잡으면서, 자본주의에 대한 사람들의 믿음은 다시 강화되었다. 그러나 이런 상황은 오랫동안 지속되지 않았다. 2008년 세계적으로 경제 위기를 겪으면서 자본주의, 자유주의 시장경제에 대한 신뢰는 송두리째 흔들리고 있다. 자유 시장에 대한 믿음은 사라지고, 시장을 통제해야 한다는 목소리가 높아지고 있다. 특히 2008년 경제 위기의 주요 원인으로 '가진 자들의 탐욕 또는 이기심'이 부각되면서, 인간의 이기심을 자신의 원동력으로 삼고 있는 자유시장경제에 대한 통제가 강화되어야 한다는 목소리가 높아지고 있다.

'공감'과 '공정한 관찰자'

아담 스미스는 『도덕 감정론』에서 도덕철학의 기본적인 과제를 다음과 같이 설정했다.

도덕의 원리를 연구할 때는 두 가지 문제를 고려해야 한다. 첫째, 덕은 어디에 존재하는가? 또는 심성의 상태와 행위의 성격은 어떤 것이고, 어떤 것이 탁월하고 칭찬받을 성품들, 즉 존중과 영예와 시인(是認)의 자연적 대상인 성품을 구성하는가? 그리고 둘째, 그것이 어떤 것이든 간에, 마음속에 있는 어떤 힘 또는 정신적 능력이 이러한 성품을 우리에게 권고하는가? 또는 바꾸어 말하면, 어떻게 그리고 어떤 방법으로 마음이 어느 한 행위를 다른 행위보다 선호하고, 어떤 것은 옳다고 하며 다른 것은 그르다고 하며, 어떤 것은 시인과 영예와 보답의 대상으로 간주하고, 다른 것은 비난과 질책 및 처벌의 대상으로 간주하는가?6)

아담 스미스는 이러한 문제에 대한 해답을 인간의 도덕 감정7)에서 찾고, 도덕 감정을 통해 사회질서의 기초를 구성하는 원리를 구축했다. 사회질서를 구성하는 중요한 요소는 넓은 의미의 도덕 질서다. 도덕 질서에는 관습, 도덕 규칙, 법 등이 포함된다. 그는 사회질서의 기초를 구성하는 원리를 도덕 감정에서 찾았다. 그가 말하는 도덕 감정은 단수가 아니라 복수다.8) 아담 스미스는 허치슨처럼 사회질서를 인간에 내재된 하나의 특수한 감정 또는 감각에 귀속시키려 하지 않았다. 기쁨, 분노, 슬픔 등 우리가 가진 다양한 감정이 서로 작용함으로써 사회질서가 형성된다. 도덕원리는 하나의 특수한 감정이 아니라 여러 가지 감정을 바탕으로 형성된 것이다. 『도덕 감정론』은 다음과 같은 구절로 시작된다.

---

6) Adam Smith, *The Theory of Moral Sentiments*, eds. by D. D. Raphael and A. L. Macfie(Indianapolis: Liberty Press, 1984), p.265.
7) 흄과 칸트의 도덕 감정에 대한 논의는 박찬구, 「흄과 칸트에 있어서의 도덕감」, 『철학』 제44집(한국철학회, 1995) 참고.
8) 도메 다쿠오, 우경봉 옮김, 『지금 애덤 스미스를 읽는다』(동아시아, 2010), 38쪽.

인간이 아무리 이기적이더라도, 인간의 본성에는 다른 사람의 행운과 불행에 관심을 갖게 하고, 비록 다른 사람의 행복을 보는 즐거움을 누리는 것을 제외하면 얻는 것이 전혀 없음에도 불구하고 다른 사람의 행복을 원하게 하는 어떤 원리가 존재한다는 사실은 명백히다. 이런 원리에 해당하는 것이 연민의 정(pity)과 측은지심(compassion)이다. 우리는 다른 사람의 비참함을 볼 때 또는 아주 생생한 방법으로 그것을 상상할 때, 그에게 연민의 정과 측은지심을 갖는다. 다른 사람의 슬픔으로부터 우리가 슬픔을 느낀다는 사실은 너무나 명백한 사실의 문제이기 때문에 그것을 증명하기 위해 어떤 증거도 제시할 필요가 없다. 인간 본성의 다른 본원적 정념(passion)과 마찬가지로, 이러한 감정(sentiment)을 유덕하고 자비심이 깊은 사람만이 가지고 있는 것은 아니다. 물론 유덕하고 자비심이 깊은 사람은 아주 민감하게 그러한 감정을 느낄 수 있다고 할지라도 그러하다. 가장 포악한 사람, 사회의 모든 법을 극단적으로 어기는 범법자도 그러한 감정을 가지고 있다.[9]

인간의 본성에는 '이기심'뿐만 아니라 연민과 동정심과 같은 다른 천성도 있다는 것이다. 인간은 자기 자신뿐 아니라 타인에게 관심을 가진다는 것이다. 인간은 자신의 이해관계와 무관해도 타인의 운명이나 처지에 관심을 가지고 그것을 바라봄으로써 스스로 어떤 감정을 느끼는 존재다. 인간이 다른 사람의 감정을 느낄 수 있는 능력을 스미스는 '공감(sympathy)'이라 부른다. 대부분의 인간은 공감 능력을 타고난다.

아담 스미스는 『도덕 감정론』에서 도덕적 가치의 토대를 감정에

---

9) Adam Smith, 앞의 책(1984), p.9.

서 찾았다. 흄도 도덕철학에서 감정의 역할을 강조하였으며, 아담 스미스는 흄의 이러한 입장을 받아들여 더욱 발전시켰다. 흄은 인간의 마음은 서로서로 거울이어서 내 마음에 타인의 마음이 비치고 다른 사람의 마음에 내 마음이 비친다고 했다. 나는 타인의 마음을 통해 나의 마음을 알고 다른 사람은 나의 마음을 통해 자신의 마음을 안다는 것이다. 마음의 이런 기능 때문에 우리는 다른 사람의 기쁨과 슬픔을 나의 기쁨과 슬픔처럼 느낀다. 우리는 타인의 감정을 느낄 수 있는 능력을 가지고 있다. 우리는 서로 공감한다. 공감 능력은 인간을 서로서로 엮어주고, 이런 엮임은 인간의 도덕적 삶을 가능하게 한다. 타인의 고통에 공감할 수 있는 능력이 없는 사람은 반사회적인 이상(異常) 성격을 갖게 될 가능성이 높다.

공감이 도덕의 기초가 된다고 주장한 대표적인 철학자들은 스코틀랜드 계몽주의자들이다. 이들은 이성을 도덕의 기초로 삼아 이성이 감정을 억제하거나 통제할 때 인간은 도덕적이 된다는 전통적인 주장에 맞섰다. 서양 전통에서 감정에 대한 이성의 지배가 도덕의 기초라는 주장은 플라톤까지 거슬러 올라간다. 플라톤, 아리스토텔레스, 스토아학파, 데카르트, 스피노자, 칸트 등은 이성을 통해서만 우리는 도덕적 법칙을 세울 수 있고, 이성이 감정을 지배할 때 이 법칙을 실행할 수 있다고 생각하였다. 또한 홉스와 맨더빌은 인간은 철저하게 이기적 존재이고, 자신의 욕망을 충족시키기 위해 행동하며, 이성은 이러한 목적 달성을 위한 수단의 강구에만 도움을 준다고 하였다. 그러나 근대 영국의 경험론자들은 이성주의 전통에 반기를 들었다. 허치슨, 흄, 아담 스미스와 같은 '도덕 감정론자'들은 도덕 합리론자와 홉스, 맨더빌의 입장을 거부했다. 이성이 옳고 그름을 결정하고 도덕적 행동을 하게 한다는 주장과 인간은 이기적 목적을 위해 이성을 사용한다는 주장을 함께 거부한 것이다. 공감이라는 감정을 통해 우리는 도덕적 행동을 할 수 있으며, 타인에 대한 공감 능력의 작동으로 이기성을 극복할 수 있다는 것이다. 곧 공감이 도덕의 기초이고, 공감을 통해 이기성은 통제될 수 있다는 것이다. 공감 능력은 시간과 공간을 넘어 모든 사람들에게서 보편적으로 발견된다. 곧 인간의 공감 능력은 보편적이다. 공감 능력은 인간의 보편적 특성이기 때문에 도덕 감정론은 진화론적 도덕 이론과 맥락을 함께한다.10)

아담 스미스는 흄의 공감에 기초한 도덕 이론에 '공정한 관찰자(impartial spectator)'11)라는 독창적인 개념을 추가했다. 아담 스미스는 이 개념을 도입함으로써 사회적인 시인(是認, approval)과 부인(否認, disapproval)의 역할에 큰 의미를 두게 되었으며, 공감과 상상력이 도덕에 결정적인 역할을 하게 되었다. 그의 도덕철학의 핵심 개념인 '공정한 관찰자', '일반적 규칙', '정의의 규칙', '의무'는 모두 인간들이 보편적으로 가지고 있는 공감 능력에서 도출되었다.

아담 스미스가 말하는 공감은 타인의 감정과 행위의 타당성을 판단하는 마음의 작용이다. 공감은 타인의 기쁨, 슬픔, 분노 등의 감정을 자신의 마음속으로 옮겨 상상력을 이용해 그것과 같은 감정을

---

10) 공감과 도덕과의 관계에 대한 설명은 줄리언 바지니·피터 파슬, 강준호 옮김, 『윤리학의 연장통』(서광사, 2009), 111-114쪽 참조. sympathy는 공감 또는 동감으로 번역된다. 이 책은 공감으로 번역하였다. sympathy는 empathy와 구별하여 사용되기도 한다. sympathy는 With-Feeling이고 empathy는 In-Feeling이라고 하여 양자를 구별한다.

11) Adam Smith, 앞의 책(1984), p.147. 아담 스미스는 공정한 관찰자를 '가슴속의 이상적 인간'이라고도 하였다.

끌어내려 하는, 또는 끌어낼 수 있는지 아닌지를 검토하는 인간 감정의 역동적인 능력이다. 우리는 이런 공감 능력을 사용해 타인의 감정과 행위를 관찰하고, 그것에 대해 시인 또는 부인의 판단을 내리고, 자신의 마음속에 공정한 관찰자를 형성한다. 공정한 관찰자는 자신의 이해관계에 얽매이지 않고 객관적으로 자신의 감정과 행위의 타당성을 판단하는 또 다른 자기다. 우리는 관찰자로서의 경험 그리고 당사자로서의 경험을 통해 공정한 관찰자가 타인의 감정과 행위를 어떻게 판단하는가를 배운다.

'공정한 관찰자'는 아담 스미스의 고유한 개념으로 공감과 함께 그의 도덕철학의 근간을 구성하는 개념이다. 아담 스미스에 따르면 사람들은 자신의 이기심만 따르는 것이 아니라, 자기 내면에 공정한 관찰자를 설정하고 공정한 관찰자의 눈치를 보면서 살아간다. 행동하기 전에 그에게 묻고, 조언을 구하여, 그가 시인할 수 있는 행동을 하려고 한다. 공정한 관찰자의 근원은 이기심이 아니라 공감이다.

우리는 항상 타인의 눈을 의식하면서 동시에 우리 내면에 있는 공정한 관찰자의 인정을 받으려고 노력한다. 우리는 우리 감정과 행위의 주체자인 동시에 그것을 판단하는 공정한 관찰자다.

『도덕 감정론』은 도덕을 사회현상의 하나로 취급하고 있다. 아담 스미스의 윤리학에서 중심을 차지하는 것은 공감이며, 공감은 사회를 결속하는 구실을 한다. 우리는 다른 사람의 행동의 관찰자로서 우리가 그들의 상황에서라면 어떻게 느낄지를 상상할 수 있다. 만일 우리가 그들의 동기에 공감하면 그들의 행동을 시인하고, 그렇지 않으면 부인한다. 아담 스미스의 윤리학은 우리가 가지고 있는 공감과 다른 사람으로부터 존경을 받고 싶어 하는 욕구에서 형성된

사회적 연대의 구조에 대한 탐구다.12)

우리가 행동할 때, 관찰자가 느낄 경험으로부터, 우리의 행동이 시인을 받을 것인가 그렇지 않을 것인가를 판단할 수 있다. 이러한 지식은 양심을 형성한다. 양심은 한 행동이 옳은가(right) 또는 그른가(wrong)를 우리에게 말해주는 '상상의 공정한 관찰자(an imagined impartial spectator)'다. '공정한 관찰자'라는 개념은 인간의 행동에 대한 사회적인 시인과 부인에서 나온 것이다.13) 스미스는 양심의 기원을 공정한 관찰자의 공감(共感, sympathetic)과 반감(反感, antipathetic)의 감정에서 찾고 있다.

아담 스미스는 두 가지 다른 도덕 판단을 설명하기 위해 공감이라는 개념을 사용한다. 첫 번째는 한 행동의 '적부성(適否性, propriety)' 곧 어떤 행동의 옳음과 그름에 대한 판단을 의미한다. 두 번째는 한 행동의 공(功)과 과(過)에 대한 판단으로 칭찬이나 비난, 보상이나 처벌이 뒤따르는 판단이다. 아담 스미스에 따르면, 옳음과 그름에 대한 판단으로 표현되는 시인의 감정은 행위자의 동기에 대한 공감의 결과다.14)

이기심과 경제활동에 대한 규제의 필요성

아담 스미스는 『국부론』에서 이기심에 새로운 역할을 부여하였다. 홉스에게는 전쟁 상태의 원인이 되었던 이기심이 아담 스미스의 세계에서는 새로운 지위를 부여받았다. 아담 스미스는 "우리가

---

12) D. D. Raphael, *Smith*(Oxford: Oxford University Press, 1985), pp.10-11.
13) 같은 책, 같은 곳.
14) 같은 책, pp.31-32.

식사를 할 수 있는 것은 정육점 주인, 양조장 주인, 빵집 주인의 자비심 때문이 아니라, 그들의 자신의 이익에 대한 관심 때문이다. 우리는 그들의 인간성에 호소하지 않고 그들의 이기심에 호소하며, 우리는 그들에게 우리 자신의 필요를 이야기하지 않고 그들의 이익을 이야기한다."라고 말하면서 가난한 사람들은 그들의 생활필수품을 지주의 '인간애나 정의감'이 아니라 그들의 이기적인 행위에서 얻어낸다고 주장했다. 공공의 이익에 기여하는 애국자도 '이익을 누릴 사람들의 행복에 대한 순수한 공감'에서 행동하는 것은 아니라고 했다.15)

아담 스미스의 이기심에 대한 새로운 의미 부여는 '분업을 야기하는 원리'를 설명하는 과정에서 나왔다. 인간은 문명사회에서 무수히 많은 사람들과 협력하고 서로 도움을 받으면서 살아간다. 우리는 복잡한 인간 사회에서 무수히 많은 타인의 도움에 의존한다. 일상적인 삶에 필요한 것들을 구하는 방법은 두 가지인데, 하나는 다른 사람의 자비이고, 다른 하나는 교환이다. 교환의 과정 없이 우리가 도움을 받을 수 있는 경우는 다른 사람이 자비심을 베풀 때인데, 우리는 이것에 기대어 만족스러운 생활을 영위할 수 없다. 우리에게 자비를 베풀 수 있는 사람은 많지 않기 때문이다. "내가 원하는 것을 나에게 주면, 너는 네가 원하는 것을 가지게 될 것이다."라는 원리에 따라 분업이 이루어지고, 우리가 필요로 하는 것을 다른 사람에게서 얻을 수 있는 것은 내가 그가 필요로 하는 것을 주기 때문이다. 아담 스미스는 내가 원하는 것을 취하려는 마음을 '이기심'이라고 부르면서 이것이 문명사회에서 긍정적인 역할을 한다는

15) Adam Smith, 앞의 책(1979), pp.26-27.

사실에 주목하여 '이기심'을 '자신의 이익'과 같은 의미로 사용하고, 이기심의 반대말로 '인간성'이라는 말을 사용하였다.16)

나아가 아담 스미스는 '이기심'을 통해 '공공의 이익' 또는 '사회의 이익'의 산출을 설명했다. 그는 『국부론』에서 '보이지 않는 손'17)을 통해 이기심이 공공의 이익에 봉사한다고 설명하였다. 자신의 이익을 추구하는 개인은 자신이 결코 의도하지 않았지만, '보이지 않는 손'에 이끌려 '공공의 이익'에 기여하게 된다는 것이다. 아담 스미스는 개인의 사익 추구가 공공의 이익으로 변하는 과정을 설명하기 위해 '보이지 않는 손'이라는 개념을 도입했다. '보이지 않는 손'이 의미하는 것이 무엇인가에 대해서는 여러 가지 해석이 가능하지만, 그는 모순되는 두 현상의 논리적 상충을 해소하기 위해 '보이지 않는 손'을 사용한 것이다. 말하자면 '보이지 않는 손'은 개인의 이익과 공익의 모순관계를 돌파하기 위한 개념적 도구다.

아담 스미스는 인간의 이기심18)을 자연스러운 것으로 받아들인다. 그는 "모든 사람이 다른 사람보다는 자기 자신에게 직접적으로 더 깊은 관심을 가진다."19)고 믿기 때문이다. 아담 스미스는 국가

---

16) Adam Smith, 앞의 책(1984), pp.183-184. 아담 스미스는 인간의 본성을 말할 때 이기심이나 자기 이익 추구보다는 자기 사랑(self-love)이라는 말을 많이 사용하였다. 자기 이익(self-interest)이라는 표현은 『국부론』 전체에서 단 한 번 나온다. 그리고 이기적(selfish)이라는 표현은 세 번 나온다.

17) Adam Smith, 앞의 책(1979), pp.484-485.

18) 최윤재, 「맨더빌의 삶과 생각」, 버나드 맨더빌, 최윤재 옮김, 『꿀벌의 우화: 개인의 악덕, 사회의 이익』(문예출판사, 2010), 50쪽.

19) Adam Smith, 앞의 책(1984), pp.82-83.

의 부는 이런 인간의 '자연적 성향'에서 나온다고 믿었다. 국가는 도덕적 명분을 앞세워 이기적 인간들의 이기심을 억압해서는 안 된다. 이기심은 가치 있는 천연자원과 비슷하기 때문이다. 국가가 인간의 자비심이나 이타심만을 과도하게 강조하면, 사람들은 어리석고 빈곤하게 된다는 것이다. 그는 인간은 사회적 존재로 다른 사람을 필요로 하지만, 다른 사람의 자비심에 의존하여 살아갈 수는 없고, 스스로 타인과 교환할 수 있는 것을 가져야 인간다운 삶을 살수 있다고 주장했다.

그렇다고 아담 스미스가 이기심에 기초한 경제활동에 무제한의 자유를 부여한 것은 아니다. 자신의 논리에 따라 움직이는 '이기심'이 초래할 수 있는 재앙에 홉스가 주목하였듯이, 아담 스미스도 이기심이 초래할 폐해를 명백하게 인식하고 있었다. 그는 개인의 경제활동이 국가권력, '법과 통치'를 통해 적정하게 규제되어야 한다고 주장했다.[20] 아담 스미스도 아무런 구속을 받지 않는 개인에게 이기심이 무한정 허용된다면. 홉스가 이미 지적하였듯이, 사람들은 서로 싸우고 사회질서는 유지되기 어렵다고 생각했기 때문이다. 아담 스미스가 일반적인 인식과는 달리 자유방임주의자는 아니다.

시장경제가 제대로 작동하기 위해서는 신뢰할 수 있는 법제도가 선행되어야 한다. 자유 시장은 참여자들이 따라야 할 일정한 규칙을 필요로 한다. 계약의 실행을 강제할 수 있는 법정, 범죄자를 단죄할 수 있는 검찰, 세금을 징수할 조세기관 등이 필요하다. 경제적 자유와 법의 지배는 함께 간다. 법의 지배가 없으면 정실 자본주의로 빠진다.[21]

---

20) 김광수, 「애덤 스미스의 법과 경제: 정의와 효율성간의 관계를 중심으로」, 『經濟學研究』 제57집 제1호(한국경제학회, 2009), 79쪽.

아담 스미스는 개인의 강력한 자기 이익의 추구가 초래할 수 있는 부정적인 결과도 경계했다. 아담 스미스는 홉스가 『리바이어던』에서 인간이 자신의 이기심만을 추구할 때 초래할 결과를 기술하면서 사용한 말을 연상하게 하는 표현을 사용하였다. 그는 "결코 뿌리지 않은 곳에서 거두기를 좋아하는"[22] 인간의 탐욕은 인간의 심성 가운데 하나임을 경고했다. 이런 심성이 활발하게 활동하는 상태에서는 홉스가 말하는 문명이 싹틀 수 없다는 것이다. 자신의 이기심, 탐욕만을 추구하는 사람들은 절대로 씨를 뿌리고 가꾸는 노고는 하지 않고 거두기만 할 것이기 때문이다. 아담 스미스는 제한 없는 탐욕이 다른 사람의 생명, 자유, 인격, 재산을 침해할 것이라고 보았다.

따라서 인간의 이기심이 무한정 허용되어서는 안 된다. 아담 스미스는 남을 해치면서까지 자신의 이기심을 추구하는 것은 허용하지 않는다. 제한 없는 이기심이 허용되지 않는 이유는 그런 행위가 타인이나 공정한 관찰자의 공감을 얻을 수 없기 때문이다. 아담 스미스에게서 이기심의 정당성을 판단하는 기준은 '공정한 관찰자'의 공감이다.[23] '공정한 관찰자'가 허용하는 범위 내에서 개인의 이기심이 허용되어야 한다는 것이 아담 스미스의 믿음이었다.

---

21) 토드 부크홀츠, 류현 옮김, 『죽은 경제학자들의 살아 있는 아이디어』(김영사, 2009), 23-24쪽. 1998년 러시아 경제가 붕괴한 이유는 시장경제가 작동할 수 있는 법제도가 정비되지 않았기 때문이다. 법제도가 아니라 사람 중심으로 경제가 움직이는 경우 사회적 비용이 많이 들어 장기적으로 경제 발전이 지체될 수 있다.

22) Adam Smith, 앞의 책(1979), p.67. 아담 스미스가 인간의 이기심을 염두에 두고 사용한 표현이다.

23) Adam Smith, 앞의 책(1984), p.85.

아담 스미스에 따르면 이기심24)이 제어될 때만 이기심에 기초한 시장경제는 사회에 질서와 번영을 보장한다. 그는 이기심이 공감에 기초한 '공정한 관찰자'에 의해 제어될 수 있다는 입장을 견지하였다는 점에서 인간과 사회에 대해 낙관주의적인 견해를 유지하였다.

인간은 타인에 공감하고 타인의 공감을 바라는 존재이다. 인간은 본성적으로 이기심뿐만 아니라 자신의 처지를 개선하려는 의지, 교환하려는 의지, 타인에 대한 관심, 타인으로부터 인정받으려는 욕망을 가지고 있다. 타인에 대한 관심은 공감에서 나온다. 아담 스미스에 따르면 인간은 타인의 감정과 행위에 관심을 가지고, 그것에 공감하는 능력을 지니고 있다. 공감을 통해 사람들은 자신의 마음속에 '공정한 관찰자'를 형성하고, 사람들은 '공정한 관찰자'의 눈을 의식한다. 자신의 감정과 행위가 공정한 관찰자의 칭찬을 받을 수 있길 원한다. 물론 인간의 마음속에는 공정한 관찰자를 무시하려는 나약함도 있으나, 대체로 공정한 관찰자가 비난하는 일이 없도록 노력한다. 아담 스미스의 '공정한 관찰자'는 이기심을 조절할 수 있는 장치다. 인간의 이기심은 피할 수 없는 자연적 속성이긴 하지만, 그것의 작동을 무한정 허용하지 않는 것이 조물주의 의도라는 것이다.25)

인간은 마음속에 '공정한 관찰자'의 판단에 따르는 것을 일반적 규칙으로 설정하고 그것을 고려하는 감각 곧 의무감을 형성한다.

---

24) 아담 스미스는 이기심이 도덕 감정에 의해 제어될 수 있다고 본 점에서 홉스와 구분된다. 홉스는 인간의 심리와 행동이 기계론적으로 결정된다고 보았기 때문에 도덕이나 종교의 힘으로 이기심이 제어될 수 있다고 보지 않았다. 인간은 자신의 이기심을 제어할 수 있는 내면적인 힘을 가지고 있지 못하다. 홉스에 따르면 인간은 이기적 존재로 결정되었다.

25) Adam Smith, 앞의 책(1984), p.157.

인간은 자신의 마음속에 분노를 불러일으키는 행위에 대해서는 법을 정하여 처벌한다.

일반적 규칙의 설정 26)

아담 스미스가 말하는 일반적 규칙(general rules)은 태어날 때부터 우리에게 주어지는 것이 아니라, 우리가 타인과의 교제를 통해 자신이 속한 사회 속에서 경험적으로 터득해가는 것이라는 의미에서 경험적인 것이다. 일반적 규칙은 정의(justice)와 선행(beneficence)의 규칙으로, 이것은 도덕 감정인 '분노', '감사'와 관련이 있다. '분노'와 관련 있는 '정의의 규칙'은 "마음속 공정한 관찰자가 비난할 만하다고 판단할 행위는 모두 피해야 한다."는 것이고 '감사'와 관련 있는 '선행의 규칙'은 "마음속 공정한 관찰자가 칭찬할 만하다고 판단할 행위는 모두 추진되어야 한다."는 규칙이다. '정의의 규칙'은 행위의 영향을 받는 사람이 분노할 수 있는 행위를 금지하는 규칙이고, '선행의 규칙'은 행위의 영향을 받는 사람이 감사할 행위를 추천하는 규칙이다. '정의의 규칙'은 정의 즉 타인의 생명, 재산, 명예에 상처를 입히는 행위를 하지 않을 것을 우리에게 지시하고, '선행의 규칙'은 타인의 이익을 증진시키는 행위를 우리가 할 것을 지시한다. 이러한 '일반적 규칙'은 타인의 칭찬과 비난에 대한 '희망'와 '공포'의 감정 곧 도덕 감정에 의해 형성된다는 것이 아담 스미스의 설명이다.

우리는 '공포의 감정'을 싫어하고 '희망의 감정'을 추구하기 때문

---

26) 이에 대한 자세한 논의는 도메 다쿠오, 앞의 책(2010), 64-73쪽 참고.

에 자신의 행위 기준으로서 일반적 규칙을 고려해야 한다는 '의무
감(sense of duty)'을 도덕 감정으로 갖게 된다. 이 의무감은 "인간
생활에서 가장 중요한 원칙이며, 대다수의 사람들이 이것을 기준으
로 자신의 행동을 지도할 수 있는 유일한 원칙"[27]이다.

의무감이 제어하는 '인간 본성의 다른 요인'에는 기쁨, 슬픔, 본
능적 욕망, 자신의 이익을 우선 고려하는 이기심과 자애심(自愛心)
도 포함된다. 우리가 어느 정도까지 이런 본성을 따라야 할 것인가
를 결정하기 위해 우리는 일반적 규칙을 고려하여 판단한다. 아담
스미스는 이기심과 자애심은 일반 규칙에 의해 제어되어야 한다고
생각하였다. 곧 무제한의 이기심과 자애심을 허용하지 않은 것이다.
그렇다면 의무감을 통해 정념, 욕망, 자애심을 억제함으로써 우리가
얻는 것은 무엇인가?

우리 안에 존재하는 신의 대리인은 우리가 일반 규칙을 어길 때
내면적 수치심과 자책과 같은 고통을 통해 언제나 어김없이 벌을 내
린다. 그리고 이와 반대로 일반 규칙을 준수하는 사람에게는 마음의
평정, 안심, 자기만족으로 항상 보상한다.[28]

아담 스미스는 우리가 일반 규칙을 위반하면 내면의 '공정한 관
찰자'로부터 비난을 받고, 지키면 마음의 평정을 얻기 때문에 무한
정 이기심을 추구하지 않을 것이라고 말한다. 일반 규칙을 지킨 보
상은 '마음의 평정'이라고 본 점에서 그는 스토아학파의 후예임을
보여주고 있다.

---

27) Adam Smith, 앞의 책(1984), pp.161-162.
28) 같은 책, p.166.

아담 스미스는 여기에서 멈추지 않는다. 그는 '마음의 평정'에만 의존하여 인간의 이기심이 조절될 수 있다고 생각하지는 않았다. 그에 따르면 일반적 규칙은 우리에게 정의와 자혜(慈惠)를 권한다. 자혜로운 행위를 일으키는 감정은 관용, 인간애, 친절, 동정심, 우정 등이다. 우리는 이러한 감정 자체를 가장 좋은 것으로 느끼며, 이런 감정이 표출되는 것을 원한다. 그러나 아담 스미스는 자혜보다 정의에 강한 의무감을 부여한다.29)

정의의 규칙에 따라 어떤 행위는 처벌받아야 한다고 생각하는 이유는 그 행위를 당한 사람의 분노에 공감하기 때문이다. 정의의 이면에는 분노의 감정이 있다. 정의는 어떤 행위가 분노를 야기하기 때문에 그 행위를 하지 말아야 한다는 것을 의미한다. 분노를 일으킨 행위에 처벌을 가함으로써 그 행위를 당한 사람의 분노를 가라앉혀야 한다.

우리는 자혜는 미덕이지만 정의는 의무라고 생각하여 정의에 대해서는 엄격한 규칙을 설정한다. 어느 사회나 타인의 생명, 신체, 재산, 명예를 침해하는 행위를 처벌하는 엄격한 보편적인 규칙 곧 법을 설정한다.

자혜는 건물을 지탱하는 기초가 아니라 아름답게 꾸미는 장식이다. 따라서 우리는 자혜를 베풀도록 권고하는 것으로 충분하기 때문에 그것을 행하도록 강제할 필요는 없다. 반대로 정의는 건물 전체를 지지하는 중심 기둥이다. 만약 그것이 사라지면 위대한 것들, 인간 사회를 구성하는 무수히 많은 구성 요소들은 … 한순간에 산산이 부서질 것이다.30)

---

29) 같은 책, pp.134-156.

아담 스미스는 사회를 유지하기 위해서 결정적으로 필요한 것은 자혜가 아니라 정의라고 주장한다. 따라서 정의는 엄수되어야 한다. 아담 스미스는 법이 존재하는 이유를 정의가 깨어졌을 때 발생할 분노를 본성적으로 싫어하기 때문이라고 설명함으로써, 법의 근거를 도덕 감정에서 찾는다.

자본가의 탐욕 억제 장치로서 경쟁

아담 스미스는 개인의 이기심이 공공의 이익을 창출한다고 하여, '이기심'을 긍정적으로 평가하기는 하였지만, 아무런 제약이 없어도 그렇게 될 것이라고 기대하지는 않았다. 개인의 이기심이 공공의 이익을 창출할 수 있도록 적절한 장치가 필요하다고 본 것이다. 아담 스미스는 특히 자본가의 이기심을 경계해야 한다고 생각하였다.[31]

자본가, 상인과 제조업자는 항상 개인의 이익을 추구하며, 그들이 사회적 이익을 창출할 수 있도록 유도하기 위해서 그들이 제안하는 새로운 상업적 법률, 규제를 그대로 받아들여서는 안 된다는 것이다. 아담 스미스는 상업과 관련된 법률과 규제가 공익을 위해 나오기보다는 개인의 사익을 위해 나온다고 본 것이다.

아담 스미스는 이런 문제를 해결할 수 있는 방법 가운데 하나로 '경쟁'의 활성화를 제시했다. 경쟁은 항상 사회적 이익과 부합하기 때문이다. "일반적으로, 어떤 사업이 사회를 이롭게 한다면, 그 사업에서 경쟁이 더 자유롭고 일반적일수록 사회를 더욱더 이롭게 할

---

30) 같은 책, p.86.
31) Adam Smith, 앞의 책(1979), pp.266-267.

것이다."32) 아담 스미스에 따르면 경쟁을 강화하기 위해서는 독점을 타파하고, 자유무역을 해야 한다.33)

그럼에도 불구하고 독점을 없애 경쟁을 강화하려는 입장이 당시에는 별로 인기가 없었다. 많은 사람들이 중상주의적 세계관에 젖어 있었기 때문이다. 경쟁을 강화하려는 노력이 아니라 오히려 독점을 강화하려는 노력이 인기를 누리고 있었고, 그것이 시대정신이었다.

중상주의에 젖어 있던 사람들은 공공의 이익을 위해 자신이 봉사한다고 주장함으로써 자신의 사익 추구를 정당화했다. 아담 스미스는 "상인들은 외국 무역이 어떤 방식으로 그들 자신을 부유하게 하는지를 완벽하게 알고 있었으며, 그것을 아는 것이 그들의 사업이었다. 그것이 어떤 방식으로 나라를 부유하게 하는가를 아는 것은 전혀 그들의 사업이 아니었다."34)라고 말한다.

모직물 제조업자들은 "나라의 번영이 자신의 독특한 사업의 성공과 확대에 의존한다고 의회를 설득하는 일을 다른 어떤 제조업자보다 성공적으로 수행했다. 그들은 외국으로부터 모직물을 수입하는 것을 절대적으로 금지함으로써, 소비자에 대해서 독점적인 지위를 얻었다. 뿐만 아니라 살아 있는 양과 양모의 수출을 통해 목양업자, 양모생산자들에 대해서도 독점적인 지위를 차지하게 되었다."35) 이런 상황을 목도한 아담 스미스는, 사실 영국에서 자유무

---

32) 같은 책, p.329.
33) 같은 책, p.472. 아담 스미스는 자유무역을 방해하는 과세는 관세 수입에
　　도 도움이 되지 않는다고 하였다.
34) 같은 책, p.434.
35) 같은 책, p.647.

역이 완전히 회복되리라고 기대하는 것은 오케아노스나 유토피아가 그 안에 세워지리라고 기대하는 것만큼 불합리하다고 한탄하였다.[36]

아담 스미스는 법률과 규제를 제정하는 의회도 실제로는 공공의 이익의 대변자가 아니라 사익의 대변자가 되기 십상이라고 주장했다. "의회가 고용주와 노동자 사이의 의견 차이를 조정하려고 할 때, 의회의 상담역은 언제나 고용주다. 그러므로 그 조정이 노동자를 유리하게 할 때는 항상 정당하고 공평하지만, 고용주를 유리하게 할 때는 때때로 그렇지 않다."[37]

뿐만 아니라 아담 스미스는 국가가 특정 산업을 장려하는 것도 반대하였다. 그의 설명에 따르면 특정 산업 부문에 대해 특별한 장려책을 사용함으로써 더욱 많은 양의 자본을 의도적으로 이 부문에 끌어들이려고 하거나, 또는 특정 산업 부문에 대해 특정한 제한 정책을 사용함으로써 일정량의 자본을 의도적으로 이 부문에서 끌어내려는 시도도 실제로는 그것이 의도하는 국부라는 큰 목적을 파괴하게 된다. 그것은 참된 풍요, 번영을 향한 그 사회의 진보를 촉진하지 못하고 오히려 저지하며, 또한 사회의 토지, 노동의 연간 생산물의 진정한 가치를 증대시키지 못하고 오히려 감소시킬 뿐이다. 그러므로 특혜를 주거나 제한을 가하는 모든 제도를 완전히 철폐하면, 분명하고 단순한 자연적 자유의 제도가 스스로 확립된다. 자연적 자유 아래에서 모든 사람은 정의의 원칙을 위반하지 않는 한, 완전히 자유롭게 자기의 방식대로 자신의 이익을 추구할 수 있으며, 자신의 근면과 자본을 바탕으로 다른 누구와도 완전히 자유롭

36) 같은 책, p.471.
37) 같은 책, pp.157-158.

게 경쟁할 수 있다.

아담 스미스는 왕이 자신에게 부과된 이러한 의무를 수행하기 위해 필요한 경비를 조달하기 위해서 세금을 거두어야 한다고 생각하였다. 아담 스미스는 부자들의 마차로부터 통행세를 더 걷어 화물 수송을 값싸게 해야 한다고 생각했고, 토지세를 좋은 세금으로 추천했고, 부자에게 더 높은 세율을 적용하는 누진세를 권했고, 독점 이윤에 매기는 세금은 아주 좋다고 했다.38) 그가 추천한 규제로는 품질 규제, 계약 이행에 대한 규제, 임금을 현금 대신 물건으로 주지 못하게 하는 규제, 독점 가격 규제,39) 노예를 함부로 다루지 못하게 하는 규제40) 등이 있다. 반면 그가 없애거나 완화하려고 생각한 규제는 주로 독점 이윤을 누리는 시장에 대한 진입 제한 규제, 노동자 발목을 잡는 규제41) 같은 것이었다.

이러한 관점에서 본다면 아담 스미스가 무조건 시장을 신뢰하고 국가를 불신한 것은 아니다. 그는 시장경제가 국내 시장을 확대하고 최대의 경제성장을 이룩하며 무역을 촉진하여 사람과 사람과의 관계를 넓히고, 모든 사람을 풍요롭게 한다고 생각했다. 그러나 그가 살던 당시 영국은 특권 상인과 거대 제조업자 등의 독점과 부정으로 인해 시장이 만족스러울 정도로 작동하지는 못하고 있었다. 곧 시장은 왜곡되어 있었고, 아담 스미스는 왜곡된 경제 체제에 '중상주의'라는 이름을 붙이고 그것을 비판하고 극복하려고 노력하였다.

---

38) 같은 책, p.725, p.830, p.842, pp.892-893.

39) 같은 책, pp.138-139, p.122, pp.157-158.

40) 같은 책, pp.586-587.

41) 같은 책, pp.151-152.

아담 스미스는 참가자의 독점과 부정을 막기 위해 시장은 어느 정도 정부에 의해 감시되고 법에 의해 규제되어야 한다는 사실을 인정하고 있었다. 그럼에도 불구하고 그는 이것을 강하게 주장하지는 않았다. 왜냐하면 정부가 시장의 모든 거래를 감시하는 것은 불가능할 뿐만 아니라, 정부 자체가 부패할 가능성이 높다는 사실도 알고 있었기 때문이다. 정부 관료는 공익의 실현자가 아니라 또 다른 자기 이익 추구자라는 것이다.

아담 스미스가 살았던 당시에는 중상주의가 지배하고 있었으며, 정치가와 관료는 특권 상인과 거대 제조업자와 유착관계를 맺고 있었다. 요즘 말로 하면 정경유착이 심각하였다. 정치가와 관료는 유착관계를 통해 사적 이익을 추구하였을 뿐만 아니라, 자국의 경제적, 군사적 우위를 유지하려는 정치적 야심에서 산업과 무역에 대해 다양한 규제를 만들어내었다. 그들은 자유무역이 아니라 보호무역이 부국강병을 위해 효과적이라는 잘못된 지식을 가지고 있었기 때문이다. 그러나 보호무역은 국내 시장을 왜곡하여 경제성장을 낮추고, 국제분쟁의 원인을 제공한다.

이런 상황에서 아담 스미스는 공공기관의 규제와 법을 통한 감시를 시행하여 시장 참여자들의 독점과 부정을 막아야 한다는 믿음을 가지고 있었지만, 공공기관의 감시와 규제가 적절하지 않을 수도 있으며 공공기관 자체가 부패할 수도 있다는 사실을 잘 알고 있었기 때문에, 자유롭고 공정한 시장경제는 공적 기관이라는 외부의 공정한 관찰자보다는 시장 참가자 내부의 공정한 관찰자에 의해 감시되고 규제되는 것이 더 바람직하다고 생각하였다. 그러나 그것의 성공은 그 사회를 구성하는 각 개인이 마음속의 공정한 관찰자의 목소리에 얼마나 귀를 기울이느냐에 달렸다. 사회가 얼마나 도덕적으로 성숙했는가에 달렸다.

아담 스미스는 '공공의 이익'을 '국부 증대'와 동일시하였다. '국부 증대'를 통해 많은 사람들의 생활이 개선될 수 있다고 믿었기 때문이다. 그는 "각종의 하인, 노동자, 직공은 모든 대국 인구의 대부분을 이루고 있으므로, 그 대부분의 상태를 개선시키는 것은 결코 전체에 불리한 것이라고 간주할 수 없다. 어느 사회라도 그 구성원의 대부분이 가난하고 비참하다면 번영하는 행복한 사회일 수 없다. 국민 전체의 의식주를 공급하는 노동자들이 자기 자신의 노동 생산물 가운데 자기 자신의 의식주 생활에 필요한 것을 어느 정도 충분히 가져간다는 것은 또한 공평하다."42)라고 주장하였다.

탐욕의 억제 장치로서 행복

아담 스미스는 인간의 과도한 이기심 곧 탐욕을 통제할 수 있는 또 다른 장치 가운데 하나로 행복론을 제시하였다. 모든 사람은 행복을 원하기 때문에, 행복을 해치는 것이 무엇인가를 스스로 알면 그런 행동을 하지 않을 것이라고 믿었기 때문이다. 아담 스미스에 따르면 행복은 마음의 평정과 향유 가운데 있다. 평정이 없이는 향유할 수 없고, 완전한 평정이 있는 곳에는 향유가 항상 존재한다. 따라서 행복을 원하는 사람들은 함부로 자신의 욕망만을 추구하지 않을 것이다. 그것은 곧 행복을 해치는 행위이기 때문이다. 그럼에도 불구하고 사람들이 탐욕스러운 이유는 행복과 탐욕에 대한 지식이 부족하기 때문이다.43)

---

42) 같은 책, p.91.
43) Adam Smith, 앞의 책(1984), pp.149-150.

사람들이 정의의 법칙을 위반하면서까지 탐욕과 야심, 허영심을 가지는 이유는 그들이 무지하기 때문이다. 아담 스미스는 인간들의 이러한 무지를 일깨움으로써 사회질서가 유지될 수 있다는 믿음을 가지고 있었다. 뿐만 아니라 '지혜로운 통치자'의 덕목을 제시하면서, '체제 신봉자'가 초래할 수 있는 사회적 해악을 경계하였다. 아담 스미스가 말하는 '체제 신봉자'는 하이에크가 말하는 '구성적 합리주의자'나 포퍼의 '유토피아 사회공학자'와 유사하다. '체제 신봉자'는 개인을 '벽돌'처럼 또는 '장기판의 말'처럼 취급한다. 그들은 전체주의자다.

체제 신봉자(man of system)는 자기 스스로를 매우 총명한 자로 생각하기 쉽고, 그래서 흔히 자기가 상상한 정부 계획의 아름다움에 너무나 현혹되어 그 계획 속의 어떤 부분이 조금이라도 계획과 달라지는 것을 참지 못한다. 그는 자기의 계획과는 반대가 될 수도 있는 강력한 의견들이나 이해관계에 대해서는 아무런 고려도 하지 않은 채, 자신의 계획을 완전히 그리고 전면적으로 추진해나간다. 그는 이 거대한 사회를 구성하는 서로 다른 구성원들을 마치 장기판 위에서 손으로 말들을 배열하는 것만큼이나 아주 쉽게 배열할 수 있다고 생각한다. 그러나 장기판 위의 말들은 사람의 손이 힘을 가하는 대로 움직이는 수밖에 달리 운동 원리가 없지만, 인간 사회라는 거대한 장기판에서는 모든 말 하나하나가 자기 자신의 운동 원리를 가지고 있는데, 이것은 입법기관이 그들에게 부과하는 것과는 전혀 다른 것이다. 만약 각 구성원들의 운동 원리와 입법기관이 부과하는 운동 원리가 서로 일치하고 동일한 방향으로 작용한다면, 인간 사회의 게임은 편안하게, 조화롭게 진행될 것이며, 또한 행복하고 성공적일 것이다. 그러나 만약 이 두 가지 운동 원리가 서로 반대되거나 일치하지 않는다면, 그 게임은 불행하게 진행될 것이며, 그리고 인간 사회는 언제나 최악의 무질서 상태에 놓이게 될 것이다.44)

사회질서는 행복에 대한 개인의 관심만으로는 유지되지 않는다고 생각했기 때문에 아담 스미스는 '정의의 원리'를 제시하고, 이 원리는 항상 지켜져야 한다고 주장했다. 타인의 신체, 명예, 재산을 존중하고 침해하지 말아야 한다는 '정의의 원리'는 예외 없이 집행되어야 한다는 것이다. 그는 정의의 원리는 가장 엄격하고 정확해야 하며, 조금이라도 예외나 수정이 허용되어서는 안 된다고 보았다. 마치 정의의 원리는 문법의 원칙과 유사하다는 것이다.45) '자혜(慈惠)의 미덕'과 구별되는 정의의 원리는 윤리의 영역이 아니라 법의 영역에 속한다. 정의의 원리는 법의 영역, 곧 정의를 집행하고 불의를 예방할 수 있는 주체로서 국가의 존재를 설정하고, 법의 집행과 관련된 국가 활동의 필요성을 요청한다.46)

아담 스미스는 스토아학파의 영향을 받아 부와 권세가 인간에게 줄 수 있는 것이 그렇게 크지 않다고 생각하였다. 우리가 마음의 안정과 평화를 유지하는 데 부와 권세는 큰 역할을 하지 못한다. 그럼에도 불구하고 많은 사람들은 부와 권세가 높아지면 더욱더 행복하게 될 것이라고 착각한다. 아담 스미스의 설명에 따르면 그것을 추구하는 사람들은 자연으로부터 기만당하고 있는 것이다.47)

---

44) Adam Smith, 앞의 책(1979), pp.233-234.
45) 같은 책, p.175.
46) Adam Smith, 앞의 책(1984), p.79.
47) 같은 책, 같은 곳.

아담 스미스는 '자연의 기만' 속에는 신의 섭리가 작용하고 있다고 믿었다. 그는 현대 사회정의론이 추구하고 있는 분배적 정의의 필요성을 전혀 느끼지 않았다. 그는 아직 빈부 격차나 부의 사회적 불평등에 대한 문제의식이 없었다. 말하자면 그의 정의론은 법적 정의의 개념에 멈추고 부와 소득의 분배와 관련된 재분배에까지 나아가지 않았다.

아담 스미스는 그 당시 역사의 진행 단계에 대해 대단히 낙관적인 입장을 견지하고 있었다. 그는 아직 루소의 『인간 불평등 기원론』이 함축하고 있는 정확한 내용을 예감하고 있지 못했다. 아담 스미스는 마르크스의 공산주의를 자신의 사상이 내장(內裝)하고 있다는 사실을 깨닫지 못했던 것이다.

그러나 보다 근본적인 이유는 그가 스토아학파의 윤리사상을 믿고 있었기 때문이다. 아담 스미스는 젊은 시절에 스토아학파의 영향을 강하게 받았다. 라파엘에 따르면 스토아학파는 우주의 조화를 굳게 믿었다. 스토아학파는 우주의 조화를 그리스어 'sympatheia (fellow-feeling)'로 표현했는데, 공감(sympathy)은 이 말에서 나왔다. 물론 'sympatheia'가 조화로운 우주 안에 존재하는 모든 요소들이 말 그대로 서로 동료의식을 가지고 있다는 의미는 아니다. 이 말이 의미하는 것은 각각의 요소들이 함께 잘 어울려 서로 조화를 이룬다는 의미다.

아담 스미스가 그의 윤리 이론에서 사용한 공감이라는 개념은 개인의 마음속에서 일어나는 것이지만, 그는 때때로 조화를 이야기하면서 공감을 설명하고 있다. 그가 공감의 감정이 가져오는 사회적 결과를 기술할 때, 스토아학파의 조화로운 체계라는 개념을 마음속에 가지고 있었다는 것은 의심의 여지가 없다. 또한 그는 스토아학파의 조화로운 체계라는 아이디어의 도움으로 시장을 사회에 일반적 이익을 가져오는 체계로 인식하였을 것이다.[48]

그러나 산업사회가 성숙하면서 상황은 달라진다. 아담 스미스는 산업사회의 초기 단계에 있었기 때문에 앞으로 전개될 사회가 어떤 사회인가에 대해서 정확한 지식을 가질 수 없었다. 그가 소득과 부의 불평등을 문제 삼지 못한 것은 그 당시 아직 본격적인 산업사회가 시작되지 않았기 때문이다. 농경사회에서 부의 축적은 제한적이고, 대부분의 사람들은 농경사회의 한 구성원이 됨으로써 먹고사는 문제를 해결할 수 있었다. 그러나 산업사회가 도래하면 사정은 달라진다. 산업사회에서 실업은 생계 수단의 상실을 의미하고, 곧 벼랑으로 내몰린다. 이런 긴박한 사정에 처한 사람들에게 스토아학파의 '조화로운 체계'를 받아들일 마음의 여지는 존재하지 않는다.

이기심 통제 장치

이 책은 인간의 이기심을 경제 발전과 국부의 근원으로 설정한 아담 스미스가 이기심의 전면적 해방을 주장하지는 않았다는 사실을 입증하기 위해, 그가 이기심을 제어하기 위해 설정한 장치가 무엇인가를 탐구하였다. 아담 스미스는 인간의 공감 능력은 자신의 내면에 '공정한 관찰자'를 형성하고, '공정한 관찰자'로부터 공감을 얻을 수 없는 행동은 하지 않을 것이라고 주장하였다. 곧 타인에게 해를 주는 행동은 '공정한 관찰자'가 감시하기 때문에 하지 않을 것이라고 믿었던 것이다.

---

48) D. D. Raphael, 앞의 책(1985), p.67.

아담 스미스는 행복을 원하는 마음이 이기심과 탐욕을 억제할 수 있다고 생각했다. 탐욕은 행복을 해친다는 사실을 아는 사람은 자신의 행복을 위해 탐욕을 부리지 않는다는 것이다.

다음으로 아담 스미스가 개인의 이기심을 억제하는 장치로 설정한 것은 경쟁이다. 그는 자유무역을 통해 경쟁이 활성화되면, 개인은 자신의 이기심을 무한정 추구할 수 없게 된다고 하였다. 왜냐하면 경쟁이 활성화된 상황에서 자기 이익을 무제한으로 추구하면, 소비자들로부터 선택을 받지 못해 결국 경쟁에서 패배할 수밖에 없기 때문이다.

아담 스미스가 개인의 이기심을 억제하는 마지막 방법으로 설정한 것은 '정의'다. 그는 정의를 일반 원칙으로 설정하여 정의를 해치는 행동은 국가가 징벌함으로써 개인의 이기심을 통제할 수 있다고 주장하였다.

아담 스미스는 개인의 이기심이 무조건 공공의 이익에 기여하는 것이 아니라 그것이 적절하게 통제될 때만 공공의 이익에 기여한다고 주장하였다는 점에서 개인의 이기심에 조건 없이 정당성을 부여하지는 않았다. 이러한 사실을 고려할 때 아담 스미스가 자유방임주의를 주창하였다는 해석이나, 인간의 이기심을 '보이지 않는 손'에 맡겨두면 무조건 공공의 이익이 도출될 것이라고 보았다는 해석은 잘못된 해석이다.

그렇더라도 아담 스미스가 도덕철학에서 설정한 가정이 항상 사실과 부합하는 것은 아니다. 모든 인간이 공감 능력을 가지고 있고, 항상 '공정한 관찰자'의 공감을 받을 수 있는 행동을 할 것이라는 가정은 경험적 사실과 때때로 부합하지 않는다. 따라서 '공정한 관찰자'의 판단으로 도덕의 일반적 규칙을 세우려고 한 그의 시도는 뒤에 칸트로부터 비판을 받았다. 뿐만 아니라 '정의'를 논의하면서 '분배적 정의'를 포함시키지 않은 것은 오늘날의 관점에서 볼 때 그의 사상의 한계로 지적될 수 있다.

2 장

자생적 질서와 도덕

자유주의의 발원으로서 스코틀랜드 계몽주의

하이에크는 고전적 자유주의의 전통을 계승하여 현대 자유주의의 철학적 기초를 새롭게 제시하였다. 하이에크 자유주의의 중심 개념은 개인의 자유다. 개인의 자유에 대한 하이에크의 옹호는 도덕철학적 전제가 아니라 사회 이론에 기초하고 있다는 점에서 롤즈 또는 노직과 같은 현대 자유주의와 구분된다.[1] 하이에크는 자유주의의 정당화를 자연권과 같은 철학적 개념이 아니라 사회에서 일어나는 자기 발생적인 질서, 자생적 질서의 발견에서 이끌어내었다.

---

1) Christina Petsoulas, *Hayek's Liberalism and its Origins: His idea of spontaneous order and Scottish Enlightenment*(London: Routledge, 2001), p.1, 각주 4. 노직은 도덕철학을 그의 정치철학의 근거로 삼았다. 그는 로크의 개인의 도덕적 권리론에 기초하여 최소 국가를 옹호하였다. 롤즈의 분배적 정의론도 도덕적 고려에 기초해 있다.

하이에크는 자신의 자생적 질서 이론의 지적 근원을 고전적 자유주의, 특히 맨더빌, 데이비드 흄, 아담 스미스, 애덤 퍼거슨에서 찾는다. 이렇게 함으로써 자유주의를 스코틀랜드 계몽주의와 연결시켰다.

일반적으로 프랑스 계몽주의와 자유주의가 밀접한 연관 속에 있다는 사실은 널리 인정되고 있다. 18세기 후반 유럽에서 발전한 계몽주의와 자유주의는 사상적으로 그리고 실천적으로 하나의 흐름 속에 있었다. 이 시기 계몽철학자들은 인간의 이성에 대한 확고한 희망을 품고 있었다. 이성을 지닌 인간은 그 이성을 사용함으로써 사회를 발전시킬 수 있다고 믿었다.

이것은 그레이가 자유주의의 특징 가운데 하나로 지적한 사회개혁주의적 입장을 보여주는 것이다. 이 점에서 프랑스 계몽주의와 자유주의는 하나로 통합되었다. 그러나 프랑스 계몽주의자들과 달리 스코틀랜드의 계몽주의자들은 이성을 통한 역사의 진보를 믿지 않았다. 스코틀랜드 계몽주의자들은 인간의 본성과 사회에 대한 과학적 이론을 정립하려는 유럽 계몽철학자들의 기획에는 동의하였지만, 인류 역사의 무한 개선이나 진보가 필연적이라는 주장에는 동의하지 않았다. 스코틀랜드 계몽주의 철학자들은 인간은 불완전하다고 생각했기 때문이다.2)

그레이는 자유주의의 철학적 기초를 논의하면서 스코틀랜드 계몽주의 사회철학자들과 정치경제학자들이 자유주의의 원리와 토대를 처음으로 체계적이고 포괄적으로 정립했다고 평가했다. 특히 흄은 정치경제학의 문제를 다룬 글을 통해 인간의 본성과 사회제도에

---

2) John Gray, *Liberalism*, Second Edition(Buckingham: Open University Press, 1995), p.20.

과학적으로 접근함으로써 자유주의의 이념적 토대를 마련하려고 하였다. 흄은 프랑스 계몽주의 사상가들과 달리 인간의 불완전성에 근거해 자유주의 제도를 옹호했다. 그는 『인간 본성론』에서 인간의 제한적 자비심, 지적 한계, 인간의 욕구를 충족시키기에는 늘 부족한 자원 때문에 정의의 기본 원칙이 필요하다고 했다. 이 정의의 원칙들은 뒤에 소유의 안정성, 동의에 의한 소유의 이전, 약속의 이행에 관련된 법이라는 '세 가지 기본적 자연법'으로 정식화되었다. 뿐만 아니라 흄은 「완전한 공동체의 이념」이라는 글에서 개인의 자유는 법의 지배를 통해 보장된다고 주장하였다. 이를 토대로 그레이는 흄이 보수주의적 이론가라는 평가를 받아들이지 않고, 자유주의의 제한된 정부 체계를 가장 강력하게 옹호한 철학자라고 하였다.3)

그레이는 자유주의의 원리 체계를 가장 영향력 있게 제안하고 옹호한 철학자로 아담 스미스를 이야기한다. 그는 『국부론』에서 후손들을 위해 세 가지 위대한 자유주의 유산을 남겼다는 것이다. 첫째는, 인류 사회는 구분되는 단계 또는 시대 또는 체계를 거치면서 발전하며, 그 정점이 상업적 또는 자유기업 체계라는 생각이다. 둘째는, 경제 체제의 변화가 정치 체제의 변화와 맞물려 일어나기 때문에 상업적 자유의 체계는 시민적 자유와 정치적 자유가 보장된 헌법 질서를 요구한다는 생각이다. 이런 관점에 따르면 사람들의 사회적 삶을 경제적 측면과 정치적 측면으로 구분하는 것은 인위적이고 자의적이다. 사회적 삶을 경제적인 측면과 사회적인 측면으로 구분하지 않고 통합적으로 파악하려는 스미스의 입장은 후에 하이

---

3) 같은 책, p.24.

에크나 프리드먼과 같은 경제학자에게도 영향을 미쳤다. 세 번째는, 스미스의 체계는 개인주의적이라는 생각이다. 스미스는 사회제도를 인간의 의도나 설계를 실행한 결과가 아니라 인간 개인의 행동의 결과로 이해한다. 이처럼 스미스는 사회현상을 개인의 행동으로 설명하려는 방법론적 개인주의의 입장을 지지하였다. 스미스의 체계는 도덕적 의미에서도 개인주의적이다. 그의 체계는 모든 사람은 다른 사람들이 동등한 자유를 가지는 한 최대의 자유를 소유한다는 자연적 자유의 체제에서 나왔다는 것이다.4)

하이에크는 스코틀랜드 계몽주의의 고유한 특성을 자유주의와 연결시킴으로써 자유주의 철학적 기초에 대한 새로운 관점을 제시하였다. 하이에크의 관점에 따르면 스코틀랜드 계몽주의의 지적 전통에서 유래하는 자유주의는 다른 자유주의와 구별된다. 그가 말하는 다른 자유주의는 데카르트의 전통에서 유래하는 자유주의이며, 이 자유주의의 철학적 기초에 '설계주의적 합리주의'라는 이름을 붙였다. 하이에크는 자신이 옹호하는 스코틀랜드 계몽주의에 기초한 자유주의의 철학적 기초에 '진화론적 합리주의'라는 명칭을 부여했다.

하이에크의 이러한 구분에 따르면 설계주의적 합리주의에 기초한 자유주의와 진화론적 합리주의에 기초한 자유주의는 그 토대에서 구분되며, 진화론적 합리주의에 기초한 자유주의가 진정한 자유주의다. 하이에크에 따르면 '설계주의적 합리주의'에 기초한 자유주의는 자유주의의 외형을 띠고 있지만, 실제로는 사회주의다. 그럼에도 불구하고 상당수의 사람들은 실제로 설계주의적 합리주의에

---

4) 같은 책, p.25.

기초한 사회주의를 자유주의로 잘못 알고 있다는 것이다. 이런 잘못이 인류 역사를 잘못된 방향으로 이끌어왔다는 것이다.

하이에크는 자생적 질서에 기초한 자유주의를 새롭게 구축함으로써 당시의 전체주의를 자유주의의 적대 세력으로 간주하여 설득력 있게 비판하였다. 그의 자생적 질서론의 지적 연원은 스코틀랜드 계몽주의다. 하이에크는 스코틀랜드 계몽주의자들, 특히 맨더빌, 흄, 스미스, 퍼거슨을 자생적 질서라는 관점에서 재해석함으로써 그들의 사상을 이해하는 지평을 확장하였다는 점에서 높이 평가받고 있다. 텍스트는 항상 새로운 해석에 열려 있다. 텍스트 자체의 본래 의미를 넘어 과거 사상가를 새롭게 해석함으로써, 하이에크는 새로운 사유 체계를 구축하였다. 물론 자생적 질서론에 기초한 하이에크의 자유주의는 그의 자유주의가 얼마나 체계적이며 정합적인가, 얼마나 설명력을 가지며, 우리에게 어떤 새로운 관점을 열어주는가에 의해 평가되어야 한다. 자생적 질서론에 기초한 하이에크의 자유주의는 자유주의에 새로운 지평을 제시한 독자적 사회사상으로 높이 평가되어야 한다.

자생적 질서와 자유주의

자생적 질서는 하이에크의 사회 이론에서 가장 중요한 개념이다. 그는 시장, 도덕, 언어와 같은 자생적 질서를 생물학적 개념인 진화와 결합시켜 새로운 질서 개념으로 정립하였다. 하이에크는 자생적 질서를 '인간의 설계의 결과가 아니라 많은 인간들의 행동의 결과'로 이해한다. 인간은 사회생활을 위해 질서를 필요로 한다. 이미 사회에 질서가 존재하기 때문에 우리는 일하고 기본적인 욕구도 만족시킨다. 우리는 살아가기 위해서 다른 사람과 협력하고, 그의 행동이 어떠한 결과를 초래할 것인가를 예상해야만 한다. 우리가 그렇게 할 수 있는 이유는 사회에 질서가 존재하기 때문이다. 하이에크는 '자생적 질서'라는 개념을 『자유 헌정론』에서 처음 사용하였으며, 『법, 입법 그리고 자유』에서 자세하게 설명하였다. '자생적 질서'에서 '질서'를 하이에크는 다음과 같이 정의한다.

질서는 하나의 사태다. 이 사태 안에서 여러 종류의 수많은 요소들이 서로 관계를 맺고 있기 때문에, 우리가 특정 장소 또는 시간의 전체 가운데 일부를 알면 그 나머지에 대해서는 정확한 예상을 할 수 있거나 또는 적어도 옳은 것으로 증명할 수 있는 예상을 할 수 있다.5)

질서에 대한 하이에크의 주된 관심은 그것이 어떻게 생성되었는가다. 질서의 생성에 대한 가장 오래된 설명은 그것이 '어떤 사유하는 마음'의 디자인에서 나왔다는 것이다. 질서의 기원에 대한 이러한 생각은 주로 권력자들이 선호한다. 이러한 관점에 따르면 각 개인은 그것을 만든 실력자나 권력자의 의지에 복종해야 한다. 하이에크는 이러한 관점을 질서에 대한 권위주의적 해석이라 부른다. 이 해석에 따르면 질서는 오직 시스템 밖에 있는 힘에 의해 외생적으로 창조되었다. 이러한 질서 개념은 시장이론이 설명하려고 하는 내부에서 형성된 균형에는 적용될 수 없다. 여러 측면에서 자생적 질서는 만들어진 질서와 다르다.

---

5) F. A. Hayek, *Law, Legislation and Liberty*(London: Routledge, 2013), p.35.

하이에크는 질서를 '만들어진(made)' 질서와 '자라난(grown)' 질서 두 가지로 구분하였다. 이러한 구분은 그의 사회철학의 중심을 이룬다. 질서는 복잡한 현상을 논의하기 위해 필요한 개념이다. 질서를 어떻게 이해하는가는 사회 운행을 어떻게 보아야 하는가와 밀접히 연관되어 있다. 그는 질서를 두 가지로 나눔으로써 서양의 철학 사상을 두 진영으로 재편하려고 하였다.

하이에크는 또 자생적 질서의 특성을 보여주기 위해『치명적 자만』에서는 질서를 다음과 같이 세 가지로 구분하였다. (1) 이성이 만든 질서 : 중앙집권적 계획경제 (2) 본능에 의한 질서 : 가족, 혈연 집단, 원시 부족사회, 끼리끼리 집단, 생물학적 진화의 산물, 연대성, 이타주의, 집단적 결정 — 이 질서로는 확장된 질서와 주민을 유지할 수 없다. (3) 자생적 질서 : 언어, 법률, 시장, 화폐, 문화적 진화의 산물, 확장된 질서를 창출하고 유지한 진화된 도덕인 저축, 개인 소유, 정직 — 본능과 이성 사이에 존재한다. 그중 세 번째 자생적 질서의 기본적인 규칙에 따른 집단은 다른 집단과 비교하여 인구와 부를 증대시켰다.6)

하이에크에 따르면 현대사회의 구조가 이렇게 복잡하게 된 것은 그것이 의도적으로 조직되었기 때문이 아니라 자생적 질서로 성장하였기 때문이다. 이러한 복잡한 질서로 성장할 수 있었던 것은 처음부터 결과를 예상하고 그것을 디자인하였기 때문이 아니다. 적절한 규칙을 채택한 사람들이 복잡한 문명을 발전시키고, 그 문명이 다른 문명에 전파되었기 때문이다. 따라서 현대 문명이 이렇게 복잡하기 때문에 현대사회를 의도적으로 계획해야만 한다고 주장하

---

6) F. A. Hayek, *The Fatal Conceit: The Errors of Socialism*(Chicago: The University of Chicago Press, 1988), p.70.

는 것은 모순이며, 이러한 과정을 완전히 잘못 이해한 것이다. 우리는 사회 구성원을 규제함으로써 질서를 형성시키는 것이 아니다. 자생적 질서의 형성에 보탬이 될 수 있는 규칙을 간접적으로 시행하고 개선하는 것이다.[7]

하이에크는 '자기 생성적 질서 또는 내생적 질서(self-generating or endogenous order)'를 표현하는 가장 좋은 영어로 'spontaneous order(자생적 질서)'를 선택하였다. 그는 만들어진 질서인 인위적 질서를 표현하기 위해 그리스에 기원을 두고 있는 'taxis'를, 자생적 질서를 나타내기 위해 정부나 공동체의 올바른 질서를 뜻하는 'kosmos'를 사용하기도 한다. 하이에크는 언어나 도덕은 몇몇 천재가 발명한 것이 아니라, 그 결과를 어느 누구도 예견하거나 의도하지 않은, 진화 과정의 결과라고 주장한다.[8]

하이에크에 따르면 자본주의와 같은 경제 시스템은 의도하지 않은 역사적인 진화의 과정을 거쳐서 발생한다. 자본주의의 발전과 더불어 자유 시장이 형성되었다는 점에서 자유 시장은 자생적 질서다. 누구의 의도나 디자인에 의해 자유 시장의 가격이 형성되는 것은 아니다. 시장에서 어떤 사업은 성공하고, 어떤 사업은 실패한다. 그러나 어느 누구도 그것을 과학적으로 예측하지는 못한다. 우리는 아담 스미스의 경제학에서 진화론적인 사유를 발견할 수 있다.

인류가 점진적으로 진화하면서 인간 행위의 규칙, 예를 들면 사유재산, 정직, 계약, 교환, 무역, 경쟁, 소득과 개인의 자유를 다루는 규칙이 형성되었으며, 이러한 규칙은 본능이 아니라 전통, 교육, 모방에 의해 전달된다. 확장된 질서는 인간의 기획이나 의도에서 나

---

7) F. A. Hayek, 앞의 책(2013), pp.48-49.
8) 같은 책, p.36.

온 것이 아니라 스스로 생겨났다. 확장된 질서는 아무런 의식 없이 어떤 전통, 주로 도덕적 실천을 따르는 과정에서 발생했다.

진화론적 자유주의의 출현

질서의 발생에 대한 이러한 설명에 그의 진화론적 관점이 잘 들어 있다. 이러한 진화론적 관점은 스코틀랜드 계몽주의자들에서 연유한 것이다. 그들은 "재산, 자유, 정의에 관한 우리의 제도를 포함한 도덕은 인간 이성의 창조물이 아니고 문화적 진화에 의해 이차적으로 주어진 것이다."9)라고 생각하였다. 하이에크는 "맨더빌, 흄, 그리고 스미스의 전통을 이어받아 경제학을 연구하는 사람들 사이에서 시장 과정에 대한 이해가 나타나기 시작했다."10)고 말한다. 하이에크는 이들의 관점을 진화론적 합리주의라 부르며 데카르트를 위시한 합리주의자들의 관점과 대비시킨다. "사회주의의 목적은 전통적인 도덕, 법, 언어를 완전히 다시 세우고, 그러한 기초 위에서 낡은 질서를 척결하고 이성적인 제도, 성취, 참된 자유와 정의를 방해해온 냉혹하고 정의롭지 못한 조건을 근절하는 것이다."11)라고 주장하는 사회주의도 데카르트의 설계주의적 합리주의의 변형이다. 진화론적 합리주의는 설계주의적 합리주의의 일종인 창조론과 극명한 대조를 이룬다. 16세기의 기록에는 다음과 같은 글이 있다.

하느님은 떠돌이별과 붙박이별을 창조하셨다. 하느님이 그것들을

---

9) F. A. Hayek, 앞의 책(1988), p.52.
10) 같은 책, p.86.
11) 같은 책, p.67.

창조한 의도는 그것들이 인간을 지배하도록 하기 위해서가 아니라, 다른 피조물과 마찬가지로 인간에게 복종하고 이바지하도록 하기 위해서였다.[12]

이 글은 이 땅에 존재하는 모든 것은 어떤 의도를 가진 존재자가 그것을 만들었기 때문에 존재한다는 기독교적인 세계관을 잘 보여준다. 기독교적인 창조설에 의하면 이 땅에 존재하는 모든 것은 신이 창조한 것이며, 그 속에는 신의 의도가 들어 있다. 이러한 세계관이 지배하고 있던 시대에 진화론의 출현은 거대한 지적인 혁명이었다.

이전까지 통용된 우주의 질서에 대한 설명은 그것을 어떤 디자이너의 산물로 보았다. 기독교 전통에서 디자이너는 신이었다. 철학자들도 '설계에 의한 신의 증명'을 시도하여 자연계에 존재하는 질서나 복잡성의 부여자로서 신의 존재를 추론해냄으로써 신학에 봉사하였다.

다윈은 신의 존재를 설정하지 않고 진화론을 통해 유기체의 질서와 복잡성을 설명하였다. 그는 디자인되지 않은 질서의 진화가 존재한다는 것을 인정하였다. 그는 생명체의 진화론적 변화는 유기체 자신의 필요와 욕구에 의해서 발생한다고 함으로써, 유기체 밖에 존재하면서 질서를 부여하는 존재자를 이 세상에서 몰아내었다. 자연선택에 의한 진화가 '자생적 자연 질서'를 산출한다는 것이 진화론의 중심 내용이다.

하이에크는 다윈의 진화론을 자연계의 생명체가 아니라 인간 사

---

12) 파라켈수스, 『사물의 본질에 관하여』(1541년경). 다니엘 J. 부어스틴, 이성범 옮김, 『발견자들 I』(범양사 출판부, 1995), 19쪽에서 재인용.

회에 존재하는 질서를 설명하기 위해 도입했다. 하이에크는 자생적 질서를 처음으로 인식하기 시작한 학자로 스코틀랜드 계몽주의 사회철학자들을 언급하고 있다. 흄, 아담 스미스, 애덤 퍼거슨은 "사회적인 형성물의 대부분은 인간 행동의 결과이긴 하지만, 인간이 디자인한 것은 아니다."13)라는 깨달음을 공유하고 있었다는 것이다. 사회적 형성물로서 자생적 질서는 온전히 '자연적인 것'도 아니고 '인공적인 것'도 아니라는 것이다. 하이에크는 이러한 질서와 도덕은 본능과 이성 사이에 존재한다고 설명한다. 하이에크는 자신의 이러한 입장을 정당화시키기 위해 "도덕의 규칙들은 … 이성에서 나온 결과가 아니다."14)라고 말한 흄을 인용한다. 하이에크는 자신의 진화론적 합리주의의 사상적 정초를 스코틀랜드 계몽주의에서 찾고 있는 것이다.

설계주의적 합리주의와 이성의 오만

'설계주의적 합리주의'는 이성을 통해 "인간이 사회제도와 문명을 창조했기 때문에, 자신의 바람과 원망을 충족시키기 위해 그것들을 마음대로 바꿀 수 있어야만 한다."15)라고 생각한다. 곧 설계주의적 합리주의는 모든 사회제도는 인간의 이성에 의한 면밀한 디자인의 산물이거나 산물이어야만 한다고 가정한다. 볼테르의 "훌륭

---

13) Adam Ferguson, *An Essay on the History of Civil Society*(Cambridge: Cambridge University Press, 2001), p.119.

14) F. A. Hayek, 앞의 책(1988), p.8

15) F. A. Hayek, *New Studies in Philosophy, Politics, Economics and the History of Ideas*(Chicago: The University of Chicago Press, 1978), p.3.

한 법을 원하면, 지금 가지고 있는 법을 불살라버리고 스스로 새로운 법을 만들라."16)라는 말은 설계주의적 합리주의의 핵심을 웅변적으로 대변해주고 있다.

설계주의적 합리주의는 인간의 제도는 인간의 목적을 위해 의도적으로 디자인된 경우에만 인류의 목적을 위해 봉사할 수 있으며, 어떤 제도가 존재한다는 것은 그것이 목적을 위해 창조되었다는 증거이며, 우리의 모든 행동이 완전히 알고 있는 목적의 지도를 받을 수 있도록 사회와 사회제도를 재디자인해야 한다는 관점이다. 설계주의자들은 인간이 그렇게 할 수 있는 이유는 인간이 선험적인 이성을 가지고 있기 때문이라고 생각한다. 이성주의와 설계주의가 결합한 설계주의적 합리주의는 근대 이후 서양을 지배한 주도적인 세계관이 되었다. 법실증주의, 제한 없는 주권의 필요성에 대한 믿음, 공리주의, 사회주의는 모두 설계주의적 합리주의의 소산이다.

설계주의적 합리주의는 데카르트주의의 이원론과 긴밀한 연관이 있다.17) 정신과 물질을 두 개의 독립적인 실체로 상정한 데카르트의 이원론에 따르면, 물질과 완전히 독립적으로 존재하는 정신은 인간에게 그가 살고 있는 사회의 제도와 문화를 디자인할 수 있는 능력을 제공해준다. 제도나 문화에 대한 정신의 능동성을 인정하고, 정신이 제도와 문화를 자신의 의도에 따라 디자인할 수 있다고 믿었던 것이다. 이러한 해석에 따르면, 지금 우리의 행동을 규제하는 모든 제도와 규칙은 인간 정신이 디자인한 것이다. 인간의 문명은 인간 이성이 구성한 것에 지나지 않는다.

이러한 설계주의적 합리주의는 하이에크가 지적하였듯이 사실적

---

16) 같은 책, p.5.
17) F. A. Hayek, 앞의 책(2013), p.17.

인 측면과 규범적인 측면에서 오류를 범하고 있다. 왜냐하면 지금 존재하는 모든 제도가 이성에 의한 디자인의 산물이 아니며, 우리가 사용할 수 있는 지식이 지극히 한정되어 있기 때문에 디자인을 통해 사회질서를 만들 수도 없기 때문이다. 곧 이성의 한계에서 오는 사고 능력의 불완전성과 정보 입수의 불완전성을 간과한 것은 설계주의적 합리주의자가 사실적인 측면에서 범한 오류다.

설계주의적 합리주의의 사실적인 오류는 이성에 대한 잘못된 관점에서 출발했다. 데카르트 철학에서 이성은 '자연의 빛'으로 모든 인간에게 선천적으로 주어져 있다. 인간은 태어날 때부터 이성 능력을 가지고 태어난다는 것이다. 그는 이성을 경험적인 것이 아니라 선험적인 것으로 가정하였다. 그러나 데카르트와 달리 하이에크는 이성의 선험성을 인정하지 않는다. 그는 이성 자체도 문화의 한 부분이며, 인간은 문화 이전에 이성을 소유하지 않았다고 주장한다.[18] 이성과 문명은 함께 진화하였다는 것이다. 이성은 모든 인간에게 선험적으로 주어진 것이 아니라, 진화의 과정에서 생성되었고 앞으로도 변화되어간다는 것이다.

하이에크는 인간의 이성을 언어와 같은 차원에 놓는다. 언어가 이성적인 존재에 의해 '창안되었다(invented)'고 믿는 사람은 없다. 이성과 문화는 서로 영향을 주면서 발전한다. 언어뿐만 아니라 도덕, 법, 기술, 사회제도들은 인간 행동의 결과이지 인간의 마음이 설계한 것이 아니다. 곧 그것들은 어떤 목적을 위해서 창조된 것이 아니다. 그것들은 막스 베버가 말하는 '목적 합리적' 생산물이 아니다. 이성도 사회질서와 같이 어떤 목적을 위해 디자인되거나 발명

---

18) F. A. Hayek, 앞의 책(1978), p.3.

된 것이 아니라 진화의 과정 속에서 나온 것이다. 그럼에도 불구하고 설계주의적 합리주의자들은 도덕, 법, 기술과 사회제도는 오직 그것들이 미리 생각한 어떤 디자인과 일치할 때만 정당화될 수 있다고 생각하였으며, 이것은 명백한 오류다.19) 하이에크는 다음과 같이 말한다.

정신은 인간이 삶을 영위하고 있는 자연적 환경과 사회적 환경에 대한 적응이며, 사회의 구조를 결정하는 제도들과 영속적인 상호작용을 유지하면서 발전되어 왔다. 정신은 사회적 환경의 산물이다. 반대로 정신이 영향력을 행사하고 이러한 제도들을 변경하여 사회적 환경을 만든 것은 아니다. 정신은 인간이 사회 속에서 발전시킨 결과이며 그가 살았던 집단의 존속 가능성을 높여준 습관과 관행을 획득한 결과다. 이미 충분히 발전한 정신이 사회 안에서 인간이 살아갈 수 있도록 해주는 제도들을 디자인한다고 생각하는 것은 인간의 진화에 대해 우리가 알고 있는 것과 완전히 다른 생각이다.20)

설계주의적 합리주의의 사실적 오류의 두 번째 측면은 지식의 편재성을 인정하지 않았기 때문에 발생했다. 하이에크에 따르면 인간은 구조적으로 무지하다. 그가 말하는 구조적인 무지는 우리가 무수히 많은 타인들의 계획과 목적, 행동을 부분적으로만 알 수 있을 뿐이며 이것마저도 항상 옳지는 않다는 것이다. 사람들의 계획과 목적, 행동에 대한 지식은 모두 그들 머리 안에 제각기 분산되어 있고, 이렇게 분산되어 있는 지식을 우리가 온전히 수집하여 이용

---

19) F. A. Hayek, 앞의 책(1988), p.4.
20) F. A. Hayek, 앞의 책(2013), p.18.

하는 것은 원천적으로 가능하지 않다.

사회를 구성하고 있는 각 개인이 가지고 있는 지식을 모두 수집하여 파악하는 것은 구조적으로 불가능하다. 우리는 누가 어떠한 지식을 가지고 있는가를 알 수 없을 뿐만 아니라, 사람들이 머릿속에 가지고 있는 지식을 계량적인 방식으로 수집할 수도 없다. 뿐만 아니라 사람들이 가지고 있는 지식 가운데 많은 부분은 언어로 표현될 수 있는 명시적인 것이 아니라 암묵적 지식이다. 암묵적 지식은 개인에게 체화된 지식이다.

암묵적 지식을 중시하는 하이에크는 인간 이성의 무지는 구조적이고 영구적이라고 말한다. 그렇다고 하이에크가 이성의 기능을 모두 부정하는 것은 아니다. 하이에크는 이성의 온당한 역할을 인정한다.

나의 논의는 사회주의자의 이성에 대한 가정은 공격하지만, 이성이 정당하게 사용되는 것에 대해서는 결코 반대하지 않는다. 내가 말하는 '정당하게 사용된 이성'은 자기 한계를 인정하고, 이성에 의해 스스로 교육되어 생물학이나 경제학이 보여주는 놀라운 사실의 함의를 받아들이고, 설계 없이 만들어진 질서가 인간이 의식적으로 고안한 질서보다 훨씬 더 낫다는 것을 인정하는 이성을 의미한다. 신중하고, 겸손하고, 전진적인 방식이라면 이성이 전통적인 제도와 도덕적 원리를 검토하고, 비판하고, 거부할 수 있다는 사실도 부정하지 않는다. 나는 규범과 제도를 개선하는 힘으로서 이성을 부정하고 싶지 않을 뿐만 아니라, 현재 흔히 '사회정의'라고 말하는 방향으로 우리의 전체 도덕 체계를 고칠 수 없다고 주장하고 싶지도 않다. 우리는 도덕 체계의 모든 부분을 엄밀히 조사함으로써 그렇게 할 수

있다.21)

인간 이성의 무지가 구조적이고 영구적임에도 불구하고 근대 과학은 과학기술의 힘으로 사회현상을 지배하고, 인간의 의지에 따라 사회와 자연을 바꿀 수 있다는 강한 자신감을 심어주었다. 생명이나 마음이나 사회의 현상은 단순하지 않고 복잡하다. 과학에 근거한 자신감은 인간의 자만심을 키워 이러한 복잡함을 사려 깊게 살펴볼 수 없게 하였다. 이것은 이성과 과학의 치명적인 실수다.

관찰된 현상을 해석하는 데 우리의 이론과 탐구 기법이 아무리 큰 도움을 준다고 할지라도, 우리는 그것에 대한 완전한 설명이나 정확한 예측에 도달할 수 없다. 현상은 복잡하기 때문이다. 만일 우리가 모든 현상에 대한 완전한 지식을 가지고 있다면 우리는 그 현상을 통제하고 지배할 수 있을 것이다. 그러나 실제로는 그렇지 못하다. 따라서 우리가 과학의 힘으로 어떤 특정한 사실에 대한 모든 것을 명백하게 알 수 있다고 가정하는 것은 오류다.

만일 과학이 사회현상에 대한 완전한 지식을 우리에게 제공할 수 있다면, 과학은 우리가 복잡한 사회현상의 상호 관련을 이론적으로 더 잘 이해하는 데 도움을 줄 수 있을 것이다. 그러나 과학은 거대한 사회의 복잡한 질서를 결정하는, 널리 퍼져 있고 급격하게 변하는 시공간의 특별한 상황의 모든 것에 대한 명확한 지식을 우리에게 제공할 수는 없다.22)

과학의 진보가 우리에게 세계에 대한 완벽한 지식을 줄 수는 없다. 과학이 그러한 지식을 우리에게 줄 수 있다고 생각하는 것이

---

21) F. A. Hayek, 앞의 책(1988), p.8.
22) F. A. Hayek, 앞의 책(1978), p.12.

바로 이성의 치명적 오류다. 복잡한 사회현상에 대한 완벽한 지식은 어느 누구도 가질 수 없다. "우리가 사용해야 하는, 상황에 대한 지식은 집중된 형태로 존재하지도 않고 통합된 형태로 존재하지도 않는다. 불완전하고 때때로 모순되는 지식은 흩어져서 존재하며, 독립적인 개인들이 그 지식을 소유하고 있다."23) 따라서 "지식은 본질적으로 (수많은 사람에게) 분산되어 있으며, 함께 모을 수도 없으며, 의도적인 질서 창조라는 과제를 떠맡은 권력자에게 전달될 수도 없다."24)

하이에크의 시장에 대한 새로운 관점은 "시장 과정은 개인이 사용할 수 있는 정보를 전달하는 과정이다."25)라는 말 속에 잘 나타나 있다. 본질적으로 분산되어 있는 지식의 특성상 그것을 함께 모을 수 없으며, 의도적인 질서 창조라는 과제를 떠맡은 권력자에게 전달될 수 없다. 이러한 지식은 시장을 통해서만 충분히 이용될 수 있다.

그는 지식론에 기초하여 사회제도를 평가하는 새로운 기준을 제시하였다. 전통적인 사회정치철학은 사회제도를 효용이나 유용성과 주어진 목적을 얼마나 잘 충족시키는가에 따라 평가하였지만, 하이에크는 지식을 얼마나 잘 보존하고, 유지하고, 생산하고, 전달하고, 이용하는가에 따라 비교되고 평가될 수 있다고 생각하였다. 하이에크는 '인식론적인 전환'을 이룩하였다.26)

---

23) F. A. Hayek, *Individualism and Economic Order*(Chicago: The University of Chicago Press, 1948), p.77.
24) F. A. Hayek, 앞의 책(1988), p.77.
25) 같은 책, p.97.
26) John Gray, "Hayek, the Scottish School, and Contemporary Economics", *The Scottish Contribution to Modern Economic Thought*, Douglas Mair

하이에크는 1937년 발표한 논문 「경제학과 지식(Economics and Knowledge)」[27]에서 자유 시장이 흩어져 있는 정보를 조정할 수 있는 최선의 방법이라고 주장하였다. 그에 따르면 자유 시장과 자유 가격은 정보를 전달하고 이용하게 하는 수단이다. 따라서 수많은 사람들의 필요와 욕망을 만족시키기 위한 생산의 조직화는 중앙 계획을 통해 이루어질 수 없다. 중앙집권화된 제도는 이론적으로 매력적이지만, 이것은 근본적으로 잘못된 전제에서 출발하였다. 자원이 어디로 분배되어야 할지를 알기 위해서는 중앙 계획자는 무슨 상품을 사람들이 원하고, 그것을 어떻게 가장 저렴하게 생산할 수 있는지를 알아야 한다. 그러나 그것은 가능하지 않다. 하이에크에 따르면 이러한 지식은 정부 당국의 캐비닛(컴퓨터) 안에 존재하는 것이 아니라 개개 소비자와 기업가의 마음속에 있다. 그는 다음과 같이 말한다.

각 개인은 자신이 추구하는 목적에 등급을 매기는 자신의 독특한 순서를 가지고 있다. 이러한 개인의 등급 매김은 오직 소수의 사람에게만 알려질 수 있으며, 그 스스로에게도 완전히 알려지기는 어렵다. 서로 다른 재산과 욕망을 가지고, 서로 다른 상황에서, 수단에 대해 서로 다른 정보에 접근하고, 다른 사람의 특별한 필요에 대해서는 조금밖에 모르거나 거의 알지 못하면서, 서로 다른 규모의 목적을 달성하려는 수백만 개인의 노력은 교환 체계에 의해 조정된다. 개인이 서로 협동했을 때, 설계하지 않은 대단히 복잡한 질서 체계

ed.(Aberdeen: Aberdeen University Press, 1990), p.50.
27) F. A. Hayek, "Economics and Knowledge", *Individualism and Economic Order*(Chicago: The University of Press, 1980), pp.33-56.

가 존재하고, 끊임없이 이어지는 상품과 서비스가 창조되었으며, 이 것은 참여하고 있는 무수히 많은 개인의 기대와 가치를 실현한다.[28]

하이에크는 이렇게 흩어진 지식을 이용할 수 있도록 하는 것이 바로 자유 시장이라고 주장한다. 지식을 이용할 수 있는 능력이 탁월하기 때문에 시장을 보존해야 한다는 하이에크의 관점은 이윤의 극대화나 효율에 기초하여 시장을 지지하는 관점과는 일단 구별된다.

인간은 이성을 사용하여 제도를 디자인할 수는 없다. 일련의 규칙과 제도들의 집합체인 문화는 인간이 디자인을 통해 구성한 것이 아니다. 인간은 그들 자신의 환경을 통제하거나 더 좋은 사회를 디자인할 수 없다. 다만 인간은 아주 작은 개선을 더할 수 있을 뿐이다. 따라서 원대한 규모의 개선을 계획한다면 필연적으로 실패할 수밖에 없다.

인간이 인간 사회의 미래를 이성을 사용하여 집단적인 목적을 위해 설계한다는 것은 불가능하다. 그럼에도 불구하고 합리적으로 계획할 수 있는 지식을 가지고 있다고 생각하여 실제로 그렇게 하려는 것을 '이성의 치명적 자만'이라 부른다.

자생적 질서의 정당화

하이에크는 진화론적 합리주의의 관점에서 자생적 질서를 옹호하였다. 그가 자생적 질서를 옹호하는 이유는 그것이 다른 질서와

---

28) F. A. Hayek, 앞의 책(1988), p.95.

비교하여 효율성이 높기 때문이 아니며, 효율성을 계산할 수 있다고 생각하지도 않는다. 하이에크는 자생적 질서를 옹호하여 다음과 같이 말한다.

인간이 그 안에서 태어나는 문화적 유산은 행동의 관행이나 규칙의 복합체로 구성되어 있다. 이러한 복합체가 우세하게 된 이유는 그것이 바람직한 결과를 초래하는 것으로 알려졌기 때문에 사람들이 채택한 것이 아니라, 인간 집단을 성공적으로 만들었기 때문이다. … 동물뿐만 아니라 인간에게서도, '경험을 통한 학습'은 주로 사고의 과정이 아니라, 성공적이었기 때문에 우세하게 된 관행의 준수, 확산, 전달 및 발전의 과정이다. 관행이 성공을 거둔 것은 행동하는 개인에게 그가 인식할 수 있는 이익을 주었기 때문이 아니라, 그것이 그들이 속해 있는 집단의 생존의 기회를 증대시켰기 때문이다. 이러한 발전의 결과는 첫째로 명시적 지식이 되는 것이 아니라, 비록 그것이 규칙에 의해 기술될 수 있다고 할지라도, 개인이 말로 표현할 수는 없고 단지 실천으로 존중하며 따를 수밖에 없는 지식이다. 정신이 규칙을 만드는 것이 아니며, 정신은 행동의 규칙, 규칙의 복합체로 구성되어 있다. 행동의 규칙은 정신이 만든 것이 아니지만 개인의 행동을 지배하게 되었다. 그렇게 된 이유는 그 규칙의 복합체에 따른 행동이 경쟁 관계에 있는 개인이나 집단보다 더 성공적임이 증명되었기 때문이다.29)

어느 누가 자생적 질서 가운데 하나인 자본주의를 계획하거나 발명하지 않았음에도 불구하고 자본주의가 출현하면서 사유재산의

---

29) F. A. Hayek, 앞의 책(2013), p.18.

보장, 국가권력의 제한, 개인의 자유에 대한 존중이 생겨나게 되었으며, 그것을 따른 국가는 번성하였다는 것이다. 나아가 그는 자생적 질서인 시장 질서를 옹호하여 다음과 같이 말했다.

시장 질서와 사회주의 사이의 논쟁은 바로 생존의 문제다. 사회주의자의 도덕에 따른다면 현재 인류의 많은 부분은 파괴되고 나머지 많은 부분도 빈곤하게 될 것이다.[30]

사회주의자들이 주장한 윤리적 진보를 쟁취하기 위해 이 세계의 물질적 기초를 파괴한다면, 수십억 명의 죽음과 살아남은 자들의 궁핍을 묵과하는 것이 될 것이다.[31]

우리가 수백만의 사람들이 굶어죽는 것을 진정으로 원하지 않는다면, 개인 소유와 같은 도덕의 기본 원리를 파괴하려는 신조가 지지하는 주장에 저항하는 것이 우리의 의무다.[32]

현재 세계 인구를 먹여 살리고 있는 사회적 생산은 인류가 수렵과 채취의 단계에서 이룩한 사회적 생산과 비교해 400배 또는 500배 더 크다. 사회적 생산이 이렇게 커진 것은 노동의 분업과 숙련과 지식의 덕분이다. 이러한 분업은 결코 설계되거나 계획된 것은 아니다. 이것은 경쟁적인 시장가격과 임금이 유도하는 역할을 함으로써 생겨나게 되었고 유지되고 있다. 경쟁적인 시장가격과 임금은

---

30) F. A. Hayek, 앞의 책(1988), p.7.
31) 같은 책, p.120.
32) 같은 책, p.134.

각각의 개인에게 그들이 무엇에 노력을 기울이면 전체에 가장 크게 기여할 수 있는가를 가르쳐준다. 이와 같이 스스로 생겨난 신호는 알지 못하는 것에 대해 개인의 노력이 적응하도록 해준다. 그리고 이러한 스스로 생겨난 질서는 개인이 직접적인 지식을 가지고 있지 않은 수많은 사건들이 서로 결합하여 만들어낸 결과를 개인에게 알려준다. 결코 어떠한 중앙의 지시도 이러한 적응을 이룩할 수는 없다. 왜냐하면 시장이 고려할 수 있는 모든 사실들에 대한 지식은 무수히 많은 사람 사이에 분산되어 있고, 어떤 중앙 권력도 알 수 없기 때문이다.[33]

사람이 무엇을 위해 살든, 오늘날 대부분의 사람들은 오직 시장 질서 덕으로 산다. 문명이 인구의 증가를 가능하게 한 것과 마찬가지로, 우리는 인구가 증가하였기 때문에 문명화될 수 있었다. 우리의 삶은 인구가 적고 야만적이거나 인구가 많고 문명적이거나, 둘 가운데 하나다. 인구가 1만 년 전 수준으로 감소한다면, 인류는 문명을 보존할 수 없을 것이다.[34]

확장된 질서 곧 시장 질서가 살아남은 이유는 이 질서를 따른 집단은 진화적 선택에 의해 대단히 빠르게 퍼졌기 때문이다. 이 질서에 적응한 집단은 다양한 종류의 가치 있는 정보에 접근할 수 있는 계기를 증가시켜줌으로써 그들이 "생육하고 번성하여 땅에 충만하

---

33) F. A. Hayek, "The Muddle of the Middle", *Philosophical and Economic Foundations of Capitalism*, S. Pejovich ed.(Lexington: Lexington Books, 1983), p.93.

34) F. A. Hayek, 앞의 책(1988), p.133.

고 땅을 정복할 수 있게 해주었다."는 것이다.35) 확장된 질서가 그 규칙을 채택한 집단들이 더 성공적으로 자손을 낳을 수 있게 해주고 외부인을 포용할 수 있도록 해주었기 때문에 퍼져 나갔다고 설명한다.36) 하이에크는 시장의 우월성을 개인이나 집단의 성공적인 생존이라는 측면에서 강조하고 있다. 이러한 그의 입장은 경제적 이윤의 극대화나 효율과는 일단 구별되는 것으로 보아야 한다. 경제적 이윤의 극대화나 효율이 장기적으로 인류의 생존 및 번영과 일치하는 것은 아니기 때문이다.

사회주의와 도덕

하이에크는 '도덕'을 자생적 질서 가운데 하나로 여기면서, '시장의 도덕성'을 강조하고 '사회정의'를 부정했다. 하이에크의 분석에 따르면 평등을 지향하는 사회정의론은 연대와 이타주의라는 본능적 도덕에 입각한 것이다. 사회정의나 복지국가의 도덕적 기초인 연대와 이타주의는 시장 체제를 지지하는 자유와 책임의 원칙과 대립한다. 연대와 이타주의, 자유와 책임의 원칙은 중요한 사회적 덕목에 해당하지만, 하이에크는 오늘날과 같은 거대 사회에서 연대와 이타주의에 입각하여 경제를 운용하면 경제가 위기에 빠질 뿐만 아니라 궁극적으로 현대 문명은 파괴되고 인류는 굶어죽게 된다고 단정한다.

하이에크의 이런 주장은 자본주의가 사회주의에 비해 도덕적으로 열등하지만, 자본주의의 뛰어난 효율성 때문에 자본주의를 선택

---

35) 같은 책, p.6.
36) 같은 책, p.16.

해야 한다는 일반적 관점과 대비된다. 하이에크는 자본주의가 도덕적으로 사회주의보다 우월할 뿐만 아니라 효율적이라고 확신한다.

하이에크는 그럼에도 불구하고 자생적 질서를 인정하지 않고 이성의 설계에 따라 사회를 재구성할 수 있다고 믿는 위험한 사상들이 세계를 지배하고 있다고 우려한다. 위험한 사상 가운데 가장 강력하고 대중의 지지를 얻고 있는 사상이 바로 사회주의다. 하이에크는 사회주의 사상의 위험성을 감지하고 사회주의와의 지적 투쟁을 전개했다.

하이에크의 사회주의 비판은 세 가지 주장으로 요약된다.[37] (1) 사회주의는 도덕, 개인의 자유, 책임의 기초를 파괴한다. (2) 사회주의는 부의 생산을 방해하고 빈곤을 유발할 수 있다. (3) 사회주의는 조만간 전체주의 정부로 귀결된다. 하이에크는 사회주의에 대한 비판을 '사회정의'를 실현하려는 복지국가에도 그대로 적용한다.

사회주의가 도덕적 기반을 파괴한다는 하이에크의 주장은 통념을 뒤집는 것이다. 지금까지는 자본주의가 도덕성이 결여되어 있다는 주장이 강한 설득력을 얻어왔다. 우리는 개인의 이기심이나 탐욕에 기초한 자본주의는 효율적이지만 평등을 파괴하고, 비도덕적인 사회를 만든다는 비판에 익숙하다. 많은 사람들은 사회주의 경제를 '도덕경제'라고 생각한다. 그럼에도 불구하고 하이에크가 사회주의가 도덕적 기초를 파괴한다고 주장하는 이유는 무엇일까?

하이에크가, 사회주의가 도덕적 비전을 가지고 있지 않기 때문에 비도덕적이라고 주장하는 것은 아니다. 그는 사회주의가 도덕적 원리에 기초해 있다는 것을 부정하지 않는다. 그럼에도 불구하고 사

---

37) F. A. Hayek, 앞의 책(1978), p.304, Andrew Gamble, *Hayek: The Iron Cage of Liberty*(Boulder: Westview Press, 1996), pp.24-27 참고.

회주의가 도덕의 기초를 파괴한다는 그의 주장은 '원시사회'와 '거대 사회'38)의 구분에 근거하고 있다. 하이에크에 따르면 사회주의 도덕의 핵심인 '연대'와 '이타주의'는 거대 사회인 현대 문명사회에 적합하지 않을 뿐만 아니라 문명사회의 존속을 위협한다. 하이에크는 거대 사회의 도덕과 원시사회의 도덕을 구별한다. 원시사회의 도덕이 연대와 이타주의라면 거대 사회의 도덕은 개인의 자유와 책임, 개인의 소유, 정직, 계약 준수39) 등 행동 규칙이다. 사회주의자들은 현대 문명사회를 제대로 이해하지 못했기 때문에 문명사회를 위협하는 연대와 이타주의와 같은 도덕을 제시하면서 이 도덕에 기초한 정치 체제와 경제정책을 제안한다.

연대와 이타성 및 도덕

하이에크에 따르면 원시사회를 지배한 도덕은 연대와 이타주의다. 그러나 개념적으로 이타주의와 연대는 구별된다. 이타주의는 우리가 이익을 전혀 취할 수 없음에도 불구하고 다른 사람의 이익을 고려하는 것이다. 우리가 비영리 복지기관에 기부를 하거나 노숙자에게 돈을 주는 것은 이타적 행위다. 연대는 이타주의와 달리 자신이 이익을 취할 수 있기 때문에 다른 사람의 이익을 고려하는 것이다. 연대의 경우 누군가에게 무엇인가를 제공하고 나도 이익을 얻

---

38) F. A. Hayek, 앞의 책(2013), pp.302-306. '닫힌사회', '열린사회'라는 개념을 사용하기도 한다.

39) F. A. Hayek, 앞의 책(1978), p.304; F. A. Hayek, 앞의 책(1988), p.12. 원시 도덕과 거대 사회의 도덕을 각각 loyalty와 justice라는 말로 표현하기도 한다. F. A. Hayek, 앞의 책(2013), p.305.

는다. 그런데 원시사회 구성원들이 행하는 이타적 행동도 궁극적으로 자신의 이익과 연관이 있다는 거시적 측면을 고려하면 연대에 기반하고 있다는 해석도 가능하다. 게다가 원시사회의 연대와 이타주의는 자기들이 속한 소규모 부족 공동체의 범위를 넘어서지 않았기 때문에 보편적 의미로 윤리적이라고 보기 어려운 측면도 있다. 윤리적 덕목으로서 연대와 이타주의는 보편성을 지녀야 하기 때문이다.

연대는 현대사회에서도 여전히 작용하고 있다. 콩트-스퐁빌은 연대에 기초한 사회 시스템으로 보험이나 상호 부조, 사회보장제도를 제시하고 있다. 콩트-스퐁빌은 연대와 이타주의 가운데 이타주의가 윤리적으로 더 높은 가치를 갖지만 사회적, 정치적으로는 연대가 훨씬 더 실효성이 있다고 생각한다. 부자들의 이타심에 기대어 가난한 사람들의 생존을 기대한다면 가난한 사람들은 굶어죽을 수 있지만, 연대에 기초한 사회보장제도에 기대를 걸면 그들은 살아남을 수 있다고 보기 때문이다.[40)

그러나 현대사회에서 연대는 자주 집단이기주의를 표출하기도 한다. 노동자의 연대가 보여주듯이 자신이 속한 집단의 이익만을 고려하기 때문이다. 그럼에도 원시사회의 덕목인 연대와 이타주의가 오늘날 도덕적 호소력을 강하게 지니고 있는 이유는 그것이 전통적인 의미의 도덕과 일치하기 때문이다.

하이에크가 '자연 도덕'[41)이라고 부르는 '연대와 이타주의'라는 본능의 도덕은 작은 집단의 생존과 직결되어 있다. 유전적으로 상

---

40) 앙드레 콩트-스퐁빌, 이현웅 옮김, 『자본주의는 윤리적인가?』(생각의 나무, 2010), 184-189쪽.
41) F. A. Hayek, 앞의 책(1988), p.12.

속된 본능은 무리를 구성하고 있는 사람들 사이의 협동의 방향을 조정하는 데 기여했다. 이 협동은 필연적으로 서로서로 알고 신뢰하게 된 동료들 사이에서만 일어난 상호작용이었다. 원시인들은 주로 환경이 안고 있는 위험과 기회를 공통적으로 인지하면서 행동했다. 비록 오랜 경험이 이러한 무리 가운데 나이 든 사람에게 권위를 주었다고 할지라도, 그 구성원들의 활동을 조정한 것은 바로 공유한 목적과 인지였다. 이러한 형태의 조정은 결정적으로 본능적인 연대와 이타주의에 의존하였다. 본능은 한 집단의 구성원에게만 적용되고 집단 바깥의 다른 사람에게는 적용되지 않았다. 이런 공동체에서 고립된다는 것은 곧 죽음을 의미한다.

하이에크는 연대와 이타주의에 '도덕'이라는 명칭을 붙이는 것이 적합하지 않다고 생각한다.[42] 그럼에도 불구하고 연대와 이타주의는 도덕으로 우리 마음속에 자리 잡고 있다. 연대와 이타주의는 자유와 책임보다 더 도덕적이라는 믿음이 널리 퍼져 있다. 하이에크와 달리 콩트-스퐁빌은 다음과 같은 말로 윤리, 도덕을 설명한다.

> 상업은 이해관계와 상관없이 존재하는 윤리의 영역에 속한다기보다는, 이해관계에 따라 존재하는 경제의 영역에 속한다. 따라서 상업에서 중요한 것은 다른 사람에 대한 존중이라기보다 상인과 고객 둘 모두의 상호적 이익이고, 보편적 의무를 실행하는 것이라기보다는 (항상 특정한 사람들의) 이익을 결합하는 것이다.[43]

---

42) 그러나 오늘날 우리는 연대와 이타주의에 기초한 행동들을 도덕적 행동이라고 부르기 때문에 이 책에서는 연대와 이타주의를 도덕적 개념으로 사용한다.

43) 앙드레 콩트-스퐁빌, 앞의 책(2010), 180쪽.

콩트-스퐁빌에 따르면 상업은 이해관계에 따라 작동하기 때문에 윤리와 무관하다. 그는 윤리의 영역과 경제의 영역을 엄격히 구분하여 경제에 윤리를 적용하는 것은 범주의 오류를 범하는 것이라고 주장한다. "개인이 생산과 교환수단을 사적으로 소유하는 제도, 시장의 자율성을 보장하는 제도, 임금제도에 기초한 경제 시스템으로서, 부를 이용해 더 많은 부를 생산하는 데 이용하는 경제 시스템으로서, 자본주의는— 완전하게, 근본적으로, 결정적으로— 윤리와 관련성이 없다."[44]는 것이다. 콩트-스퐁빌은 자본주의가 비윤리적이거나 윤리적일 수 없기 때문에 도덕과 무관하다고 주장한다. 콩트-스퐁빌은 윤리를 이해관계와 무관한 것, 사람에 대한 존중, 보편적 의무와 같은 의미로 사용한다.

원시사회와 거대 사회의 도덕을 구분하는 하이에크나 자본주의는 도덕과 무관하다는 콩트-스퐁빌과 달리, 많은 사람들은 자신의 이익을 넘어 다른 사람의 이익을 고려할 때만 윤리라는 말을 적용할 수 있다고 생각하기 때문에, 자기 이익에서 출발하는 상거래나 자본주의는 비윤리적이라고 믿는다. 동기가 자기 이익에서 출발하는 자본주의는 일반적인 윤리의 용어법에 따르면 비윤리적이고 비도덕적이다.

뿐만 아니라 자본주의를 도덕적으로 정당화한 사람들도 개인의 이익에서 출발한 자본주의가 궁극적으로 타인의 이익이나 공공의 이익에 기여하기 때문에 도덕적이라고 주장한다. 아담 스미스의 정육점 이야기가 이런 용어법의 전형적인 사례. 아담 스미스는 도덕의 전통적인 의미에 의존하여 자본주의를 도덕적인 체제로 정당

---

44) 같은 책, 116쪽, 123쪽, 127쪽.

화하였다. 아담 스미스는 자본주의가 윤리의 영역에 속하지 않기 때문에 도덕적이거나 비도덕적이지 않고, 도덕과 무관하다고 주장하는 콩트-스퐁빌과 다르다.

거대 사회의 도덕

하이에크가 말하는 거대 사회의 '도덕'은 원시사회의 도덕과 다른 의미를 지닌다.

> 나는 '도덕'이라는 용어를 인류가 확장된 질서로 나아갈 수 있도록 해준 비본능적 규칙들에만 제한하여 사용하고 싶다. 왜냐하면 도덕이라는 개념은 충동적이면서 무반성적인 행위와 명확한 결과를 가져오는 합리적인 관심과 대비를 이룰 때에만 의미가 있기 때문이다. 타고난 반사작용은 도덕적 성질을 가지고 있지 않다.[45]

그러면 하이에크가 도덕이라고 부르는 것은 무엇인가? 하이에크가 말하는 도덕은 본능이 아니라 자생적으로 진화해온 인간 행위의 규칙이다. 곧 도덕은 원시사회가 아니라 거대 사회에서 개인의 행동을 규제하는 정의로운 행동의 규칙이다.

하이에크에 따르면 이런 행위 규칙들이 인류가 현재와 같은 규모와 구조로 존재할 수 있도록 해주었다. 이러한 규칙은 본능이 아니라 전통, 교육, 모방에 의해 전달된다. 이러한 규칙은 개인의 결정을 위하여 조정 가능한 영역을 명시해주는 "○○을 해서는 안 된다"는 금지 형식을 띠고 있다. 이런 도덕은 본능적인 '자연 도덕'을

---

45) F. A. Hayek, 앞의 책(1988), p.12.

억누르고 억압한다.

하이에크는 연대와 이타주의와 같은 자연 도덕은 거대 사회에서는 존속할 수 없다고 주장한다. 현재와 같이 확장된 질서가 지배하는 사회에 살고 있는 우리는 연대와 이타주의를 거부함으로써, 곧 서로서로를 이웃으로 취급하지 않음으로써, 재산과 계약의 질서와 같은 확장된 질서의 규칙을 적용함으로써, 이익을 얻는다. 만일 거대 사회에서 연대와 이타주의에 따라 행동한다면 어느 누구도 생육하고 번성할 수 없을 것이다.

현대사회와 현대 경제는 면 대 면 사회인 작은 집단에서 삶을 유지하기 위해서 필수적이었던 연대와 이타주의를 대규모 집단에 적용할 수 없다는 사실을 인식함으로써 성장하게 되었다. 현대 문명 발전의 본질적인 기초는 사람들이 그들 스스로가 습득한 지식에 기초하여 그들 자신의 목적을 추구하도록 허용하고, 다른 사람들의 목적에 엮이지 않도록 하는 것이다.[46]

하이에크에 따르면 공공의 이익을 위해서는 연대와 이타주의와 같은 본능을 억누르고 거대 사회의 '정의로운 행동의 규칙'을 따라야 한다. 하이에크는 이런 사실을 일찍 깨달은 사람이 흄이라고 생각한다. 시장경제에서 사람들이 지켜야 하는 것이 바로 시장의 규칙이고 시장의 도덕이다. 시장의 규칙과 시장의 도덕은 동의어다.

---

46) F. A. Hayek, "The Moral Imperative of the Market" in *The Unfinished agenda: Essays on the political economy of government policy in honour of Arthur Seldon*, Martin J. Anderson ed.(London: The Institute of Economic Affairs, 1986), p.146.

수요와 공급, 가격의 변화에 스스로 순응해야 하는 것이 시장의 도덕, 자본주의 도덕이다.

하이에크가 거대 사회의 도덕이라고 말하는 것들은 모두 경제활동과 밀접히 연관되어 있다. 거대 사회에서의 경제활동, 시장에서의 교환은 원시사회에서의 경제활동과 완전히 질적으로 다르다. 거대 사회에서 개인은 자신의 활동이 어느 누구의 욕구를 충족시키는지 알지 못한다. 뿐만 아니라 우리는 우리가 알지 못하는 사람들의 서비스에 의존하여 살아간다. 이러한 경제생활을 추동하는 원동력은 연대와 이타주의가 아니라, 개별적 소유, 정직, 책임, 계약, 교환, 교역, 경쟁, 이익, 개인의 자유를 다루는 행동의 규칙이다.

하이에크의 자생적 질서 이론은 근대 경제학의 기초가 된 확장된 질서가 어떻게 존재하게 되었으며, 그것이 스스로 어떻게 정보 수집 과정을 형성하게 되었으며, 어떻게 개인은 말할 것도 없이 중앙에서 계획을 집행하는 모든 사람들이 전체를 알 수도 없고, 소유할 수도 없고, 통제할 수도 없는 널리 흩어진 정보를 수집하고 이용하게 되었는가를 설명한다.

이미 아담 스미스가 지적하였듯이 인간의 지식은 분산되어 있으며, 모든 개인은 그의 국지적인 상황에서 어떤 종류의 국내 산업에 자본을 투자하는 것이 최대의 가치를 산출하고, 국내 산업이 어떤 종류의 물건을 생산하는 것이 최대의 가치를 산출하는가를 정치인이나 입법자가 그를 위해 판단하는 것보다 더 잘 판단할 수 있다.47)

하이에크는 확장된 질서 또는 거대 사회의 도덕이 퍼져 나간 까

---

47) Adam Smith, 앞의 책(1979), p.487.

닭은 사람들이 그것들이 더 효과적이라는 사실을 이해하였거나 그것들을 의식적으로 채택했기 때문이 아니라, 단지 그 규칙들을 선택한 집단들이 더 성공적으로 자손을 낳을 수 있었으며, 외부인을 포용할 수 있었기 때문이라고 주장한다. 집단 선택에 따라 문화적 진화가 발생하였기 때문이다. 즉 확장된 질서가 이성적으로 정당화되는 것은 아니다.

하이에크는 확장된 질서가 이성적으로 정당화될 수 없다고 해서 이성주의자들이 그것은 합당한 주장이 아니라고 생각해서는 안 된다고 주장한다. 설계주의적 합리주의자들이 바로 이성주의자에 해당한다. 그러나 하이에크는 우리가 좋아하든 싫어하든 관계없이, 전통 없는 문명의 확장된 질서는 계속 존재할 수 없다고 생각한다. 전통이 합리적으로 정당화될 수 없다는 이유로 그것을 버린다면 그것은 인류 대부분을 가난과 죽음으로 몰아넣는 것에 지나지 않는다는 것이다.48)

하이에크에 따르면 인간은 집단 선택에 따라 문화적 진화를 거듭함으로써 비로소 인간이 되었다. 곧 타고난 본능을 습득된 규칙으로 대치함으로써 인간은 다른 동물과 구별되는 존재가 되었다. 그럼에도 불구하고 거대 사회의 도덕을 거부하고 연대와 이타주의에 따라 이 사회를 운영하려고 하는 것은 결국 거대 사회, 문명사회를 종식하고 원시사회로 되돌아가려는 시도다. 하이에크는 다음과 같이 말한다.

부족 집단의 친밀한 구성원들에게만 적용할 수 있는 규칙들을 모

---

48) F. A. Hayek, 앞의 책(1988), pp.27-28.

든 사람들에게 적용한다면, 현대인이 열린사회로 나아가면서 시작한 위대한 도덕적 진보는 위협을 받을 것이다.49)

그렇다고 하이에크가 거대 사회를 살아가는 우리가 자연 도덕을 완전히 버려야 한다고 믿는 것은 아니다. 그는 자연 도덕도 우리의 생존을 위해 필요하다는 사실을 인정한다. 더욱이 확장된 질서의 구조는 개체로 이루어져 있을 뿐만 아니라, 때때로 중복되는 많은 하위 질서들로 이루어져 있다. 하위 질서 안에서 연대와 이타주의 같은 낡은 본능적 반응은, 자발적 협력을 조장함으로써 계속해서 중요성을 지니게 된다는 것이다.

그가 강조한 것은, 현재 우리가 직면하고 있는 어려움 가운데 하나는 우리가 서로 다른 규칙에 따라 상이한 종류의 질서 안에서 함께 살기 위해, 우리의 삶과 생각과 감정을 끊임없이 조정해야만 한다는 사실이다. 하이에크는 "만일 우리가 적절하게 조정되지 않고, 제어되지 않은 소우주, 예를 들어 소규모의 무리와 집단 혹은 우리 가족의 규칙들을 우리의 본능과 정서적 갈망이 원하는 대로 대우주 (넓은 문명)에 적용하였다면, 우리는 대우주를 파괴하였을 것이다. 그리고 만일 우리가 확장된 질서를 항상 우리의 친밀한 집단에 적용하였다면, 우리는 그 집단을 부숴버렸을 것이다. 따라서 우리는 두 종류의 세계에 동시에 사는 법을 배워야 한다."50)고 말한다.

이러한 주장을 통해 하이에크가 말하고자 하는 것은 거대 사회를 살아가는 우리에게 자연 도덕과 확장된 질서가 모두 필요하며, 그것들의 범주를 혼동하여 섞지 말라는 것이다. 곧 거대 사회에 자연

---

49) F. A. Hayek, 앞의 책(2013), p.253.
50) F. A. Hayek, 앞의 책(1988), p.18.

도덕을 적용하고 원시사회에 확장된 질서를 적용해서는 안 된다는
것이다. 구체적으로 말한다면 거대 사회인 문명사회를 살아가면서
원시사회에 적합하였던 연대와 이타주의의 도덕을 적용하면, 거대
사회 곧 문명이 멸망한다는 것이다. 연대와 이타주의에 근거한 사
회주의 정책이나 복지 정책을 거대 사회에 적용하는 것은 확장된
질서, 자본주의, 문명을 종식하는 지름길이라는 것이 하이에크 주장
의 핵심이다.

사회주의 국가와 복지국가가 동일한 이유

하이에크는 사회정의에 기초한 복지사회에 반대하며, 복지국가를
사회주의에 기초한 것으로 해석한다. 그런데 왜 하이에크는 서구
민주주의 사회에서 시행하고 있는 복지 정책을 사회주의 정책이라
고 단정하는가? 일반적으로 사람들은 사회주의 국가와 복지국가는
개념적으로 그리고 현실적으로 구별된다고 생각한다. 그러나 하이
에크는 그렇게 보지 않는다. 사회주의 국가나 복지국가는 모두 개
인의 자유와 책임을 파괴함으로써 궁극적으로 동일한 결과에 도달
한다고 보기 때문이다. '뜨거운 사회주의(hot socialism)'가 '차가운
사회주의(cold socialism)'로 대치됨으로써 동일한 결과에 도달하는
시간은 다를 수 있지만 결국 같은 지점에 도달한다는 점에서 동일
하다는 것이다. 하이에크가 이런 판단을 내리는 이유는 가격에 대
한 그의 입장 때문이다. 하이에크의 이러한 통찰은 경제철학의 기
본 원리에 대한 깨달음에 기초하고 있다. 그는 자신이 깨달은 내용
을 다음과 같이 기술하였다.

가격 체계는 수많은 사람들이 구체적이고 직접적인 지식이 없는 상태에서 수요, 조건에 맞추어 행동을 조정할 수 있도록 해주는 실제적인 도구다. 그리고 세계 경제의 전체적인 조정은 무의식적으로 성장하게 된 어떤 관례와 관습에 의존한다.[51]

하이에크의 깨달음에 따르면 거짓 가격 신호는 사람들의 노력을 잘못된 방향으로 이끈다. 따라서 가격 신호에 혼란을 주는 것들은 모두 경제를 혼란으로 유도하고, 자생적 질서를 파괴한다. 하이에크의 이러한 깨달음은 계획경제의 명령이 안고 있는 문제점을 지적한 미제스의 철학에서 온 것이다.[52] 미제스는 사회주의의 계획경제에서 가격 체계에 대한 정부의 간섭은 사람들의 경제적 노력을 완전히 엉망으로 만든다고 주장하였다.

나아가 하이에크는 우리가 무수히 증가한 세계 인구를 먹여 살릴 수 있는 부를 생산할 수 있었던 것은 우리가 이해한 적도 없고 결코 디자인한 적도 없는 시장경제 체계에 의존했기 때문이라고 주장한다. 즉 자생적 질서로서의 시장경제가 인류의 생존과 번영의 계기를 마련하였다는 것이다. "우리 문명과 부의 기본적인 토대는 가격 체계이고, 가격 체계는 비록 불완전하게나마 세상에서 일어나는 무수히 많은 사건들의 결과를 우리에게 알려준다. 우리는 그 체계에 적응해야 한다. 우리는 그 체계에 대한 직접적인 지식을 가질 수는 없다."[53] 그러면서도 하이에크는 인간에게 부를 공정하게 분배하려는 야망이 존재한다는 사실도 인정하였다. 그러나 이것 역시

---

51) F. A. Hayek, 앞의 논문(1986), p.143.
52) 같은 논문, 같은 곳.
53) 같은 논문, p.144.

사회주의 계획경제가 그렇게 하였듯이 시장의 신호 기능을 마비시키기 때문에 사회주의 시장경제와 동일하다고 주장한다.

하이에크는 가격은 사람이 무엇을 해야 하는가를 가르쳐주는 가이드 구실을 하기 때문에 가격 체계를 무시하는 행위는 그것이 아무리 좋은 의도를 가지고 있어도 좋은 결과를 가져오지 못한다고 믿는다. 사람들이 그가 몸담고 있는 사회에 가장 크게 기여할 수 있도록 하려면, 시장 메커니즘에 따라 가격이 결정되도록 해야 한다. 실제로 사회에 기여하는 능력은 사람마다 다르다. 사람들에게 그들이 알지 못하는 구조에 스스로 적응할 수 있는 능력을 키워주기 위해서 우리는 그들이 무엇을 해야 할 것인가를 가르쳐주는 자생적인 시장 메커니즘이 작동하도록 해야 한다.54) 가격은 사람들이 그 사회의 시스템과 조화를 이루기 위해 해야 할 것이 무엇인가를 알려주는 신호다.

따라서 가격 신호에 혼란을 주는 정부의 모든 간섭은 그것이 어떤 경로로 표현되든 사회주의에 속한다. 중앙정부에 의한 계획경제나 사회정의를 구현하기 위한 재분배 사이에 질적인 차이는 없다. 반사회주의(anti-socialism)는 정부의 간섭이 누구의 이익에 도움이 되는가와 상관없이, 정부의 모든 직접적인 간섭에 반대하는 것을 의미한다.55)

하이에크는 사회철학에서 '사회정의'라는 개념은 전적으로 내용이 없고 무의미한 개념이라고 생각한다. 하이에크가 이렇게 주장하는 이유는, 우리는 한 개인의 의도적인 계획과 그 결과에 대해서만 정의롭거나 정의롭지 않다고 말할 수 있는데, '사회정의와 분배적

---

54) 같은 논문, p.146.
55) F. A. Hayek, 앞의 책(1978), p.306.

정의'는 개인이 아니라 사회에 요구하기 때문이다. 자생적 시장에서 재화와 서비스의 분배는 어느 누가 의도한 결과가 아니다. 따라서 그 결과에 대해 정의롭다거나 정의롭지 않다고 말하는 것은 언어의 오용이다. 나아가 하이에크에 따르면 정부가 사회정의를 정책목표로 설정하고 실행하려고 하는 것은 신기루이거나 환상이다. 사회적 또는 분배적 정의를 실현하기 위해서는 서로 다른 구체적 목표들 가운데 어느 목표가 더 중요한 목표인가에 대한 합의가 선행되어야 한다.

그러나 구성원들이 서로를 알지 못하는 현대와 같은 거대 사회에서는 구체적 목표에 대한 합의에 도달할 수 없다. 이런 상황에서 정부가 강제로 사회정의나 분배적 정의를 추구하면 시장의 자생적 질서를 파괴하고 전체주의 질서로 빠지게 된다. 사회정의나 분배적 정의는 전체주의가 침입할 수 있는 '트로이 목마'이며 문명사회에 대한 위협이다.56)

그럼에도 불구하고 사회정의의 이념에 많은 사람들이 동조하는 이유는 원시사회에 대한 동경 때문이다. 오랜 세월 동안 서로서로가 잘 알고 자신이 속한 공동체의 공동의 목표를 알고 있었던 소규모 원시사회에서 가졌던, 공동의 목적을 추구하려는 열망이 사회정의라는 개념을 통해 새롭게 나타났다는 것이다. 그러나 현대와 같은 거대 사회에서 공동의 목적은 존재할 수 없으며, 사회정의의 추구는 거대 사회의 특성을 이해하지 못해서 나온 이념이다.57)

하이에크는 정의와 사회정의를 구분한다. 정의는 거대 사회와 부

---

56) F. A. Hayek, *Studies in Philosophy, Politics and Economics*(London: Routledge and Kegan Paul, 1967), p.171.

57) F. A. Hayek, 앞의 책(2013), p.231.

합하는 개념이고 사회정의는 집단주의적 아젠다가 전개되는 중요한 수단 가운데 하나다. 정의는 법의 지배의 확립과 같이 간다. 법이 일반적이고 추상적인 규칙에 의해 정당하게 형성되었다면, 그 결과는 정의롭다. 거대 사회에서 참으로 사회적인 모든 것은 일반적이고 추상적이다. 일반적이고 추상적인 법이 확립되고 공정하게 운영된 후에 불평등한 결과가 생성되었다고 할지라도 정의는 실현된 것이다.58)

하이에크는 자선적 기부 행위가 있을 수 있고, 국가가 어떤 개인이나 집단에게 도움을 주는 것이 바람직할 수도 있다는 것을 인정한다. 그러나 그는 사회정의를 실현하기 위해 그런 도움이 강제되어야 한다는 주장에는 단호하게 반대한다. 자유 사회의 도덕 질서는 사회정의라는 개념과 완전히 대립한다. "사회정의는 모든 도덕이 의존하고 있는 개인 선택의 자유를 파괴한다."59)

하이에크는 시장 질서에서 사회정의와 같은 것은 존재할 수 없다고 믿는다. 왜냐하면 사회정의는 시장 결과에 적용될 수 있는 어떤 상위의 기준, 시장이 할당한 분배를 재분배하는 것을 정당화할 수 있는 정의로운 공적 또는 공정성의 개념을 함축하고 있기 때문이다. 그러나 하이에크에 의하면 사회정의를 위한 공정성이라는 개념은 전근대사회에서나 적용할 수 있는 개념이다. 공정성은 개인의 노력과 성과에 의해 평가된 공적과 보상 사이에 밀접한 관련이 있어야 성립한다. 시장 질서는 이런 관련성을 무너뜨린다. 맨더빌이 이미 밝힌 바와 같이 인습적 도덕 기준에 따르면 가장 적게 보상받아야 할 사람이 가장 많은 보상을 받기도 하고, 가장 많이 보상받

---

58) 같은 책, pp.247-253.
59) 같은 책, p.260.

아야 할 사람이 가장 적은 보상을 받기도 한다.

이런 사실은 전혀 놀라운 일이 아니다. 만일 우리가 자유와 번영이라는 시장 질서로부터 이익을 얻기를 바란다면, 우리는 우리가 승인하기 어려운 시장 질서의 많은 결과를 받아들여야만 한다. "자유는 어느 정도 우리가 통제할 수 없는 힘에 우리의 운명을 맡긴다는 것을 의미한다. 인간이 자신의 운명을 완전히 통제할 수 있다고 믿는, 문명과 이성 자체를 자신이 만든 것이라고 믿는 구성주의자들은 이러한 사실을 받아들일 수 없을 것이다."[60] 만일 우리가 시장의 판단을 가치 있는 시장의 서비스가 무엇인가에 대한 우리의 판단으로 대치함으로써 분배의 메커니즘을 일단 간섭하기 시작하면, 그것은 시장을 왜곡하고 자원 배분을 왜곡하고, 그리고 궁극적으로 우리를 빈곤에 빠뜨리고 결국 자유를 빼앗아갈 것이다.

필요를 객관적으로 측정할 수 없을 뿐만 아니라, 개인 사이에 합리적 재분배를 가능하게 하는 비교의 방법은 존재하지 않는다. 재분배는 모두 임의적이다. 곧 재분배는 편견과 우연과 특별한 이해 집단의 권력에 의해 좌우된다. "열린사회로 나아가기 위해서는 특별한 결과가 아니라 규칙에 의해 행동을 판단해야 한다."[61]

모든 사람을 동등하게 취급해야 한다는 평등의 원칙은 공정한 정의의 기초를 파괴하고 자유사회의 도덕적 기초를 무너뜨린다. 왜냐하면 개인이 더 이상 그들의 행위에 대해 충분히 책임을 지려 하지 않기 때문이다.

갬블의 지적처럼 시장은 복권이고, 우연이 작용하는 게임이고, 카탈락시이며, 시장 질서 안에서는 어떤 결과가 나올 것인가를 분

---

60) 같은 책, p.196.
61) 같은 책, p.204.

명히 알기 어렵고, 그 결과를 통제할 수도 없다.62)

다른 복지는 없는가

미제스와 하이에크는 소득과 부의 불평등을 시장경제의 내재적 특성으로 받아들이면서, 이것이 갖는 긍정적인 영향에 주목한다. 그들은 불평등이 시장경제에서 핵심적인 기능을 감당하고 있기 때문에, 이것이 사라지면 시장경제는 완전히 붕괴될 것이라고 단정한다. 그러나 하이에크가 모든 형태의 복지를 부정한 것은 아니다. 하이에크도 불평등이 아니라 빈곤 해결을 위한 복지의 필요성은 인정한다. 그는 시장에 참여하지 못한 사람들에 대한 복지의 필요성을 강조하였다.

시장 시스템을 더 개선할 수 있는 여지는 여전히 넓게 존재한다. 더구나 시장이 이미 우리를 위해 해준 것을 넘어, 시장이 제공할 수 없는 것을 '채우기' 위해 숙고하여 만든 조직을 사용할 수 있는 많은 기회가 존재한다. 따라서 우리가 시장이 작동하는 구조물을 개선하려고 노력하는 경우에 한해서 우리는 시장을 최대한 활용할 수 있다. 우리는 스스로 자신을 돌볼 수 없는 처지에 있는 사람들을 돌보기 위해 (정부나 다른 단체를 통해) 시장 시스템 밖으로 나갈 수 있다.63)

하이에크는 자신의 삶을 자신의 힘으로 책임질 수 없는, 곧 시장

---

62) Andrew Gamble, 앞의 책(1996), p.49.
63) F. A. Hayek, 앞의 논문(1986), p.145.

에 참여할 수 없는 사람들을 돕는 것은 정부의 역할로 설정하였다. 이런 사람들에게 최저 수준의 생활을 보장하는 것은 정부의 책임이라는 것이다. 시급히 복지의 손길을 요청하는 불가피한 경우를 인정한 것이다.64) 신체의 결함으로 자신의 의지와 상관없이 시장에 참여할 수 없는 사람, 갑작스럽게 직장을 잃어 생계가 위험에 처한 사람, 노년에 가난과 질병으로 시달리는 사람들에게까지 시장의 손길이 미치기는 어렵다. 이런 사람들을 구난(救難)하기 위해서는 사회적 안전망이 필요하다는 것이다.

하이에크가 보기에 모든 사람들에게 최저 수준의 기본 소득의 보장은 모든 사람에게 공통적으로 닥칠 수 있는 위험으로부터 시민을 보호해야 하기 때문에 충분히 정당할 뿐만 아니라, 그가 태어난 특정의 작은 집단에 더 이상 의존할 수 없는 거대 사회의 필수적인 부분이다.65)

그러나 정부의 복지 제공이 자유주의의 원칙과 양립할 수 있기 위해서는 (1) 정부는 독점을 주장하지 말아야 한다. (2) 복지 활동에 필요한 자원은 단일 과세기준이 적용된 조세로 충당되어야 한다. (3) 조세는 소득 재분배의 수단으로 사용되지 않으며, 공동체 전체의 요구를 충족시켜야 한다.66) 이런 조건을 제시하는 이유는 이런 조건이 충족되지 않을 경우, 여론의 지배를 받는 민주주의 사회에서 정부의 역할이 시민의 최저 생활을 보장하는 것으로 끝나지

---

64) F. A. Hayek, *The Constitution of Liberty*(Chicago: Chicago University Press, 2011), pp.405-406.

65) F. A. Hayek, 앞의 책(2013), p.395.

66) F. A. Hayek, *New Studies in Philosophy, Politics, Economics and The History of Ideas*(Chicago: Chicago University Press, 1985), p.111.

않고, 복지국가는 제한을 받지 않으며, 결국은 평등주의와 사회주의로 나아가게 된다고 믿기 때문이다.

따라서 그는 사회정의라는 이름으로 평등을 실현해야 한다는 주장에는 강하게 반대할 뿐만 아니라, 문명의 발전을 가능하게 한 유일한 도덕적 원리인 자유를 신장할 수 있는 평등은 '법과 행동에 대한 일반 규칙'에 대한 평등뿐이라고 주장한다.67) 경제적 평등이라는 목표가 사회정의를 실현하기 위해 바람직하다는 믿음에서 모든 시민에게 그것을 강제하는 것은 명백히 자유에 대한 침해이기 때문에 인정할 수 없다는 것이다. 하이에크가 말하는 법은 입법기관에 의해 제정된 법만을 의미하지는 않는다. 법은 인간 이성의 선험적 설계의 산물이 아니다. 법은 시장, 화폐, 언어와 동일하게 진화의 산물이다. 그는 자연법 전통과 법실증주의에 대해서도 비판적이다. 하이에크의 입장은 양자의 중간이다. 인간의 삶은 준칙을 따르기 때문에 가능하다. 지력의 성장과 함께, 이러한 준칙들은 무의식적인 습관에서 명시적이고 분명한 언술로, 그리고 그와 함께 점점 추상적이고 일반적으로 되어간다. 하이에크에 의하면 법률은 의도적으로 어떠한 설계에 의해서 만들어진 것이 아니다. 그것이 어떻게 만들어졌는지는 알지 못한다.68)

그는 또 현대사회에서 소득과 부의 불평등은 불가피할 뿐만 아니라 모든 사람들에게 유익하다는, 불평등에 대한 기능주의적인 입장을 수용하면서 평등주의를 비판한다.69) 불평등에 대한 기능주의적 설명에 따르면, 그것은 능력 있는 사람들에게 좋은 자리를 보장하

---

67) F. A. Hayek, 앞의 책(2011), p.148.
68) 같은 책, pp.225-226.
69) 같은 책, p.96.

기 때문에 사회적으로 긍정적인 기능을 담당한다. 보상이 높은 직책은 사회적으로 중요한 자리이며, 그 지위를 획득하기 위해서는 치열한 훈련과 재능이 필요하다. 능력에 따라 자리 분배가 이루어지지 않는다면 경제성장과 정치적 안정이 이루어지지 않아 결국 모든 사람들에게 불이익이 돌아가게 된다는 것이 불평등을 정당화하는 논리다.[70]

그러나 복지는 시장에 참여하지 못하는 가난한 사람을 위해 필요할 뿐만 아니라, 그것이 가져다주는 사회적 안정을 고려하면 잘사는 사람들도 복지에 대한 관심을 가져야 한다. 민주주의 사회에서 자본주의의 근본인 사유재산권의 보장도 법을 통해서만 가능하다. 정치적으로 법은 국민의 지지에서 온다. 헌법 119조 2항을 폐지하는 것도, 그것을 더 강화하는 것도, 결국 국회가 결정한다. 자본주의에 대한 시민의 지지가 썰물처럼 빠져나간다면 자본주의도 더 이상 유지되기 어렵다.

하이에크가 반대한 것은 '사회정의'라는 이름으로 이루어지는 과도한 복지다. 하이에크는 사회정의를 실현하기 위해서가 아니라 시장에 참여하지 못한 사람들을 위한 복지를 인정하고 있다. 국가가 이들을 도울 수 있는, 자유주의자들도 기꺼이 받아들일 수 있는 방책은 없는 것일까?

독일의 철학자 슬로터다이크는 세금에 의존하는 오늘날의 복지국가를 부자가 자비를 베푸는 시스템으로 바꾸는 것이 바람직하다고 말한다. 곧 부자가 세금으로 국가에 빼앗기는 돈을 스스로 기증하라는 것이다. 그는 부자들이 '베푸는 손의 혁명'을 일으킬 것을

---

70) K. Davis and W. Moore, "Some Principles of Stratification", *American Sociological Review*, Vol. 10, No. 2(April, 1945), p.243.

요청한다. 그렇게 하면 사회는 '탐욕의 문화'가 아니라 '긍지의 문화'로 이행하게 된다는 것이다.

호네트는 슬로터다이크의 발상에 대해 전적으로 비역사적이고 비현실적이라고 비난하였지만, 김우창의 평가71)와 같이 슬로터다이크의 생각을 긍정적인 인간의 감정이 사회의 기초가 되어야 한다는 것으로 해석한다면 새겨들을 만한 가치가 있다.

우리나라에서 '부자 증세'로 복지 예산을 마련할 수 있다는 주장이 아무 저항 없이 통용되고 있는 정황을 고려하면, '슬로터다이크의 생각'의 의미는 깊어진다. '부자 증세'는 '로빈 후드 프로젝트' 같은 의미를 풍긴다. 부자의 부는 정당하지 못하기 때문에 그것을 세금을 통해 빼앗는 것은 정의롭다는 것이다. 국가가 부자에게서 세금으로 부를 거두어들이는 것은 부자들의 부당한 부의 취득과 축적을 국가권력으로 바로잡는 것이기 때문에 '시정적 정의(是正的正義)'에 해당한다는 것이다. '부자 증세'에는 세금을 부담하는 사람에 대한 부담감이나 고마움은 없고 수혜자의 당당함만 있을 뿐이다. 이런 복지에는 인간의 존엄성에 대한 공통적 인식이나 공동체 구성원들 사이에 공감과 같은 인간의 긍정적인 감정은 발을 붙일 수가 없다. 여기에서는 원한과 분노, 증오와 시기심 같은 부정적인 감정이 작동할 뿐이다.

'사회정의'에 입각한 복지가 아니라 개인의 윤리적, 도덕적 동기에 입각한 복지도 가능하다. 개인의 윤리적, 도덕적 동기 없이, 로빈 후드 방식의 복지를 통해 좋은 사회를 만들 수는 없다. '사회정의'의 실현이라는 정치철학적 대의명분이 아니라 도움을 필요로 하

71) 김우창, 『성찰: 시대의 흐름에 서서』(한길사, 2011), 860-864쪽.

는 사람을 돕는 것이 인간의 도리라는 개인의 도덕적 감정에 기반하여 복지 정책을 시행하는 것이 더 인간다운 사회일 수 있다.

최근 우리 사회에서 정의를 추동하는 마음의 동기가 하이에크가 말하듯이 연대나 이타주의에서 나온 것은 아니다. 20 : 80, 1 : 99와 같은 비율이 말해주듯이 잘사는 사람과 못사는 사람의 대립을 전제하고 이것을 극복하기 위해 사회정의를 실현해야 한다는 목소리가 높다. '점령하라'는 과격한 표현이나 복지 비용 충당을 위한 '부자 증세'와 같은 조세 정책에도 잘사는 사람에 대한 노여움이나 분노가 녹아 있다. 정의의 원동력이 긍정적인 심성에서 나온 것이 아니다.

그런데 우리 사회에서만 분노나 원한이 사회정의 실현의 원동력으로 작용하는 것은 아니다. 바바렛은 권리 추구에 투입되는 심리적 동기 문제를 다루면서 분개와 복수심을 정의의 동인으로 부각시켰다.72) 이 감정은 하이에크가 말하는 연대와 이타주의 또는 아담 스미스의 공감이나 선의와 대척점에 존재하는 마음의 상태다. '르상티망(ressentiment)'은 자아가 참다운 자기다움을 상실하였을 때의 감정이다. 이런 '원한'은 '자기 자신을 정정당당하게 긍정하는 고귀한 도덕'과 대비된다.73)

---

72) J. M. 바바렛, 박형신·정수남 옮김, 『감정의 거시사회학: 감정은 사회를 어떻게 움직이는가?』(일신사, 2007), 225-235쪽. 김우창, 『정의와 정의의 조건』(생각의 나무, 2008), 49-100쪽 참고.

73) 니체는 '고귀한 도덕'과 '노예의 도덕'을 대비하면서, 고귀한 사람은 자기 자신을 신뢰하고 자기 자신에 대해 열린 태도를 견지하면서 살지만, '원한의 사람' 곧 노예는 강직하지도 순진하지도 않을 뿐만 아니라 자기 자신에 대해 정직하지도 공명정대하지도 않다고 말한다. F. Nietzsche, *On the Genealogy of Morals.* trans. by Walter Kaufmann and R. J. Hollangdale(New York: Vintage Books, 1969), p.38.

복지가 사회를 유지하고 좀 더 인간다운 사회로 만들기 위해 불가피하다면, 사람들의 윤리의식에 의존하는 복지 정책도 고려할 수 있다. 좋은 사회는 사회 구성원 모두를 공동체의 일원으로 포용해야 한다. 1%든 20%든, '가진 자'를 배격하고, 그들에 대한 사회적 증오를 유발함으로써 복지기금을 마련하여 '사회정의'를 실현하려는 사회가 도덕적 정당성을 획득하기는 어렵다. 부의 과소가 그것을 가진 사람을 판단하는 도덕적 기준이 될 수는 없다. 자기의 부를 기부가 아닌 세금으로 냄으로써, 가난한 사람들을 돕고 있다는 자긍심을 갖지 못하게 하는 과세는 도덕적으로 용인하기 어렵다.

만일 슬로터다이크의 정신을 살린다면 복지를 권리의 차원이 아니라 타자에 대한 배려, 베풂, 노블레스 오블리주와 같은 윤리적 차원에서 논의할 수 있다. 국가 주도의 복지에서도 '사회정의'가 아니라 사랑과 나눔과 같은 윤리적 덕목들이 자리할 수 있다면, 이 세상은 좀 더 살 만한 세상이 될 것이다. 시민들이 가진 '근원적 도덕의식'을 정치의 동력으로 삼아야 한다.

3장
선택할 자유와 경제적 자유

모든 자유의 원천으로서 경제적 자유

밀턴 프리드먼은 조지 스티글러, 게리 베커, 로버트 루카스 등 수많은 노벨 경제학상 수상자를 배출한 '시카고학파'의 대표자로 자유시장경제학의 선봉에 섰다. 대공황 이후 주류가 된 케인스 경제사상과 이에 기초한 정책에 반대하고 모든 경제 현상들을 철저하게 자유주의 시각에서 분석하고 경제문제에 대한 구체적인 대안을 제시했다. 그는 20세기 초반부터 경제학계를 석권한 케인스주의 경제학과 열정적이고 단호하게 대결했다.

경제학, 정치학에 대한 프리드먼의 기본적인 주장은 『선택할 자유』와 『자본주의와 자유』에 잘 나타나 있다. 프리드먼은 국가 간섭이 초래하는 문제점을 드러내 보임으로써 자유주의를 옹호하였다. 그는 자유의 의미를 철학적으로 천착한 자유주의 사회철학자들과 달리 현재 이루어지고 있는 경제에 대한 국가의 확장과 개입주의 정책을 강력하게 비판하면서 자유주의를 옹호하였다. 프리드먼은 국가권력의 확장을 강력하게 비판하였지만, 무정부주의자는 아니었다.

프리드먼은 여러 종류의 자유 가운데 경제적 자유가 가장 중요하다고 주장하였다. 그는 스미스가 말한 '단순한 자연적 자유의 체제'는 경제적 자유를 최대한 보장하는 체제라고 보았다. 그는 경제적 자유를 다음과 같이 설명한다.

> 경제적 자유의 핵심적인 부분은 우리의 소득을 어떻게 사용할 것인가, 곧 소득 가운데 어느 정도를 우리 자신을 위해 사용할 것인가, 무엇을 위해 사용할 것인가, 얼마나 많은 돈을 저축할 것인가, 어떤 형태로 할 것인가, 얼마나 많은 돈을 누구에게 줄 것인가를 스스로 선택할 수 있는 자유를 의미한다. 현재 미국은 국민소득의 40% 이상을 연방정부, 주정부, 그리고 지방정부가 우리 대신에 사용하고 있다.[1]

왜 경제적 자유가 중요한가를 설명하기 위해 프리드먼은 인도와 일본을 비교한다. 그는 1947년에 독립한 인도와 1876년 명치유신을 달성한 일본의 사례를 비교하면서, 일본은 왜 성공하고 인도는 왜 실패했는가라는 물음에 대한 해답을 찾았다.[2] 명치유신 이후 일본은 개인적 자유와 정치적 자유를 완벽하게 실현하지는 못했다.

---

[1] Milton and Rose Friedman, *Free to Choose: A Personal Statement* (New York: Harcourt Bruce & Company, 1990), p.65.
[2] 같은 책, pp.33-37.

그러나 경제를 발전시킴으로써 개인적 자유와 정치적 자유에서 큰 발전을 이룩했다. 경제 발전이 개인적 자유와 정치적 자유를 가능하게 한 것이다. 이와 달리 인도는 둘 다 성취하지 못했다. 프리드먼의 이러한 설명은 두 나라의 차이를 사회제도와 인류학적 특징으로 설명하는 시도와는 다르다. 그 이유는 다음과 같다.

경제적, 사회적 발전은 일반 대중의 심성이나 행동에 의존하지 않는다. 모든 나라에서 지극히 소수의 사람들이 발전의 속도를 설정하고 발전의 방향을 결정한다. 가장 빠르게 성공적으로 경제 발전을 이룬 나라에서는 기업가 정신과 위험을 감수한 소수의 개인이 일반 대중의 앞에 서서, 모방자들이 따라올 수 있는 기회를 제공하고 다수의 노동자가 생산성을 증대할 수 있게 하였다.[3]

경제적 측면에서 정부 개입은 엄청난 비용이 든다. 정부 개입은 경제 발전을 방해할 뿐만 아니라 개인의 자유도 훼손한다. 경제적 자유와 개인의 자유는 밀접하게 연결되어 있기 때문이다.

프리드먼은 그가 추구하는 '경제적 자유'가 완벽하게 실현된 경우는 없다고 생각하였다. 우리는 흔히 미국을 경제적 자유가 아주 많이 보장되는 나라라고 생각하지만 실제로는 그렇지 않다는 것이다. 그는 다음과 같이 말한다.

재산을 소유할 수 있는 자유는 경제적 자유의 또 하나의 본질적 요소다. 우리 사회에서는 사유재산권이 광범위하게 인정되고 있다. 미국인의 반 이상은 주택을 소유하고 있다. 그러나 기계, 공장, 기타

---

3) 같은 책, pp.60-61.

생산수단의 소유에 있어서는 상황이 아주 다르다. 미국인은 미국 사회가 자유기업 사회이며 자본주의 사회라고 생각한다. 그러나 법인 기업 소유권을 기준으로 보면 미국 사회는 약 46% 정도 사회주의 사회다. … 미국의 연방정부에게 회사 업무에 직접 투표할 권한을 부여해주는 방식은 아니지만 연방정부가 모든 기업의 46%를 소유하고 있다.4)

프리드먼은 현실 분석에 기초하여 '선택할 자유'를 확장할 수 있는 구체적인 방안을 제시하였다는 점에서 다른 현대 자유주의자들과 구분된다. 그는 완전한 자유가 아니라 상대적으로 더 자유로운 사회를 추구하면서 그런 사회로 나아갈 수 있는 구체적인 정책을 제시했다. 이런 점에서 프리드먼은 추상적인 이론에 기초하여 자유 사회를 주창하는 자유주의자들과 달리, 현실에 강력한 영향력을 행사한 자유주의 철학자이면서 경제학자였다.

우리는 문제 상황에 부딪치면 원리에 근거하여 그것이 옳은지 그른지를 판단한다. 우리가 부딪친 상황과 우리의 판단 사이에는 원리가 존재한다. 판단과 원리는 서로 대화한다. 원리에 비추어 판단이 옳은가를 다시 판단하고, 판단에 비추어 원리가 옳은가를 따진다. 우리의 판단은 현상과 원리가 함께 만들어낸 결과다. 어떤 정부 정책이나 현상에 대한 비판은 어떤 기준이나 원리에 의해 행해진다. 우리는 프리드먼의 자유주의를 이해하기 위해서는 그것을 관통하고 있는 원리가 무엇인가를 먼저 알아야 한다.

---

4) 같은 책, p.67.

'선택할 자유'의 철학적 기초

프리드먼의 '선택할 자유'의 철학적 기초는 '자발적 협력'과 '평등한 권리'다.5) 그는 자유주의의 이러한 철학적 기초를 미국의 역사에서 찾았다. 그는 미국의 역사를 '아메리칸 드림'의 실현으로, 경제적이고 정치적인 기적으로 평가한다. 무엇이 이것을 가능하게 하였을까? 개인이 각자의 노력으로 자신이 목적으로 삼은 것을 이룰 수 있게 해준 사회적 틀은 무엇이고, 그것은 어디에서 나온 것일까? 어떤 이념이 미국 사회에서 사람들이 자신의 꿈을 이룰 수 있게 하였는가? 프리드먼에 의하면 1766년에 간행된 자료에 담겨 있는 두 개의 이념을 실천한 것이 이러한 기적의 원천이었다.

첫 번째 기초는 자발적 협력이다. 자발적 협력은 아담 스미스의 『국부론』에 잘 표현되어 있는 "그 자신만의 이익을 위한 개개인의 행동이 보이지 않는 손에 인도되어 자신이 전혀 의도하지 않은 목적을 달성한다."는 이념이다. 프리드먼은 아담 스미스의 말을 다음과 같이 인용하였다.

개인이 사회 전체를 의도적으로 위하지 않는다고 해서 그것이 사회에 해로운 것은 아니다. 많은 경우 자신의 이익만을 추구하는 것이 의식적으로 사회를 위해 노력하는 것보다도 실제로는 사회에 보다 더 효과적으로 도움이 된다. 국가와 민족을 위해 사업한다고 공언하는 사람들 가운데 실제로 사회에 기여한 사람을 나는 본 적이 없다.6)

---

5) 같은 책, pp.1-6.
6) 같은 책, p.2.

아담 스미스는 개인 각자가 그들 자신의 이익이나 목적만을 추구하더라도 그것이 시장 제도 안에서 의식주를 위한 경제활동에 필요한 협동이나 협력을 이끌어낸다고 주장하였다. 시장은 각각의 이익을 추구하는 개개인이 서로 협동하고 협력하여, 참여한 모든 사람이 각자의 목적을 달성할 수 있게 해주는 마력을 지니고 있다는 것이다.

시장에서 자발적인 협력은 참여자 모두에게 이익이 된다. 서로에게 이익이 되지 않는다면 어느 누구도 교환에 참여하지 않기 때문이다. 외부의 압력이나 강제가 없는 상태에서도 자발적으로 협력이 성립하며, 이것이 모두에게 이익을 안겨준다. '그 자신만의 이익을 위한' 개개인의 행동이 '보이지 않는 손에 의해 그 자신이 전혀 의도하지 않은 목적으로 인도된다.' 시장에서의 사익 추구의 원리가 '아메리칸 드림'을 가능하게 한 철학이었다는 것이다.

프리드먼이 주장한 두 번째 철학적 기초는 미국 독립선언문에 담겨 있는 '평등한 권리'다. 미국 독립선언문은 누구나 자신의 가치관을 추구할 수 있는 권리가 있다고 선언했다. 그는 이 선언문에서 다음과 같은 말을 인용하였다.

우리는 모든 사람이 평등하게 태어났고, 누구에게도 양도할 수 없는 권리를 하느님으로부터 부여받았으며, 이러한 권리 가운데에는 생명, 자유 그리고 행복 추구권이 있다는 사실을 자명한 진리라고 믿는다.7)

이어서 프리드먼은 존 스튜어트 밀의 『자유론』을 인용하면서 평

---

7) 같은 책, 같은 곳.

등한 권리를 옹호한다. 프리드먼에 의하면 미국 역사의 대부분은 독립선언문의 원칙을 실현하려는 노력으로 점철되었다. 노예해방을 위한 투쟁, 기회균등을 이룩하기 위한 노력, 최근에 나타난 결과의 평등을 성취하기 위한 노력은 모두 독립선언문의 원칙에서 나왔다는 것이다.

프리드먼이 자유주의의 원칙으로 세운 '선택할 자유'는 자발적 협력과 평등한 권리에 기초하고 있으며, 자발적 협력은 시장의 옹호로, 평등한 권리는 기회의 평등으로 구체화되었다. 그리고 그의 시장의 옹호와 기회의 평등은 복지국가에 대한 비판으로 이어졌다. 프리드먼은 복지국가에 대한 대안으로 음의 소득세를 주장하면서 자신의 자유주의 원칙과 부합하는 국가로 제한된 정부를 옹호하였다.

시장과 가격의 역할

프리드먼은 자발적 교환의 우월성을 설명하기 위해 명령에 따라 움직이는 조직과 자발적으로 움직이는 조직을 비교한다.8) 그는 명령에 의한 방법은 매우 작은 예외적인 집단에서만 통용될 수 있는 방법이라고 말한다. 일반적으로 명령에 따라 움직이는 대표적인 조직으로 군대를 들지만, 군대도 조직이 커지면 명령으로만 움직일 수 없다고 말한다. 한 지휘자가 모든 사병의 행동을 통제할 수 있을 만큼 충분한 정보를 가지지 못하기 때문이다. 명령이 하달되고 수행되는 과정에서 미처 알지 못했던 상황이 있을 수 있고, 예상치

---

8) Milton and Rose Friedman, 앞의 책(1990), p.9.

못한 상황이 발생할 수도 있다. 이때는 재량껏 판단하여 행동할 수밖에 없다.

프리드먼은 명령으로만 움직이지 않은 좋은 사례로 시장이 도입되기 이전의 러시아를 예로 들었다. 러시아는 중앙집권석 계획경제의 본보기였지만 실제 상황은 달랐다는 것이다. 러시아의 계획경제에서도 민간의 자발적인 경제가 존재했다. 국영 농장에 소속된 농부일지라도 소규모의 텃밭을 가지고 있었고, 여기에서 생산된 채소는 자유롭게 내다 팔 수 있었다. 모스크바에서도 가구나 집기가 고장이 났을 때, 사람들은 국영 수리점에 신고하고 수리를 기다리는 것이 아니라, 자신이 직접 비용을 지불하고 기술자를 불러 고쳤다. 이런 것들은 국가의 명령으로 이루어진 것이 아니었다.

프리드먼은 어떤 사회든 완전히 명령에 의해서만 운용될 수 없듯이, 완전히 자발적인 협조에 의해서만도 존립할 수 없다고 말한다. 어떤 사회나 명령적인 요소를 가지고 있다는 것이다. 그는 병영 징집, 마약이나 대마초의 매매 금지, 특정 피고인에 대한 특정 행위의 지시나 금지, 중과세를 통해 금연을 유도하는 것과 같은 것이 여기에 해당한다고 말한다. 이런 명령은 주로 시장경제를 채택한 나라에서도 행해진다.

그러나 프리드먼은 명령이 공식적인 방식으로 채택되고 자발적인 요소가 은밀하게 작동하는 사회와 자발적 교환이 조직 운영의 주된 원리이고 거기에 명령적인 요소를 보완하는 경우는 큰 차이가 있다고 말한다. 자발적 교환이 은밀하게 명령 경제를 지탱하는 경우와 자발적 교환이 주조를 이룬 사회는 다르다는 것이다.

자발적 교환을 경제의 운영 원리로 삼아야 자유와 번영을 함께 성취할 수 있다. 물론 자발적 교환이 이루어졌을 때에도 자유와 번영 가운데 어느 하나도 이룩하지 못한 경우도 있었지만, 자발적 교환이 조직의 기본 원리가 아닌 사회에서 자유와 번영이 존재한 경우는 없었다는 것이다. 역사적 사실에 따르면 자발적 교환이 자유와 번영의 필요조건이다.

프리드먼은 자발적 교환으로 어떻게 수백만의 사람들이 서로 돕고 있는가를 생생하게 극적으로 보여주고 있는 사례로 레오나드 리드의 '연필 이야기'를 제시한다.9) 한 자루의 연필이 만들어지는 과정은 참으로 복잡하다. 연필은 나무와 연필심, 지우개로 이루어져 있다. 연필 만드는 데 필요한 나무는 어느 산에서인가 벌목되고 통나무로 만들어져 제재소로 옮겨진다. 이 과정에 수많은 인부와 기술, 도구가 동원된다. 여기에 동원된 도구들이 만들어지는 과정에도 수많은 사람들의 기술이 동원된다. 연필심을 만드는 흑연, 지우개를 만드는 고무, 지우개를 씌운 쇠 테두리에 사용되는 구리와 아연, 연필에 칠하여진 페인트, 이 모두가 만들어지는 과정에도 수많은 사람과 기술, 재료가 동원된다. 간단한 연필 하나가 완성되는 데도 이루 헤아릴 수 없이 많은 원료, 사람, 기술이 동원된다.

연필 제조 과정에 관여한 수많은 사람들은 최종 결과물인 연필이 필요해서 직접 만든 것이 아니다. 심지어 이 과정에 참여한 대부분의 사람들은 그들이 한 일이 연필과 관계가 있었다는 사실조차 알지 못한다. 다만 사람들은 자신이 원하는 재화와 서비스를 얻기 위한 수단으로 일을 했을 뿐이다. 연필의 최종 소비자는 연필 한 자루의 값을 지불함으로써 연필 생산 과정에 참여한 수많은 사람들의 서비스에 비용을 지불할 뿐이다.

---

9) 같은 책, pp.11-13.

연필이 탄생하는 과정은 놀라운 과정이다. 연필을 만들기 위해 중앙 관청에서 누가 수많은 사람들에게 명령한 것은 아니다. 연필 만드는 과정에 참여한 사람들은 서로 다른 나라에 살고, 언어가 다르고, 생각이 다르고, 심지어 서로 적대적일 수도 있다. 그러나 이러한 사실이 연필이 만들어지는 과정에서의 협동을 방해하지는 않는다. 도대체 어떻게 해서 이러한 일이 가능한가? 프리드먼은 그 대답을 250여 년 전의 아담 스미스에게서 찾는다.

아담 스미스는 자발적 교환이 양자 모두에게 이익이 된다는 사실을 밝힘으로써 각자의 이익에 기초한 교환이라는 상호 협동이 이루어지는 과정을 설명했다. 그러나 교환은 두 사람 사이에만 이루어지는 것은 아니다. 수없이 많은 사람들이 자발적 교환이라는 협동에 참여한다. 무엇이 이것을 가능하게 할까?

아담 스미스의 대답은 '가격'이다. 자유 시장에서 가격이 각 사람이 자신의 이익을 추구하게 하면서도 수백만의 사람들이 서로 협동하도록 한다는 것이다. 중앙집권적인 명령이 없이도, 상호 대화 없이도, 서로 좋아하지 않아도, 사람들은 시장에서 서로 협동하는데, 그것은 가격기구가 작동하기 때문이다. 우리는 물건을 살 때 그것을 만든 사람이 남자인지 여자인지, 흑인인지 백인인지, 기독교도인지 불교도인지 따지지 않고 가격이 맞으면 그 물건을 산다. 시장은 가격기구에 의해 잘 작동한다. 시장에서 가격은 자발적 협동을 이끌어낸다.

프리드먼에 따르면 시장에 정부가 개입하면 가격기구가 작동하지 않는다. 가격기구가 작동하지 않으면 어떤 일이 벌어지는가? 그는 역사적 사건을 예로 든다. 석유수출국기구(OPEC)가 석유 수출을 금지시킨 1974년과 이란 혁명 후인 1979년 봄과 여름에 갑자기 미국의 주유소에서는 자동차들이 휘발유를 넣기 위해 장사진을 이루었다. 의회가 휘발유 가격이 폭등할 것을 염려하여, 행정명령으로 휘발유를 얼마 이상 사지 못하게 하였기 때문이다.

수요와 공급이 시장가격에 따라 이루어지지 않아, 어떤 주유소에서는 기름이 모자라고 어떤 주유소에서는 기름이 남아돌았다. 관료의 가격 결정이 자동차의 긴 행렬을 만들었다. 가격을 규제하지 않는 다른 나라에서는 이런 일이 절대로 벌어지지 않았다. 프리드먼에 따르면 경제활동에서 가격은 정보 전달의 기능, 유인 제공 기능, 소득분배 기능을 수행하고 있으며, 이 세 가지 기능은 서로 밀접히 연관되어 있다.10)

가격은 수요와 공급을 조절한다. 가격이 올라가면 수요가 감소하고, 공급은 늘어난다. 베이비 붐 세대가 학교에 입학하여 갑자기 연필 수요가 늘어났다고 생각해보자. 문방구들은 도매상에 연필을 더 많이 주문할 것이다. 도매상은 공장에 더 많은 연필을 주문할 것이다. 연필 생산 회사는 판목, 놋쇠, 흑연, 고무 등 연필을 만드는 데 필요한 각종 원자재를 더 많이 주문할 것이다.

이들 제품을 더 많이 공급하도록 생산자를 유인하기 위해서는 이전보다 더 높은 가격이 제시된다. 생산자는 생산을 위해 일꾼들과 기술자를 더 많이 고용할 것이다. 기술자를 더 고용하기 위해서는 월급을 올려주거나 작업 환경을 개선해야 한다. 연필 생산에 관계된 사람들이 그렇게 하는 이유는 가격을 통해 정보를 얻었기 때문이다. 우리는 물품의 가격이 어떻게 변하는가를 보고 무슨 일이 일어났는가에 대한 정보를 얻는다. 갑자기 오른 구리 가격은 구리 산

---

10) 같은 책, pp.13-24.

지인 어느 나라에 혁명이 일어났거나, 구리 광산 노동자들이 파업을 했다는 정보를 담고 있다.

정보 전달이 방해를 받으면 가격은 수요와 공급 상태를 정확하게 반영하지 못한다. 특정 상품의 생산을 생산자 카르텔이나 단 하나의 생산자가 독점하면 정보 전달은 왜곡되거나 방해받는다. 프리드먼은 1973년 OPEC에 의한 석유 가격의 4배 인상은 매우 중요한 정보였지만, 이 인상이 전달하는 정보는 원유 생산의 급격한 감소를 반영한 것도, 다른 대체 에너지에 관한 정보를 담고 있는 것도 아니고, 일단의 석유 생산국들이 가격을 제멋대로 결정했거나 시장 분할 모의를 성공적으로 했다는 사실을 전달했을 뿐이라고 설명한다. 가격기구의 왜곡은 소비자에게 큰 피해를 준다.

프리드먼은 민간 부분에서 가격기구의 왜곡도 큰 문제이지만, 정부의 규제는 더 큰 문제를 초래한다고 말한다. 국제무역 부분에서 관세의 부과나 수출입 규제뿐만 아니라 국내에서 임금을 포함하여 각종 상품 가격을 정부가 통제하는 것, 특정 사업을 정부가 규제하는 것, 불규칙한 인플레이션을 유발하는 통화정책과 그 외 여러 가지 경로를 통한 정부의 간섭은 가격기구를 왜곡시켜 소비자들에게 피해를 준다는 것이다.

정확한 정보가 전달되고, 그 정보가 사람들의 반응을 이끌어내려면, 사람들이 정보에 따라 행동하면 이익이 된다고 생각해야 한다. 사람들은 유인이 있어야 반응한다. 목재 생산자가 나무에 대한 수요가 늘었다는 것을 알았다고 할지라도 더 생산해야 할 유인이 없다면 생산하지 않는다. 더 생산하기 위해 들어가는 추가 비용보다 그것으로 발생하는 이익이 많아야 한다.

생산자만 그런 것은 아니다. 소비자도 유인이 있어야 가격에 반응한다. 석유 값이 오르면 석유 소비를 줄이거나 다른 것으로 대체한다. 대형차를 소형차로 바꾸거나, 난방 연료를 석유에서 나무나 석탄으로 바꾼다. 그렇게 할 유인이 생겼기 때문이다. 가격이 전달하는 정보는 생산자나 소비자에게만 유인을 제공하는 것은 아니다. 그것은 노동자나 자본가에게도 유인을 제공한다. 그러나 정부의 최저임금제나 노동조합이 시장가격에 개입하면 정보 전달이 왜곡되고, 그러한 정보에 따라 개개인의 자유로운 행동이 방해받는다.

시장을 통해 개인이나 기업이 얻는 소득은 재화와 서비스를 판매하여 얻는 수입과 그것을 생산하기 위해 지출한 비용과의 차이에 의해 결정된다. 생산에 동원되는 생산요소에는 물질적인 것도 있고, 기업을 조직하고 필요한 생산자원을 동원하며 위험을 부담하는 것과 같은 기업 능력도 포함된다. 선진국에서 가장 큰 생산자원은 경제학에서 '인간 자본'이라고 부르는 개개인의 생산 능력이다.

지식 경제의 시대가 도래하면서 인간 자본의 중요성은 더 증대하였다. 지식 생산의 주체가 인간이기 때문이다. 새로운 물적 자본을 발명하는 능력, 인적 자본과 물적 자본을 효과적으로 조직하는 능력, 물적 자본을 가장 효과적으로 사용하는 방법을 배우는 인간의 능력은 물적 자본의 생산성을 높여준다. 이러한 현대 경제의 특성 때문에 물적 자본 수익률보다 인적 자본 수익률이 더 급속하게 증대하고 있다.

우리 각자가 가지고 있는 개별적인 자원은 우연히 주어진 것도 있고 우리가 선택한 것도 있다. 우리가 가지고 태어나는 유전자는 운에 의해 우연히 주어진 것이다. 유전자에 의해 신체적, 정신적 능력이 결정된다. 우리의 정신적, 신체적 능력을 발전시킬 수 있는 기회에 영향을 미치는 가정과 문화적 환경도 우연적인 것이다. 사주

팔자가 달라 어떤 사람은 좋은 부모를 만나거나 많은 상속을 받고, 어떤 사람은 능력도 재산도 없는 부모를 만나 아무것도 물려받지 못한다.

그럼에도 불구하고 우리 인생에서 중요한 것은 개인의 선택이다. 우리가 가지고 태어난 재능을 어떻게 사용할 것인가에 대한 결정, 열심히 일할 것인가 게으름을 피울 것인가를 결정하는 것, 어떤 직업을 택할 것인가를 결정하는 것, 어떤 사업을 할 것인가를 결정하는 것, 번 돈을 저축할 것인가 다 소비할 것인가를 결정하는 것은 바로 우리의 선택이다. 우리는 우리의 선택에 의해 우리에게 주어진 자원을 풍성하게 할 수도 있고 고갈시킬 수도 있다.

우연과 선택이 결합하여 우리 인생에 영향을 미친다. 오늘날 스타로 주목받고 있는 많은 운동선수들이 100년 전에 태어났다면 지금과 같이 유명해지지는 못했을 것이다. 그 당시에는 그런 운동이 존재하지 않았을 뿐만 아니라 텔레비전이나 인터넷 같은 대중매체가 없어 사회적으로 큰 주목을 받지도 못했을 것이다. 원시시대에는 사냥 기술은 사회적으로 높은 평가를 받았지만 오늘날에는 높이 평가하지 않는다.

모든 것이 우연과 선택에 의존한다. 우리 자신이 소유하고 있는 자원을 어떻게 개발하여 시장에서 그 대가를 받을 것인가를 결정하는 것은 우리의 선택이다. 우리가 어디에 살며, 우리 자원을 어떻게 개발하고, 누구에게 어떤 서비스를 제공할 것인가를 결정하는 것은 바로 우리의 선택이다. 이러한 선택은 궁극적으로 우리의 소득분배에 영향을 미친다.

그러나 어느 사회에서나 소득분배가 완전히 만족스러운 경우는 없다. 노력과 대우가 항상 일치하는 것은 아니다. 사회적으로 의미가 높은 일을 했다고 해서 반드시 큰 보수가 따르는 것은 아니다. 큰 노력과 고생도 하지 않은 사람이 노력하고 고생한 사람보다 더 큰 소득을 얻기도 한다. 실제 변호사보다 TV에 출연하는 가짜 변호사가 더 많은 돈을 번다. 사람들은 이런 것을 보고 시장을 통한 소득분배가 정의롭지 못하다고 생각한다. 시장은 불완전하다고 비판한다.

이러한 시장의 불완전성에 주목한 사람들은 정보를 전달하고 유인을 제공하는 시장의 가격기구 기능과 소득분배 기능을 분리하려고 하였다. 정부가 나서서 시장이 초래한 불균형한 소득분배를 교정해야 한다고 주장한다. 아직도 이러한 여론이 강력하게 사회를 지배하고 있어 복지국가를 확대해야 한다는 주장이 끊이질 않는다.

기회의 평등과 결과의 평등

프리드먼은 '결과의 평등'에 대한 사람들의 열망을 '선택의 자유'를 거부하거나 방해하는 원인으로 지적한다. 많은 사람들은 결과의 평등을 도출하기 위해 국가가 나서서 선택의 자유를 통제할 필요가 있다고 믿는다는 것이다. 프리드먼은 이러한 입장이 잘못되었음을 밝히기 위해 우선 평등을 기회의 평등과 결과의 평등으로 구분한다. 그는 기회의 평등을 '하느님 앞에서의 평등'으로 해석한다.[11] 미국 전통에서 평등은 기회의 평등으로, 개인이 자신의 목적을 추구하기 위해 능력을 사용하는 과정에서 자의적인 장애에 의해 방해받아서는 안 된다는 것이다. 하느님 앞에서의 평등이나 기회의 평

---

11) 같은 책, pp.131-134.

등은 개인 각자가 자신의 인생을 자신의 의지에 따라 살 수 있는 자유와 충돌하지 않는다. 이런 의미의 자유와 평등은 모든 개인이 자신을 궁극적인 목적으로 간주해야 한다는 기본적인 가치관을 전제하고 있다.

프리드먼은 이런 전통과 달리 최근 미국에서 매우 다른 의미의 평등 즉 결과의 평등에 대한 열망이 확산되고 있는 것을 우려한다. 결과의 평등은 모든 사람이 동일한 생활수준이나 소득을 누려야 하며, 경주의 결승점에 똑같이 들어와야 한다고 주장한다. 이런 의미의 결과의 평등은 자유와 명백히 충돌한다. 결과의 평등을 달성하려면 정부가 개입해야 한다. 결과의 평등을 달성하려면 정부는 점점 커지고, 커진 정부는 개인의 자유를 제한하게 된다.

프리드먼은, 토머스 제퍼슨이 33세 때 "모든 사람은 태어나면서부터 평등하다."라고 했을 때, 이 '평등'의 의미는 무엇이었을까를 묻는다. 제퍼슨은 사람들의 육체적인 능력, 감정적으로 반응하는 방식, 그리고 생리적, 지적 능력이 평등하다고 생각하지는 않았다. 제퍼슨이나 그 시대의 사람이 생각했던 평등의 의미는 독립선언문의 "(모든 사람은) 하느님으로부터 양도할 수 없는 일정한 권리를 부여받았다. 그 가운데에는 생명, 자유 및 행복추구권이 포함되어 있다."는 말에 잘 나타나 있다. 독립선언문에 따르면 평등은 하느님 앞에서의 평등이지 결과의 평등이 아니다.

독립선언문은 평등을 통해 모든 인간은 그 자체로서 소중한 존재임을 강조한 것이다. 모든 인간은 양도할 수 없는 권리, 다른 사람으로부터 결코 침해받을 수 없는 권리를 갖는다. 모든 사람은 자신의 목적에 헌신할 권리, 다른 사람의 목적을 위한 수단으로 이용되지 않을 권리를 갖는다. '자유'는 평등을 실현하기 위해 필요하며,

결코 평등과 충돌하지 않는다.

하느님 앞에서의 평등 곧 인격적 평등은 각자의 독립성과 개체성을 인정한다. 어느 누구도 같지 않다. 세상에 같은 인간은 없다. 모든 사람은 각자 고유성을 갖기 때문에 대체 불가능한 인격성을 갖는다. 이 때문에 인간은 존중받아야 한다. 사람들은 각기 다른 가치관, 취향, 능력을 가지며, 그것에 따라 다른 삶을 원한다. 인격적 평등은 사람들이 각자 자신의 삶을 살 권리를 존중하고, 다른 사람들의 가치관이나 판단을 그에게 강요해서는 안 된다는 것을 함축한다. 제퍼슨은 어떤 사람은 다른 사람보다 뛰어날 뿐 아니라 엘리트가 존재한다는 사실을 의심하지 않았다. 그러나 이것이 어떤 사람이 다른 사람을 지배할 자격이 있다는 것을 의미하는 것은 아니다.

어떤 개인이나 집단도 다른 사람에게 자신의 것을 강요할 권리는 없다. 모든 사람은 다른 사람이 가진 동등한 권리를 침해하지 않는 한, 자기 자신에 대한 지배자다. 정부의 수립 목적은 동료 시민, 외국인, 다수파가 개인의 이러한 권리를 침해하는 것을 방지하는 것이다. 개인의 권리를 보호하는 것이 정부 수립의 목적이다.

제퍼슨은 헌법을 초안하면서 국가를 지키고, 국민의 일반적 복지를 증진시킬 수 있을 정도로 중앙정부는 강력해야 하지만, 중앙정부가 시민 개개인의 권리나 주정부의 독립성을 침해하는 것을 막기 위해 중앙정부의 권력은 제한되어야 한다고 생각했다. 그가 사용한 '민주적'이라는 말은 개인이 정부에 폭넓게 참여할 수 있다는 의미다. '다수결'이라는 정치적 의미로 '민주적'이라는 말을 사용하지는 않았다.

이와 마찬가지로 프랑스의 정치철학자이자 사회학자인 토크빌은 1830년대 미국을 방문한 뒤 집필한 『미국에서의 민주주의』에서 미국의 특징은 다수결이 아니라 평등이라고 했다. 민주주의가 지나치면 공민도덕의 근본을 침식할 수 있다. 프리드먼은, 현재 미국의 민주당은 제퍼슨과 그의 동시대 사람들이 민주주의에 대한 최대 위협으로 여긴 정부 권력을 강화하기 위해 평등이라는 개념을 도구로 사용하고 있다고 비판하였다. 민주당이 사용하는 평등 개념은 제퍼슨이 자유와 동일시하였고 토크빌이 민주주의와 동일시하였던 '평등' 개념과는 반대된다는 것이다. 그는 평등이 정부 권력의 증대 수단이 된 것을 우려하고 있다.

물론 미국을 건국한 사람들의 실제 생활이 그들이 주창한 이념과 항상 일치하는 것은 아니었다. 제퍼슨도 그가 죽을 때까지 노예를 가지고 있었다. 그는 노예제도의 문제점을 인식하고 메모와 서신에서 노예제도를 폐지할 계획을 암시하였지만, 그 계획을 공식적으로 제안하거나 노예제도 반대운동을 전개하지는 않았다.

프리드먼은 역사적으로 볼 때 인격적 평등 곧 하느님과 법 앞에서의 평등이 점차 실현되어가면서, 지식인들과 정부는 기회의 평등을 강조하기 시작했다고 말한다. 그러나 그는 문자 그대로의 기회의 평등은 불가능하다고 본다. 기회의 평등이 '모든 사람이 완전히 같은 기회를 갖는다'는 것을 의미한다면, 그런 평등은 실현될 수 없다는 것이다.

어떤 아이는 장님으로 태어나고, 어떤 아이는 정상으로 태어난다. 어떤 아이는 경제적으로 유복한 가정에 태어나 좋은 유전자와 교육의 기회를 갖지만, 어떤 아이는 불운한 가정에 태어나 그런 기회를 갖지 못한다. 미국에 태어난 어린아이가 있는가 하면, 러시아에 태어난 어린아이도 있다. 남한에 태어난 아이와 북한에 태어난 아이는 동일한 기회를 가질 수 없다. 같은 나라에 태어나도 그들이 누릴 수 있는 기회는 각기 다르다.

인격적 평등과 같이 기회의 평등도 문자 그대로 실현될 수는 없다. 기회의 평등의 본래적 의미는 프랑스 혁명 당시 프랑스인들이 사용한, '능력에 따라 열리는 인생'이라는 말에 정확하게 나타나 있다. 기회의 평등이 뜻하는 것은 사람들이 자신의 능력에 맞고, 각자 자기 나름의 가치관에 따라, 어떤 목적을 추구할 때 어떤 자의적인 장애가 존재해서는 안 된다는 것을 의미한다. 가문, 민족, 피부색, 종교, 성별, 그 밖의 어떤 특징이 인간에게 열리는 기회를 결정해서는 안 되며, 오직 그의 능력만이 그렇게 할 수 있다는 것이다.

이러한 의미에서 기회의 평등은 인격적 평등 즉 법 앞의 평등을 달리 표현한 것이다. 기회의 평등을 인정하는 것이 사람들의 유전적, 문화적 특성의 차이와 이에 따라 서로 다른 인생을 희망하고, 그 희망에 따라 살 수 있다는 것을 부정하는 것은 아니다.

인격적 평등과 같이 본래적인 의미를 지닌 기회의 평등은 자유와 조금도 모순되지 않는다. 기회의 평등은 자유의 본질적인 구성 요소이다. 어떤 사람이 살아가면서 어떤 목적을 달성하려고 할 때, 단순히 인종적인 특징이나 배경, 피부색이나 종교 때문에 그렇게 할 수 없다면, 그는 '생명, 자유 및 행복 추구'에 대한 권리를 침해당한 것이다. 그것은 기회의 평등을 부정하고, 더 나아가서 어떤 사람들의 이익을 위해 다른 사람들의 자유를 희생하는 것이다. 기회의 평등도 완전히 실현된 적은 없지만, 그러나 기회의 평등이 확장되는 방향으로 역사는 진행되었다. 미국에서 노예제가 폐지되고, 초등, 중등, 고등 수준에서 '무료' 교육이 확대되었다.

실적을 중시하는 사회는 개인이 자신의 능력을 최대한 발휘할 수 있도록 인센티브를 제공한다. 인센티브가 있는 사회는 더 생산적이고, 동적이고, 사회이동이 쉽다. 뿐만 아니라 자선 활동도 폭발적으로 증가한다. 자선 활동의 폭발적 성장을 가능하게 한 것은 급속한 경제성장과 부의 축적이다. 경제가 성장하면서 비영리 병원이나 개인의 기부로 설립된 대학이나 빈민구제를 목적으로 한 다양한 자선단체가 등장하게 되었다. 특히 이것은 기회의 평등을 촉진하였다.

19세기 말엽에는 미국에서 경쟁에 대한 사적인 장벽을 제거하기 위해 셔먼 트러스트 금지법과 같은 적극적인 정부의 조치가 채택되었다. 그러나 다양한 사업이나 직업에 종사할 수 있는 개인의 자유를 방해하는 사회적 관습은 여전히 남아 있었다. 사회적 관습 때문에, 좋은 가문에 태어나 개신교를 믿는 백인에게 특권이 부여된 것은 부정할 수 없는 사실이었다. 그러나 이러한 특권을 별로 누리지 못했던 다양한 집단의 사회적, 경제적 지위도 급속도로 상승했다.

'결과의 평등'12)은 20세기에 들어와 미국 사람들의 지지를 얻게 되었다. 처음에 결과의 평등이 정부 정책에 영향을 미친 곳은 영국과 유럽이다. 이런 경향은 미국의 정책에서도 나타나기 시작하였다. 일부 지식인 사회에서 결과의 평등을 떠받드는 것이 종교적 신앙의 일부가 되었다. 모든 사람이 결승점에 나란히 들어가야 한다는 것이다. 『이상한 나라의 앨리스』에 나오는 도도가 말했듯이, "모두 이겼다. 모두 상을 받아야 한다."는 것이다.

프리드먼은 '결과의 평등'에서의 평등을 '하느님 앞에서의 평등', '기회의 평등', '동일성'으로 이해해서는 안 된다고 말한다. 모든 사람이 연령이나 성별, 그 밖의 신체적인 차이에도 불구하고, 식품이나 의류, 주택에서 동일한 것을 같은 양으로 분배받아야 한다고 주

---

12) 같은 책, pp.134-140.

장하는 사람은 없다. 결과의 평등이 주장하려는 것은 공평(fairness)이라는 대단히 막연한 생각이다. 공평을 정확하게 정의하는 것은 대단히 어렵다. 그런데 오늘날 '모든 사람에게 공평한 몫'이라는 말은 "능력에 따라 일한 것의 결과물을 모든 사람에게 필요에 따라 분배한다."라는 마르크스의 표어와 동일한 의미로 사용된다.

결과의 평등 개념은 '하느님 앞의 평등'이나 '기회의 평등'과는 근본적으로 다르다. 인격적 평등이나 기회의 평등을 증진시키려는 정부의 정책은 자유를 증진시키지만, '모든 사람에게 공평한 몫'을 분배하려는 정부의 정책은 자유를 축소시킨다. 공평을 분배 기준으로 설정한다고 할지라도, 어떤 상태가 공평한가를 결정할 수 있는 사람은 없다.

공평을 동일성과 같은 의미로 사용하지 않는다면, 공평은 객관적으로 결정될 수 없다. 필요와 마찬가지로 공평도 보는 사람의 눈에 따라 달라진다. 모든 사람이 '공평한 몫'을 가져야 한다면, 어떤 사람이나 집단이 무엇이 공평한 몫인가를 결정해야 한다. 그렇게 되면 이들은 자기들이 결정한 것을 다른 사람에게 강조하고, 공평한 몫보다 많이 가진 사람들로부터 빼앗아 적게 가진 사람들에게 주어야 한다고 주장할 것이다. 그러한 결정을 내리고 강조하는 사람들과 그 결정을 강요당하는 사람은 평등한 관계가 아니다. 이러한 평등은 "모든 동물들은 평등하지만, 어떤 동물들은 다른 동물들보다 더 평등하다."고 한 조지 오웰의 『동물농장』이 될 것이다.

프리드먼은 만일 사람들이 소유하게 되는 것이 그들이 생산한 것이 아니라 공평에 의해서 결정된다면, 아예 분배의 대상이 되는 상품이 생산되지 않을 것이라고 주장한다. 노동하고 생산하게 할 유인이 사라지기 때문이다. 누가 의사가 되고, 누가 변호사가 되고,

누가 소방관이 되고, 누가 청소부가 될 것인가를 결정할 수 있는 방법도 없다. 이런 상황에서는 사람들이 자기에게 맡겨진 역할을 받아들여 자신의 능력에 따라 열심히 일할 것이라는 것도 보장할 수 없다. 그렇게 되면 오직 힘만이 또는 힘을 농반한 위협만이 그렇게 할 수 있을 것이라고 프리드먼은 생각한다.

프리드먼에 따르면 결과의 평등을 '공평한 몫' 또는 '능력에 따라 일하고 필요에 따라 분배받는 것'으로 해석하면, 결과의 평등과 인격적 자유는 근본적으로 충돌한다. 결과의 평등을 사회조직의 원리로 삼으면 공포의 지배로 귀착된다. 러시아, 중국, 캄보디아는 이러한 사실을 명백하게 보여주었다. 그러나 공포가 지배하는 세상에서조차 결과의 평등은 이루어지지 않았다. 이런 나라에서도 불평등은 일반적인 현상이었다. 지배자와 피지배자 사이에는 권력뿐만 아니라 물질적인 생활수준에서도 불평등이 지속되었다.

프리드먼은 결과의 평등을 내세워 서구 제국이 취한 온건한 정책들도 정도의 차이는 있지만 같은 운명에 봉착했다고 주장한다. 이러한 정책들은 개인의 자유를 제한하였다. 뿐만 아니라 목적을 달성하는 데 실패했다. 공평한 몫을 모든 사람들이 동의할 수 있을 정도로 정밀하게 정의하거나, 사회 구성원들이 공평하게 대우받고 있다는 만족감을 갖도록 하는 것은 불가능하다는 것이 밝혀졌다. 결과의 평등을 실현하려는 시도가 있을 때마다 사람들의 불만은 오히려 증폭되었다는 것이 프리드먼의 입장이다.

프리드먼에 따르면 결과의 평등을 추구하려는 도덕적 열정이나 운동은 어떤 아이가 단지 우연히 부유한 부모 아래 태어나 다른 아이들보다 큰 이익을 누린다는 사실을 보고, 그것은 불공평하다는 직관적인 신념에서 시작되었다. 물론 이것은 공평하지 않다. 그러나 불공평은 다양한 형태를 취할 수 있다. 불공평은 채권, 주식, 주택, 공장과 같은 재산의 상속이라는 형태를 취할 수 있고, 음악적 재능이나 신체적 능력, 수학적 천재성과 같은 재능의 상속이라는 형태를 취할 수도 있다. 정부의 정책은 재능의 상속보다는 재산의 상속에 쉽게 개입한다. 그러나 윤리적 관점에서 볼 때 양자에는 차이가 없다. 그럼에도 불구하고 사람들은 재능의 상속이 아니라 재산의 상속에 대해서는 분개한다.

이와 관련된 윤리적 문제는 미묘하고 복잡하다. 이는 '모든 사람에게 공평한 몫'이라는 지극히 단순한 공식에 의해서만 결정되는 것은 아니다. 그것을 말 그대로 해석하면, 음악적 재능이 뒤떨어진 어린이는 타고난 재능 부족을 보충하기 위해 더 많은 음악 교육을 시켜야 하고, 반대로 탁월한 음악적 재능을 가지고 태어난 어린이에게는 좋은 음악적 훈련을 받을 수 없도록 해야 한다. 음악적 재능뿐만 아니라 다른 재능에 대해서도 같은 조치를 취해야 한다. 이런 방법은 타고난 재능이 부족한 어린이에게는 공평할지 모르나 훈련 비용을 부담해야 하는 사람이나 타고난 재능이 뛰어나지만 훈련의 기회를 박탈당해야 하는 사람에게는 공평하지 않다. 프리드먼은 다음과 같이 말함으로써 결과의 평등을 비판한다.

인생은 공평하지 않다. 자연이 만든 것을 정부가 고칠 수 있다는 믿음은 매력적이다. 그러나 우리가 개탄하는 불공평으로부터 우리가 얼마나 엄청난 혜택을 누리는가를 인식하는 것도 중요하다.13)

---

13) 같은 책, p.137.

자본주의 체제는 야심만만한 발명가와 산업의 선구자들이 착수한 기업이 위험천만했음에도 불구하고 그들이 모험 자본을 출자할 수 있도록 유인을 제공한다. 프리드먼은 이러한 과정에서 성공한 기업가나 자본가보다는 실패한 사람들이 많았을 것이라는 사실도 인정한다. 위험을 감수하는 사람들은 자신이 당할 수 있는 위험을 분명하게 의식하고 있다. 그들은 자신들이 성공하든 실패하든 운명에 맡기고 그것을 시도했기 때문이다. 프리드먼은 그들의 시도가 결과적으로 사회 전체에 큰 이익을 준다는 사실을 강조하였다.

복지 문제와 음의 소득세

프리드먼은 미국에서 거대 정부가 출현하여 복지를 확대하고, 모든 영역에서 국가의 역할이 증대하게 된 역사적 계기를 1932년 미국 대통령 선거에서 찾는다.[14] 그는 당시 지적 분위기를 분석함으로써 '요람에서 무덤까지'의 신화가 초래한 복지병과 정부 확대가 초래한 '자유와 경제성장의 무덤'의 원인을 추적했다. 프리드먼은 1933년 3월 4일 루스벨트 대통령의 취임을 계기로 많은 사람들이 개인의 책임, 순수 자유주의(libertarianism), 그리고 분권화되고 제한된 정부에 대한 신념으로부터 사회적 책임과 중앙집권화된 강력한 정부를 지지하는 쪽으로 기울어졌다고 주장한다. 1930년대 많은 지식인들은 비록 생산수단의 소유와 운영을 정부가 맡는 일이 있어도, 재산의 극심한 차이로부터 개인을 보호하고, 전체의 이익을 위해 정부가 경제를 통제하는 것이 정당하다고 확신하였다는 것이다.

---

14) 프리드먼의 복지 제도 비판은, 같은 책, 4장 참조.

프리드먼은 이러한 사조가 1887년에 간행된 에드워드 벨라미의 유명한 소설 『뒤돌아보면서』에 이미 잘 나타나 있다고 말한다. 이 작품은 1887년에 잠들었다가 2000년에 눈을 뜨니 완전히 다른 세계를 발견한다는 환상적 유토피아 소설이다. 립 밴 윙클의 새로운 친구들은 그를 놀라게 한 유토피아가 1880년대의 지옥으로부터 어떻게 예언의 날 1930년에 나타났는가를 잠에서 깨어난 그에게 설명한다. 이 유토피아는 '요람에서 무덤까지'를 보장하는 복지를 제공할 뿐 아니라 모든 사람에게 국민개병제도를 적용하는 상세한 정부 계획을 가지고 있다.

> 어떤 사람도 그 자신을 위해서건 그의 자손들을 위해서건, 미래에 대하여 더 이상 관심을 갖지 않는데, 그 이유는 국가가 요람에서 무덤까지 모든 시민의 양육, 교육, 안락한 생계를 보장해주기 때문이다.[15]

'요람에서 무덤까지'라는 환상적인 말은 이 소설에 처음 등장한다. 이런 유토피아를 꿈꾸며 루스벨트 보좌관들은 대공황의 원인을 자본주의에 돌리면서, 중앙정부의 적극적 개입이 대공황에 대한 적절한 치유책이라고 굳게 믿었다. 이때 증권거래위원회, 국가노동관계위원회, 전국적 최저임금제, 노인과 유족에 대한 실업보험, 공적인 생활보조정책이 만들어졌다. 정부는 실업자들에게 직장을 제공하고 극빈자를 직접 구호했다. 이런 정책을 통해 루스벨트 행정부는 경제 난국을 극복하고 국민들에게 신뢰를 회복했다는 것이다.

프리드먼은 복지 정책이 표방하고 있는 목적은 모두 고귀했으나

---

15) 같은 책, p.316, 각주 1.

결과는 참담했다고 주장한다. 급속히 증가한 사회보장 지출은 심각한 재정난을 초래했고, 공공주택 공급이나 도시 개발 사업은 원래 의도와 달리 가난한 사람이 이용할 수 있는 주택의 수를 줄였다. 고용은 증대했지만 생활보조금을 받는 사람들의 수는 늘어났다. 복지 정책은 부정과 부패로 가득 찼다. 정부가 의료비의 비율을 점점 늘렸지만, 환자나 의사 모두 의료비의 상승과 비인간적인 의료 활동에 대한 불평은 늘어났다. 교육에서도 정부 개입이 증대하였지만 학생들의 성적은 떨어졌다.

프리드먼은 목적이 훌륭했던 정책이 실패를 거듭한 것은 결코 우연이 아니라고 설명한다. 이것은 단순히 정책 집행이 잘못된 탓만이 아니라는 것이다. 실패의 원인은 목적을 달성하기 위해 적절하지 못한 수단을 사용했기 때문이라는 것이다.

대부분의 나라에서 복지 정책은 실패했음에도 불구하고 복지사업을 증대시키려는 압력은 커지고 있다. 복지론자들은 복지 정책의 실패는 의회가 필요한 자금의 할당에 있어서 인색했기 때문이라고 주장하고 예산 증대를 요구한다. 프리드먼은 특정한 복지 정책으로부터 특정한 이익을 얻는 사람들은 그 정책이 확대되도록 정부에 압력을 가한다고 주장하였다. 복지 확대가 초래한 가장 큰 문제 가운데 하나는 거대한 관료 기구의 등장이다.

뿐만 아니라 거대하게 성장한 온정주의적 복지 정책은 국가의 재정 파탄을 초래하고, 가족을 약화시키고, 일하고 저축하고 혁신하려는 유인을 감퇴시키고, 자본 저축을 감소시키며, 우리의 자유를 제한하기 때문에 폐기되어야 한다고 프리드먼은 주장한다. 복지 정책의 실제 수혜자는 가난한 사람이 아니라 거대한 관료 조직에 속한 사람들, 중산층과 상류층이다. 그렇다고 프리드먼이 가난한 사람을 위한 복지 정책을 전면적으로 없애자고 주장하는 것은 아니다. 그는 공평으로서 결과의 평등을 달성하기 위해 출현한 복지 정책을 비판하면서, 현재 복지 제도가 안고 있는 문제를 상당 부분 해결할 수 있는 제도로 '음의 소득세(negative income tax)'[16]를 제안하였다.

프리드먼에 따르면 현대의 복지 제도는 개인의 자발적 의사에 따라 이루어지는 것이 아니라는 점에서 강제적이고 비인격적이다. 도덕적 책임은 사회가 아니라 개인의 문제다. 자식이 양친을 돕는 것은 의무가 아니고 애정이다. 그럼에도 불구하고 이제 젊은 세대가 강제와 두려움 때문에 남의 양친을 부양하기 위하여 자신의 돈을 바쳐야 한다. 역사에서 발견되는 가족 간의 자발적 소득의 이전은 가족의 유대를 강화시켰다. 그러나 오늘날 강제적인 소득의 이전은 가족의 유대를 약화시키고, 사회적 갈등을 증폭시킨다. 젊은 세대에게서 늙은 세대로의 소득 이전은 가난한 사람으로부터 부유한 사람에게로의 소득 이전이다.

---

16) 같은 책, pp.119-127. 음의 소득세는 우선 기초 공제액을 정한다. 만약 어떤 사람의 소득이 공제액보다 높으면 초과분에 대해 누진율로 소득세를 내야 한다. 만일 낮으면 세금을 내지 않고 모자라는 액수를 보조금으로 받는다. 예를 들어 4인 가족의 기초 공제액이 7,200달러이고, 보조금 교부율이 50%라면 소득이 전혀 없는 가족은 3,600달러의 보조금을 받는다. 만일 가족 가운데 한 사람이 취직을 하여 소득이 생기면 정부로부터 받는 보조금은 줄지만, 총소득은 늘어난다. 만일 1,000달러의 추가 수입이 발생했다면 보조금은 3,100달러로 줄지만 총소득은 4,100달러로 증가한다. 가족의 수입이 7,200달러가 되면 보조금은 없다. 음의 소득세의 목적은 모든 가족에게 최소한의 소득을 보장하고, 거대한 관료 기구를 피하고, 상당한 정도의 개인 책임을 유지하고, 개인이 보조금을 받는 대신에 일을 하여 돈을 벌어서 세금을 내도록 하는 유인을 계속 살려두는 것이다.

복지국가의 또 다른 문제는 거대한 복지 제도를 운영하기 위한 거대한 관료 조직의 등장이다. 프리드먼에 따르면 복지 재정은 빈민을 위한 것이 아니다. 복지의 확대와 더불어 높은 보수를 받는 거대한 관료 조직이 탄생하였다. 이 조직이 유지되기 위해서 막대한 재정이 필요하다. 실제로 빈곤하지도 않은 사람에게 국가 재정이 투입되고 있는 것이다.

프리드먼은 기존 복지 정책의 대부분은 입법화되지 말았어야 한다고 주장한다. 그랬다면 이 정책에 의존하고 있는 많은 사람들이 국가를 보호자로 삼지 않고 자립적인 인간이 되었을 것이기 때문이다. 단기적으로는 이것이 저임금의 매력적이지 못한 일자리를 받아들일 수밖에 없는 이들에겐 냉혹한 것이었겠지만, 장기적으론 훨씬 더 인간적인 것이다.

프리드먼은 현행 복지 정책을 완전히 없애는 것은 현실적으로 가능하지 않기 때문에 그 대안으로 '음의 소득세'를 제안한 것이다. 현행의 모든 복지 정책을 없애고 '음의 소득세'라는 포괄적인 단일 정책으로 대체하자는 것이다. 이 제도는 현재 약속한 것을 이행하면서, 점진적으로 사람들이 은퇴 이후를 준비하게 함으로써 현행 사회보장을 해체할 수 있게 한다. '음의 소득세'는 개인의 책임감을 높여줄 뿐만 아니라, 현재 복지 수혜자와 부담자로 나누어진 두 계급의 구분을 없애고, 정부 지출도 줄이고, 현행의 거대한 관료 기구도 축소한다. 나아가 모든 사람에게 안전망을 제공함으로써 경제적 곤궁에 허덕이는 사람이 없도록 한다.

프리드먼은 '음의 소득세'를 시행하면 비효율적이고 비인도적인 현재의 복지 체제를 보다 효율적이고 인도적인 것으로 만들 것이라고 주장한다. 이것은 모든 사람들에게 최소한의 소득을 보장해주면서 그들의 독립심과 자신의 처지를 개선하려는 유인을 해치지 않는다. 거대한 관료 기구를 해체하고 보조금 제도를 조세제도에 편입시킴으로써, 다른 사람들의 생활을 좌우하는 비도덕적인 현재의 상황을 없앤다는 것이다. 그러나 프리드먼은 이데올로기적, 정치적, 재정적인 기득권자들이 앞을 가로막고 있기 때문에 '음의 소득세'를 법제화하는 것은 현재로서는 가능하지 않은 것으로 본다.

정부의 역할

프리드먼은 자유사회에서도 정부가 수행해야 할 기능이 존재한다는 사실을 인정하였다는 점에서 정부를 전면적으로 부정하는 무정부주의자는 아니다. 외부의 적이나 동료 시민으로부터 우리의 자유를 지키고, 자유 시장을 보호하기 위해서도 국가가 필요하다.17) 자유 시장이 존재한다고 정부가 필요하지 않은 것은 아니다. 도리어 정부는 '게임의 규칙'을 정하는 토론장으로서나, 정해진 규칙을 해석하고 집행하는 심판자로서나 필수불가결하다.18) 왜냐하면 순전히 자발적인 거래나 개별적인 활동을 통해 성취할 수 없는 것에 대해서는 정부의 개입이 필요하기 때문이다. 그는 "자발적 교환을 통해 경제활동을 조직한다."는 것을 "정부를 통해서 어느 개인이 다른 개인을 강박하지 못하도록 법과 질서를 유지하고, 자발적으로 맺은 계약의 이행을 강제하고, 재산권을 규정하고, 이를 해석하여 집행하며, 통화의 운용 체계를 마련해왔다."19)는 것으로 해석한다.

---

17) Milton Friedman, *Capitalism and Freedom*, Fortieth Anniversary Edition (Chicago: The University of Chicago Press, 2002), pp.2-3.
18) 같은 책, p.15.

나아가 사람의 절대적 자유를 허용하는 것은 가능하지 않기 때문에 정부가 필요하다고 본다. 그는 하나의 철학으로서 무정부주의는 대단히 매력적이지만 불완전한 인간들의 세상에서는 실현 가능하지 않다고 믿는다. 그의 이러한 입장은 다음과 같은 문장에 선명하게 표현되어 있다.

> 법과 질서를 유지하고, 재산권을 규정하고, 재산권이나 경제적 게임의 다른 규칙들을 수정하는 수단 구실을 하고, 그 규칙의 해석을 둘러싼 분쟁을 재결(裁決)하고, 계약의 이행을 강제하고, 경쟁을 촉진시키고, 통화 운용 체계의 구조를 마련하는 정부의 개입은 충분히 정당화될 수 있다. 뿐만 아니라 정부는 기술적 독점에 대응하고 외부 효과를 극복하기 위한 활동을 한다. 나아가 정부는 사적인 자선이나 가족의 기능을 보완하여 정신이상자나 어린아이와 같이 능력이 없는 사람을 보호한다. 이처럼 정부는 앞으로도 중요한 역할을 분명히 수행할 것이다. 일관성 있는 자유주의자는 무정부주의자가 아니다.20)

프리드먼에 따르면 사람들이 각자의 이상을 실현하기 위해 정부를 통하는 것이 효과적이라고 생각하여 정부를 조직하였다는 의미에서, 정부도 어느 정도 자발적인 협동체로 볼 수 있다. 프리드먼은 정부의 역할을 인정하면서, 그러나 그것의 부작용을 최소한으로 줄이기 위해 정부의 권한 범위를 제한하고, 정부 권력을 분산해야 한다고 주장한다.21)

---

19) 같은 책, p.27.
20) 같은 책, p.34.

그러면 시민이 자신의 자유를 극대화하기 위해서 필요로 하는 정부의 역할은 무엇인가? 그는 정부의 역할을 설명하기 위해 아담 스미스의 『국부론』을 인용하였다.

금지건 허가건 모든 제도를 완전히 없애버리면 저절로 명백하고 단순한 자연적 자유의 체제(system of natural liberty)가 생긴다. 누구든지 정의의 법을 깨지 않는 한 자기가 원하는 방식에 따라 각자 이익을 추구할 완전한 자유를 갖는다. 또 자기의 노력과 소유하고 있는 자본을 투입하여 다른 사람이 쌓아놓은 질서와의 경쟁에 뛰어들 완전한 자유가 있다. 반면 왕(주군)은 완전히 의무로부터 해방될 수 있다. 민간 기업을 감독하는 일이나, 사회 전체에 가장 유익하도록 생산요소를 분배하는 일과 같이 인간의 지혜나 지식으로 도저히 해낼 수 없을 뿐만 아니라 안 되는 일을 해보려는 데서 발생한 피치 못했던 환멸과 망상으로부터 왕은 자유로워질 수 있다. 자연적 자유의 체제 아래서 왕이 해야 할 일은 세 가지뿐이다. 누구나 쉽게 이해할 수 있는 이 세 가지 의무는 매우 중요한 것이다. 첫째는 다른 독립된 사회로부터의 침입이나 전쟁으로부터 사회를 방위하는 임무다. 둘째, 가능한 한 사회 구성원 간의 억압, 불법을 막는 일로 법질서의 확립이다. 셋째는 공공사업과 공공기관을 설립하고 운영하는 일이다. 공공사업이나 공공기관은 실제로 사회 전체에 미치는 효과가 지대함에도 불구하고 개인이나 몇몇 그룹의 사람들이 설립하고 운영하기에는 그 비용을 충당할 만한 수입을 얻을 수 없기 때문이다.22)

---

21) 같은 책, pp.2-3.
22) Milton and Rose Friedman, 앞의 책(1990), pp.28-29.

프리드먼은 국가의 첫 번째와 두 번째 역할은 의심의 여지가 없다고 믿는다. 외부든 내부의 동료 시민이든 강제로부터 국가가 사회 구성원을 보호하는 것은 당연하기 때문이다. 그런 보호가 없다면, 선택할 자유도 있을 수 없다는 것이다. '목숨이 아까우면 돈을 내놔라'라고 하는 무장 강도 앞에서는 선택할 자유나 자발적 교환이 가능하지 않다는 것이다.

프리드먼은 정부 기관이 시민을 위해 봉사해야 한다는 '당위'와 실제 정부 기관이 하고 있는 일은 전혀 별개라는 사실도 지적한다. 어떤 기관이든 그 기관을 설립한 사람의 의도와 실제로 그 기관을 움직이는 사람의 생각은 다를 수 있다. 정부 기관의 경우 의도한 것과 결과가 일치하지 않는 경우가 허다하다. 따라서 자유의 보루로서 정부 기관인 군대와 경찰이 어떻게 본래의 목적에만 충실하고 시민의 자유를 짓밟지 않도록 할 수 있는가가 대단히 중요한 문제다.

프리드먼은 정부의 두 번째 역할에는 경찰 기능뿐만 아니라 '정의의 완전무결한 집행'이 포함된다고 주장한다. 자발적 교환을 뒷받침하는 여러 규칙을 설정하고 분쟁이 발생했을 때 이를 해결할 수 있는 법도 필요하다. 정부는 일반 규칙을 채택하여 자발적 교환이 원활하게 이루어지도록 해야 한다. 특히 그는 재산권을 규정하고 보호하는 것이 중요하다고 강조한다.

프리드먼은 아담 스미스가 말한 정부의 세 번째 기능은 문제가 많은 항목이라고 생각한다.23) 프리드먼은 세 번째 기능이 현재 정부의 잘못된 활동을 정당화하는 역할을 했다고 보기 때문이다. 정

---

23) 같은 책, pp.30-32.

부의 세 번째 기능은 자유 사회를 유지하고 발전시키는 데 기여하기도 했지만, 정부 권력의 무한한 확대를 정당화하는 구실도 했기 때문이다.

프리드먼은 도로와 같은 '공공사업'은 거대 사회에서 꼭 필요하다고 본다. 그는 '모든 개인이 이를 건설하고 유지하는 것을 꺼리는 사업'이기 때문에 정부가 해야 한다고 생각한다. 뿐만 아니라 '외부 효과'를 유발하는 경우에는 정부가 개입할 수 있다는 사실도 인정한다. 그러나 '외부 효과'를 해결하기 위한 정부 개입이 초래할 수 있는 '외부 효과'도 있기 때문에 정부가 취하는 조치가 초래할 수 있는 '정부 실패'를 막는 것이 중요하다는 사실을 강조한다. 따라서 정부가 개입할 경우 '비용 효과(costs and benefits)' 분석 방법을 개발하고, 정부 개입의 비용이 효과를 초과하는 경우는 그것을 막아야 한다고 주장한다.

아담 스미스가 제시하지는 않았지만, 프리드먼은 '스스로 자신을 책임질 수 없는 사람들'을 사회 구성원으로 보호하는 일을 정부의 네 번째 임무로 설정하였다.[24] 자유란 책임질 수 있는 사람에게만 부여되는 것이기 때문에 미친 사람이나 어린이에게 자유를 부여할 수는 없다. 어린이를 보호해야 하는 책임은 일차적으로 부모에게 있다. 부모에게 보호 책임을 지우는 것은 원칙이라기보다는 편의에 의한 것이다. 부모보다 자식에게 관심이 더 많은 사람은 없으며, 부모가 어린이를 보호하고 책임 있는 성인으로 발전시킬 수 있는 가장 좋은 위치에 있기 때문이다. 그러나 모든 부모가 그렇게 하지는 않기 때문에 어린이의 인격이 침해당할 경우에는 정부가 보호해야

---

24) 같은 책, pp.32-33.

한다.

　프리드먼은 정부의 네 가지 의무를 대단히 중요한 의무로 인정하면서도, '비용 효과' 분석을 통해 정부가 해야 할 일과 하지 말아야 할 일을 구분해야 한다고 주장한다. 현재 정부가 시행하고 있는 정책 가운데 비용 효과 분석을 통해 없애야 할 일들이 많다는 것이다. 아담 스미스가 선전포고를 했던 '정부가 금지하거나 허가하는 조항들'이 한동안 사라졌다가 오늘날 다시 관세, 가격고시, 임금통제, 직업 선택에 대한 각종 규제로 되살아나고 있다. 이러한 규제는 스미스가 말한 '단순한 자연적 자유의 체제'로부터 이탈한 것이다. 프리드먼은 이것은 우려할 만한 일이라고 설명한다.

　프리드먼은 국가를 전면적으로 부정하면 자유가 유지될 수 없다고 믿기 때문에 무조건 '시장'을 외치지는 않았다. 그는 현재 상태에 어떻게 도달했는가를 설명하고 좀 더 나은 대안이 무엇인가를 탐구하고 대안을 제시하였다. 프리드먼은 현실적으로 실현 가능한 정책으로 완전 모병제, 음의 소득세, 교육 바우처, 변동환율제, 소득세, 원천징수세(稅) 등을 제시하였다. 이런 제안 가운데 어떤 것은 정책으로 채택되어 시행되고 있다. 그는 '시장이냐 국가냐'의 양자택일을 강조하지 않는다. 현재 상황을 존중하고 어떻게 하면 시장의 몫을 더 늘리고 국가의 몫을 줄일 수 있는가에 관심을 집중했다.

　프리드먼은 자유주의 사회의 창출과 유지, 발전을 위해 정부의 이점은 살리되 정부가 초래할 수 있는 부정적인 요소를 최소한으로 줄일 수 있는 방책이 무엇인가를 깊이 성찰하였다. 그가 내린 결론은 정부의 역할을 최소한으로 제한하고, 정부의 권력을 분산시키는 것이었다. 그는 정부의 역할을 법과 질서 및 안전 유지, 사유재산제도의 보장, 시장경쟁의 촉진, 계약의 의무 이행, 통화 제도 유지, 노

약자의 보호로 제한하였다. 정부가 이 활동 범위를 벗어나면 시장의 효율성, 성장 잠재력, 개인의 창의성을 훼손함으로써 자유사회를 위협한다고 주장하였다. 그리고 정부 권력이 분산되어 지역 분권화가 이루어지면 지방정부 사이에 경쟁이 발생하고 주민의 지역 선택권이 보장된다고 믿었다. 주민은 자신이 좋아하는 정책을 시행하는 지역으로 이사를 할 수 있기 때문에, 주민의 '선택할 자유'가 확장된다고 보았던 것이다. 프리드먼은 선택할 자유를 자유주의의 가장 중요한 덕목으로 제시하고 옹호하였다.

4장

불평등에 대한 철학적 성찰

사유재산권의 정당화 문제

1776년 아담 스미스는 "오늘날 근면하고 절약하는 농부들은 옛날 유럽의 왕보다 더 많은 편의를 누린다. 농부들이 누리는 편의는 벌거벗은 야만인 수만 명의 목숨과 자유를 좌지우지하는 아프리카의 절대적인 왕보다 낫다."[1]고 했지만, 오늘날 많은 사람들은 여기에 만족하지 않는다. 아담 스미스가 상찬한 시장경제가 꽃핀 곳에서는 빈곤의 문제가 해결되었지만, 부와 소득의 불평등에 대한 사람들의 불만은 높아지고 있다. 부와 소득의 평등, 프리드먼이 말한 '결과의 평등'에 대한 요구가 커지고 있는 것이다.

---

1) Adam Smith, *An Inquiry Into The Nature and Causes of The Wealth of Nations*, eds. by R. H. Campbell and A. S. Skinner(Indianapolis: Liberty Press, 1979), p.24.

자본주의 시장경제의 심장으로 여겨졌던 미국의 월스트리트에서 금융 위기가 발생하면서 자본주의에 대한 믿음은 불신으로 바뀌기 시작했다. 자본주의에 대한 확신은 힘을 잃고 자본주의를 바꾸어야 한다는 주장이 힘을 얻게 된 것이다. 특히 불경기로 사람들의 삶이 어려워지면서 심화된 양극화로 인한 불평등에 사람들은 분노한다. 부와 소득이 점점 불평등하게 분배되고 있다는 인식이 강화되면서 부와 소득의 재분배 필요성이 확산되고 있는 것이다.

이런 상황에서 젊은 프랑스의 경제학자 피케티는 『21세기 자본』을 통해 과거 300년 동안의 부와 소득의 분배에 대한 구체적인 자료를 분석하여 세계적으로 불평등이 심화되고 있다는 사실을 입증하였다. 또한 강력한 정부 정책을 통해 어느 때에는 불평등이 완화되었다는 것을 객관적으로 보여주었다. 그는 "1970년대 이후 선진국에서 소득 불평등은 크게 증가했다. 특히 미국에서는 2000년대 들어 소득 집중도가 1910년대 수준으로, 사실은 그보다 더 높은 수준으로 되돌아갔다."[2]라고 주장했다.

미국에서 상위 10% 계층은 1910년대와 1920년대에 국민소득의 45-50%를 차지하고 있었다. 그러나 1940년대 말까지 이들의 몫은 30-35%로 줄어들었고, 1950-1970년 사이에도 1940년대 말 수준으로 안정을 찾았다. 그 후 1980년대에는 불평등이 크게 증가해 2010년까지 상위 10%의 몫은 국민소득의 45-50% 수준으로 되돌아갔다.[3]

---

2) Thomas Piketty, *Capital in the Twenty-First Century*, trans. by Arthur Goldhammer(Cambridge: The Belknap Press of Harvard University Press, 2014), p.15.

3) 같은 책, p.24.

미국만 그런 것은 아니다. 실증적인 연구에 따르면 우리나라는 해방 전에는 소득 불평등이 매우 높았던 사회였고, 해방 후 고도 성장기에는 소득 집중도가 낮은 수준에서 안정적이었으며, 외환 위기 이후 저(低) 성장기에는 다시 불평등이 확대되었다.4) 우리나라 성인 인구 가운데 자산의 상위 1%(또는 10%)가 전체 자산에서 차지하는 비중은 2000-2007년에 평균 24%(또는 63.3%)에서 2010-2013년에는 25.1%(또는 65.5%)로 나타나 상위계층의 자산 비율이 높아지는 추세다. 소득의 경우 같은 기간 동안 상위 1%(또는 10%)의 비중은 9.6%(또는 38.7%)에서 12.1%(또는 44.1%)로 상승하였다. 부의 불평등이 소득의 불평등보다 훨씬 높고, 최상위로 올라갈수록 양자의 격차가 더 벌어진다.5) 장하성6)은 한국 자본주의의 문제점으로 소득과 부의 불평등을 부각시키면서 '분노하라'고 했다. 우리 사회에서도 불평등이 사회적 갈등과 분열의 기폭제가 되고 있는 것이다.

피케티는 심화되는 불평등을 해결할 수 있는 방법으로 소득, 자본, 상속 자산에 대한 높은 누진세율의 과세를 제시하였다. 그런데 피케티의 이러한 주장을 철학적으로 어떻게 해석해야 할까? 부와 소득의 불평등에 대한 피케티의 분석과 해결책을 정의론의 관점에서는 어떻게 해석해야 할까?

피케티의 『21세기 자본』은 롤즈의 정의론과 유사한 문제의식에

---

4) 김낙연, 「우리나라 소득불평등의 추이와 국제 비교」, 『사회과학연구』 제25권 제2호(2018), 191-192쪽.

5) 김낙연, 「한국의 부의 불평등, 2000-2013: 상속세 자료에 의한 접근」, 『경제사학』 제40권 제13호(2016), 420-421쪽.

6) 장하성, 『한국 자본주의』(헤이북스, 2014); 장하성, 『왜 분노해야 하는가』(헤이북스, 2015).

서 출발하여, 궁극적으로 자유시장경제의 토대를 이루고 있는 사유
재산권에 대해 근본적인 의문을 제기하면서 새로운 형태의 재산권
을 제안하였다. 피케티는 '공유적 소유권(shared ownership)'을, 롤
즈는 '재산소유 민주주의(a property-owning democracy)'를 제시함
으로써 새로운 경제 체제의 가능성을 모색했다.

이들은 자신들이 제시한 새로운 형태의 소유 제도는 자유시장경
제의 높은 생산성과 활력은 그대로 유지하면서 재분배의 재원을 마
련하기 위해 개인의 소득과 재산에 대해 고율의 세금을 부과하는
것이 도덕적으로 정당화될 수 있다고 믿는다. 이들의 입장은 과세
가 사유재산권에 대한 침해이거나 '강제 노동'이라는 로크와 노직
의 자기 소유권(self-ownership)에 정면으로 대립하는 것이다. 롤즈
나 피케티의 관점에서 본다면 1980년대 이후 자유 시장론자들과
복지국가론자들 사이의 이념적 대립이 주로 사유재산권을 중심으
로 형성된 것은 당연한 일이다. 자유 시장론자들은 사유재산권을
자유 사회의 기초로 생각하여 이것을 침해하는 것을 '자유'의 침해
로 규정하고 비판하였다.

로크나 노직은 사유재산권을 자유 시장의 기초로 생각하여 금과
옥조로 여긴다. 자유 시장의 정당성을 입증하기 위해서는 사유재산
권의 정당성이 입증되어야 하는데, 사유재산권을 정당화하는 두 가
지 핵심적인 논의가 바로 '응분(desert)'과 '소유 권리(entitlement)'
다.7) 이 두 개념은 철학적으로 구분되지만, 개인의 재산은 그의 응

---

7) Serena Olsaretti, *Liberty, Desert and the Market: A Philosophical Study*
(Cambridge: Cambridge University Press, 2004), pp.2-3. 세레나 올사레
티는 자유 시장에 대한 정당화를 '응분에 기초한 정당화'와 '소유 권리
에 기초한 정당화'로 구분하고 그것을 비판함으로써, 자유 시장의 기초

분에 의해 도덕적으로 정당화된다고 믿는 사람들의 관점에서 보면, 응분과 소유 권리는 밀접히 연관되어 있다.

롤즈와 피케티는 응분과 소유 권리의 철학적 토대를 붕괴시킴으로써 사유재산권을 우회적으로 공격하여 복지국가의 재원 확보를 위한 과세가 도덕적으로 정당하다는 논의를 전개하였다. 롤즈는 '응분'의 철학적 정당성을 논파하였고, 피케티는 '소유 권리'의 철학적 정당성을 공격하였다. 응분을 부정하는 것은 곧 소유 권리를 부정하는 것이며, 소유 권리를 부정하는 것은 곧 소유 권리에 대한 응분의 자격을 인정하지 않는 것이다. 따라서 롤즈와 피케티는 서로 다른 이론적 작업을 통해 동일한 목적을 추구하고 있다고 볼 수 있다.

롤즈는 분배 기준으로서 '도덕적 응분'을 거부하였고, 피케티는 새로운 정치경제학을 제안함으로써 소득과 부의 도덕적 정당성을 인정하지 않았다. 이들은 고전적 자유주의자가 주창한 사유재산권의 정당성을 부정하였다는 공통점을 지니고 있다. 피케티도 스스로 자신의 작업과 롤즈의 '차등의 원칙'이 정의론의 관점에서 유사성이 있다고 말하였다.

이것으로 미루어볼 때 누진적 과세를 통해 재분배 정책을 실시해야 한다는 롤즈와 피케티의 주장은 로크나 노직의 사유재산권 침해 정도가 아니라, 전통적인 자유주의적 사유재산권을 아예 부정하는 것이다.

를 비판하였다.

도덕적 응분에 대한 상식적 입장

분배 정의는 '도덕적 응분'에 기초해야 한다는 생각은 상식이다. 자격이 없는 사람이 무엇인가를 얻을 때 많은 사람들은 분노한다. 사람들이 자연재해와 같이 타인이 당한 고통을 이용하여 폭리를 취하는 사람들을 보고 분노를 느끼는 것은, 그들이 '도덕적 응분'을 받을 자격이 없다고 생각하기 때문이다. 샌델이 지적하였듯이 "사회는 탐욕스러운 행동을 포상하지 않고 벌을 내림으로써, 공동선을 위해 희생을 나누어 갖는 시민의 덕을 지지한다."8)

분배 정의는 도덕적 응분에 기초해야 한다는 상식적인 생각은 "정의란 사람들에게 마땅히 받아야 할 것을 주는 것"이라는 아리스토텔레스의 정의론까지 거슬러 올라간다. 아리스토텔레스는 누가 무엇을 받을 자격이 있는가를 정하기 전에 어떤 덕에 영광과 포상을 주어야 할 것인가를 먼저 결정해야 한다고 주장했다. 아리스토텔레스의 이러한 입장을 수용한 공동체주의자 샌델은 분배적 정의를 '도덕적 응분'과 분리하지 않는다. 어떤 덕이 영광과 포상을 누릴 자격이 있는지, 좋은 사회가 장려해야 할 생활 방식이 무엇인지를 분배 정의가 고려해야 한다는 주장은 '도덕적 응분'과 '분배 정의'가 분리될 수 없음을 전제하고 있다.

2008-2009년 미국에서 금융 위기가 발생했을 때 구제금융을 받은 일부 기업들이 임원들에게 과도한 상여금을 지급했는데, 이에 많은 사람들이 분노했다. 사람들은 상여금을 받은 임원들이 그럴

---

8) Michael Sandel, *Justice: What's the right thing to do?*(Farrar: Straus and Giroux, 2009), p.8. 분배의 원칙으로 '도덕적 응분'을 거부한 롤즈의 입장에 대한 샌델의 해석은 같은 책, pp.153-164 참고.

자격이 없다고 생각했기 때문이다. 여기에는 도덕적 자격과 관련된 믿음이 깔려 있다. 그들은 실패했기 때문에 상여금을 받을 만한 도덕적 응분이 없다는 것이다.[9]

샌델은 '정의에 대한 세 가지 접근 방식'을 설명하면서 "한 사회가 정의로운지 정의롭지 않은지를 묻는 것은 우리가 소중하게 여기는 것들 곧 소득과 부, 의무와 권리, 권력과 기회, 공직과 영광을 어떻게 분배해야 하는지를 묻는 것이다. 정의로운 사회는 이러한 것들을 올바른 방식으로 분배한다. 정의로운 사회는 각자에게 합당한 몫을 준다. 그러나 우리가 누가 합당한 자격이 있고 왜 있는가를 물을 때 어려운 문제가 시작된다."[10]라고 말함으로써 분배 정의는 '도덕적 응분'에 따라 이루어져야 한다는 자신의 입장을 분명히 하였다.

그러나 롤즈는 높은 소득과 부, 성공이 덕에 대한 보상이라는 상식적인 생각을 터무니없다고 주장한다. 이런 생각은 오해이며 신화라는 것이다. 롤즈의 핵심적인 주장은 높은 소득과 부와 같은 행운은 도덕적으로 자의적이기 때문에 그것이 분배 정의의 기준이 될 수 없다는 것이다. 롤즈는 열심히 일하고 규칙을 따른 사람들이 높은 소득과 부를 누릴 자격이 있다는 생각을 부정한다. 그는 도덕적 응분을 분배 정의의 기초로 삼지 않는다. 그는 경제적 성공은 덕에 대한 보상이며, 부자는 가난한 사람과 비교하여 부자가 될 그럴 만한 자격이 있다는 성과주의 사회를 부정한다.

주권 개념과 함께 재산권 개념은 서양 근대의 산물이며, 서양 근대는 이 재산권 개념에 기초하여 성장하였다. 근대 정치 제도를 비

---

9) 같은 책, pp.12-18 참고.
10) 같은 책, p.19.

롯한 모든 제도들은 생존과 편익의 추구라는 인간의 욕망을 충족시키기 위한 장치로 규정되었다. 곧 국가의 기능은 인간의 이러한 욕망 추구와 욕망 추구를 위해 꼭 필요한 개인의 재산권을 보호하는 것이었다. 재산권 개념은 어떤 경우에 재산권 소유가 정당하게 권리로 확립될 수 있는가라는 철학적 과제, 소유권의 정당화 문제를 수반하였다.

서양 근대 사회철학의 두 중심 개념은 주권(sovereignty)과 재산권(property) 개념이다. 이 두 개념은 모두 욕망을 추구하는 인간의 공동생활을 가능하게 해줄 분배 및 규범 체계와 관련된 것이다. 주권 개념은 근대사회에서의 권력 배분과 관련이 있으며, 재산권 개념은 권리로서 재산의 근거와 관련이 있다. 즉 주권의 문제가 한 정치 공동체 내에서 권력의 행사 범위와 그 정당성의 근거에 관해서 제기되었던 문제라면, 재산권은 어떤 경우에 재산의 소유가 정당하게 권리로 확립될 수 있느냐라는 문제와 연관되어 있다.[11]

공적 권력으로서 주권과 개인의 권리로서 재산권은 서로 상부상조하면서 갈등하였다. 재산권을 중요한 개인의 권리로 생각한 철학자들은 주권의 가장 중요한 기능은 개인의 재산권을 보호하고 유지하는 데 집중해야 한다고 주장한 반면, 주권을 재산권의 상위 개념으로 파악한 사람들은 재산권은 국민의 복리보다 우선하는 개념이 아니기 때문에 상황에 따라 국가가 개입할 수 있다고 주장했다.

전자에 속한 노직은 "최소 국가는 정당화될 수 있는 가장 확대된 국가다. 최소 국가보다 더 확대된 국가는 사람들의 권리를 침해한다."[12]라고 하였으나, 이와 반대로 후자에 속한 피케티는 "민주주

---

11) 김남두, 「들어가는 말」, 『재산권 사상의 흐름』, 김남두 엮어 옮김(천지, 1993), 6-7쪽.

의가 자본주의에 대한 통제력을 다시 회복하고, 공동의 이익이 사적인 이익에 앞서도록 보장할 수 있는 방법이 있다.”13)라고 주장했다.

주권과 재산권 사이의 갈등은 자유민주주의가 발전하면서 ‘국가’와 ‘시장’의 대립으로 정형화되었다. 시장을 중시한 철학자들은 국가가 재산권에 봉사해야 한다고 주장했고, 국가를 중시한 철학자들은 재산권이 공익 곧 시민의 보편적 이익을 위해 봉사해야 한다는 입장을 견지했다. 재산권이 시민의 보편적인 이익 곧 복지를 위해 봉사해야 한다는 주장은 국가가 재분배의 주체가 되는 복지국가 이론으로 발전했다.

복지국가의 주창자들은 재분배에 필요한 재원을 조달하기 위해 국가가 조세제도를 통하여 부와 소득을 가진 사람들에게 세금을 부과하는 것을 정당화해야 할 책임이 있다. 이들은 이를 위해 과세가 사유재산권의 침해가 아니라는 것을 입증하려고 했다. 전통적으로 복지국가론자들은 사유재산권이 신성하지 않기 때문에 그것에 국가가 개입하는 것이 정당하다고 주장했다. 이들은 사유재산권을 전면적으로 부정하지 않았다는 측면에서 사회주의자와 구별되지만, 필요에 따라 사유재산권을 침해할 수 있다고 생각하여 그것의 ‘신성성’을 부정하였다는 점에서는 공통점을 지니고 있다.

복지국가론자들은 경제적 자유와 정치적 자유를 구분하고, 양자는 서로 독립적이라는 전제를 받아들인다. 그러나 프리드먼과 같은 시장주의자들은, 자유는 분할할 수 없으며, 경제적 자유가 정치적

---

12) Robert Nozick, *Anarchy, State and Utopia*(New York: Basic Books, Inc., Publishers, 1974), p.149.

13) Thomas Piketty, 앞의 책(2014), p.1.

자유에 우선한다고 주장한다.14) 경제적 자유가 보장되지 않으면 정치적 자유가 위태롭다는 것이다. 그러나 평등주의자들은 이와 반대로 정치적 자유가 경제적 자유를 통제해야 한다고 주장한다. 정치적 자유의 핵심은 민주주의이며, 민주주의가 경제를 통제해야 경제가 인간을 위해 봉사한다는 것이다. 정치가 경제에 포획되면, 민주주의는 다수가 아니라 소수 자산가들의 이익에 봉사한다는 것이 이들의 생각이다.

롤즈는 제1차 분배 곧 시장의 분배에서는 응분의 원칙을 부정하고, 재분배를 통해 평등을 실현하려고 했다. 거기에는 시장에서의 분배에 대한 도덕적 정당화를 약화시킴으로써 재분배의 정당성을 확보하려는 시도가 숨어 있다. 이와 달리 피케티는 시장에서의 분배가 응분의 원칙에 따라 이루어진다는 것을 인정하면서도, 시장에서 이루어지는 모든 소득과 부가 정당하다고 인정하지는 않는다. 롤즈와 피케티는 이러한 차이에도 불구하고, 시장에서의 분배에 도덕적 정당성을 인정하지 않는다는 점에서 동일하다. 시장에서 이루어진 부와 소득의 분배는 공정하지 못하기 때문에 도덕적이지도 못하다는 것이다.

자유주의자들도 시장에서의 분배가 항상 응분에 의한 분배라고는 생각하지 않는다. 시장에서의 분배는 개인의 능력과 같은 응분의 원리가 작동하지만, 때때로는 운이 작용하여 항상 응분의 몫이 시장 참여자들에게 부여되는 것은 아니기 때문이다. 그러나 그것은 자유주의자들에게 문제가 되지 않는다. 응분에 의한 분배가 이루어지든 이루어지지 않든 관계없이, 그것은 개인의 자유로운 선

---

14) Milton Friedman, *Capitalism and Freedom*, Fortieth Anniversary Edition (Chicago: The University of Chicago Press, 2002), pp.7-9.

택과 교환, 계약의 결과이기 때문이다. 자유주의자들의 이러한 입장은 부와 소득에 대한 로크의 전통과 노직의 현대적 해석에 기초한다.

평등주의자들은 개인에게 '마땅히 돌아가야 하는 몫'을 주는 응분과 평등은 상충관계에 있다고 생각하는 경향이 있다. 평등주의자들은 응분에 따른 분배는 개인의 능력이나 생산에 대한 기여에 따른 분배이기 때문에 평등 분배와는 거리가 있다고 생각하기 때문이다. 특히 능력에는 선천적인 요소와 가정환경과 같은 후천적인 요인이 많이 작용하기 때문에 평등한 분배를 가져올 수 없다고 생각한다. 반면에 응분을 강조하는 사람들은 평등을 강조하면 개인에게 응분의 몫을 주지 않을 수도 있다는 것을 문제점으로 지적한다. 응분과 평등은 함께 추구할 수 없는 이상이라는 것이다. 평등과 응분이 함께 갈 수 없기 때문에 분배에서 응분을 폐기해야 한다는 주장의 선봉에 선 사람이 바로 평등주의적 자유주의자 존 롤즈다.

분배적 정의와 응분

분배적 정의와 관련한 논의에는 평등과 응분이 개입된다. "X는 Z를 행했음으로 Y를 받아 마땅하다(X deserves Y in virtue of Z)."로 정식화될 수 있는 응분은 우리의 상식적 정의관의 일부다. '정의는 개인이 마땅히 받아야 할 것을 주는 것' 곧 정의는 응분이라는 생각은 아리스토텔레스 이래 상식적인 정의관으로 자리 잡았다. 그러나 롤즈는 이러한 상식적인 생각을 부정한다. 그는 응분 개념은 '분배적 정의'나 '평등'과 아무런 관련이 없다는 주장을 전개함으로써 많은 논란[15]을 일으켰다.

롤즈는 응분을 결정하는 행위는 개인 스스로가 통제하고 책임질 수 있는 상황에서 나온 것이 아니기 때문에 분배의 기준으로 적절하지 않다고 주장한다. 롤즈에 따르면 정의로운 분배는 자유의 원칙과 기회균등이 실현된 뒤에 중요한 가치들(primary goods)의 수혜에서 최소 수혜자의 기대치를 극대화하는 차등의 원칙을 실행하는 것이다. 최소 수혜자16)가 차등의 원칙의 수혜자가 되기 위해 어떤 조건을 갖추어야 하는 것은 아니다. 불가항력적으로 불행을 당한 사람들뿐만 아니라 롤즈가 가설적으로 상정한 '원초적 분배' 상태인 평등한 분배 상태 이후에 자신의 결정과 선택의 결과로 자신에게 주어진 자원을 탕진한 사람들도 함께 모두 최소 수혜자에 포함된다.

롤즈의 정의론에서는 개인의 선택과 행위가 그들이 당연히 받아야 할 몫을 결정하는 데 아무런 영향을 미치지 않는다. 개인은 그들의 선택과 행위가 아니라 공적 규칙에 따라 사회적 기구들이 제시한 활동에 참여함으로써 어떤 보상을 받을 것이라는 '합법적 기대치(legitimate expectations)'17)를 갖게 된다.

---

15) 이 논란에 대해서는 주동률, 「평등과 응분(desert)의 유기적 관계에 대한 변호」, 『철학』 제85호(2005), 196-197쪽 참고.

16) 같은 논문, 198쪽, 각주 7 참고. 롤즈에 따르면 절대적으로 인간적 삶의 전망을 상실한 자들에게는 최소한의 생활수준을 보장해야 하기 때문에 이들은 최소 수혜자에 포함된다. 그러나 주동률은 '대표적 최소 수혜자(the representative least advantaged person)'에는 도박 등에 의해서 자신에게 주어진 자원을 탕진한 사람들은 포함되지 않는다고 말한다. 이러한 주장에 대해서는 좀 더 섬세한 연구가 필요하다. 나아가 롤즈의 '대표적 최소 수혜자'는 일상적인 평균적 극빈자를 지칭한다기보다는 '원초적 상황'에서 최소 수혜자 층에 속할 가능성이 있는 가상의 인물로 해석하는 것이 적절하다.

롤즈는 자유 시장의 생산성을 유지하면서 국가가 최소 수혜자에게 최대의 혜택이 가도록 하기 위해서는 생산할 수 있는 재능을 가진 사람들에게 적절한 유인을 제공해야 한다고 말한다. 생산과정에서 기여가 많은 사람은 더 많은 몫을 받을 수 있다. 그렇다고 그것을 롤즈가 '도덕적 응분'으로 해석하는 것은 아니다. 다만 그들에게서 더 높은 생산성을 유도하기 위해 그렇게 한다. 롤즈는 생산성을 높이기 위해 유인을 인정하지만, 개인이 가지고 있는 능력, 자질과 그에 따른 행위를 분배 기준으로 삼는 것은 아니다.18)

롤즈가 기여와 노력에 대한 응분으로 분배의 몫이 결정되는 것에도 반대하는 이유는 그것에는 도덕적 임의성(moral arbitrariness)이 내포되어 있기 때문이다. 우선 개인이 생산에 얼마나 기여하느냐 하는 것은 그의 능력에 의해서 결정된다. 그런데 이러한 능력은 그의 유전적, 천부적 특질과 초기 가족과 사회적 환경에 의존한다. 이러한 특질들은 개인의 선택이 아니라 우연에 의해 주어진 것이기 때문에 응분의 기준이 될 수 없다는 것이 롤즈의 주장이다. 노력도 '자연적 재능, 기술, 그리고 그에게 주어진 대안들'에 의해 영향을 받기 때문에 분배의 기준으로는 적합하지 않다는 것이다.19)

롤즈는 덕, 재능, 자질, 노력이 분배의 정당한 도덕적 기준이 될 수 없다고 여겨, 그것에 대한 대가로 분배의 몫을 결정해서는 안 된다는 입장이다. 따라서 부자의 소득이나 부는 도덕적으로 정당성

---

17) John Rawls, *A Theory of Justice*(Cambridge: The Belknap Press of Harvard University Press, 1971), pp.310-315, 존 롤즈, 황경식 옮김, 『정의론』(이학사, 2003), 409-416쪽 참고.

18) John Rawls, 앞의 책(1971), pp.311-312.

19) 같은 책, pp.103-104, p.312.

을 갖지 못한다. 그러므로 과세는 도덕적으로 어떤 문제도 갖지 않는다. 나아가 생산에 기여한 바가 없는 가난한 사람들은 분배를 받을 자격이 없다는 주장도 설득력을 잃게 된다. 이런 관점에 따르면 재분배는 사유재산권의 침해라는 개인주의적 자유주의자들의 반론은 일거에 무력화된다.

롤즈는 분배의 원칙으로 '도덕적 응분'을 부정함으로써 자유 시장에서 받은 분배가 응분의 도덕적 자격을 갖는다는 주장을 인정하지 않는다. 즉 그는 시장에서 분배받은 몫에 대해 도덕적 정당성을 부여하지 않는다. 그의 이러한 논의는 그의 정의의 원칙 가운데 '차등의 원칙'과 밀접한 연관이 있다. 차등의 원칙은 소득과 부, 사회적 및 경제적 불평등과 관련이 있는 매우 중요한 원칙이다. 그는 소득과 부의 평등한 분배를 요구하지는 않지만, 사회적이고 경제적인 불평등은 최소 수혜자에게 이익을 주기 위한 경우에만 허용한다. 롤즈의 이러한 입장에는 불평등은 교정의 대상이라는 전제가 깔려 있다. 불평등은 정의롭지 못하기 때문에 시정되어야 한다는 것이다. 그의 이러한 믿음은 불평등을 교정하면 사유재산권을 침해하거나 자생적 질서인 시장 질서를 교란한다는 자유지상주의자들의 주장과 정면으로 대치된다.

롤즈는 "결과적으로 차등의 원칙은 사람들의 천부적 재능을 공동 자산(common asset)으로 여기고, 그 자질을 사용하여 무엇을 생산하든 그것을 함께 나누자는 데 사실상 동의한다는 것을 의미한다."[20]고 주장한다. 나아가 롤즈는 "차등의 원칙을 수용함으로써 사람들은 보다 탁월한 능력을 공공의 이익을 위해 사용되어야 할

---

20) 같은 책, p.101.

사회적 자산(a social asset)으로 여긴다. 그러나 보다 탁월한 천부적 재능을 갖는 것은 그것을 가진 각각의 사람에게도 역시 이익이 된다. 천부적 재능은 그로 하여금 보다 나은 인생 계획을 추구하도록 해준다."21)고 했다.

롤즈는 차등의 원칙과 관련된 이러한 결론이 일반 상식과 맞지 않는다는 것을 인정한다.

> 상식에 따르면 소득과 부, 그리고 일반적으로 삶에서 좋은 것들은 도덕적 응분에 따라 분배되어야 한다. 정의란 덕에 따른 행복이다. … 그런데 공정으로서 정의는 이러한 개념을 거부한다.22)

롤즈가 '공정으로서 정의'가 상식과 상충한다는 부담을 안고서 추구하려는 것은, 정의를 실현하기 위해 과세하는 것이 사유재산권에 대한 침해이며 '강제 노동'이라는 재분배에 대한 고전적 자유주의자들의 논제를 격파하는 것이다. 사유재산권은 도덕적으로 신성한 것이 아니기 때문에 과세가 그것을 결코 침해하는 것이 아니라는 것이다. 그것은 '공유자산'에서 생산성을 위해 수단적으로 분배되었기 때문에 엄밀한 의미에서 '사유재산'이 아니라는 것이다. 공유자산에 과세하여 공공의 이익을 위해 사용하는 것을 결코 사유재산에 대한 침해로 볼 수 없다는 논리다. 롤즈의 '차등의 원칙'은 사유재산권에 대한 전통적인 주장이 완전히 잘못된 전제에서 기초하고 있다는 것을 이론적으로 입증하려는 것이다.

레이건의 경제정책에 결정적인 영향을 미친 프리드먼은, 부유한

---

21) 같은 책, pp.107-108.
22) 같은 책, p.310.

가정에서 출생한 어린이는 그렇지 못한 가정에서 태어난 어린이와 비교하여 더 많은 혜택을 누리는 것은 사실이고 이것은 불공정한 상황이라는 것을 인정했다. 그렇지만 그는 이런 불공정을 교정하려고 해서는 안 된다고 말한다. 프리드먼은 대부분의 자유지상주의자들과 같이 불평등이 정의에 어긋나지 않는다고 생각한 것이다.

그러나 롤즈는 그렇게 생각하지 않았다. 높은 소득과 부가 개인의 능력이나 노력에서 왔다고 할지라도 그것은 정의로운 분배의 결과가 아니라는 것이다. 이런 분배는 '도덕적 한계(moral limits)'를 지닌다고 믿기 때문이다. 롤즈는 개인의 타고난 능력이나 노력은 우연적인 것이며, 우연적인 것은 도덕적 한계를 지닌다고 주장한다. 공정한 조건에서 나온 것만 정의로운데 능력과 노력은 공정한 조건에서 나온 것이 아니라는 것이다. 그는 많은 사람들이 우연적이고 자의적인 요인이 작용하여 나온 모든 결과에 대해 도덕적 정당성을 부여하는 것은 잘못이라고 단정한다. 빼어난 자질과 노력으로 성공한 운동선수가 엄청난 수입을 올리는 경우에 많은 사람들은 그의 수입이 도덕적으로 정당하다고 생각하지만 이것은 잘못이라는 것이다. 빌 게이츠나 스티브 잡스가 새로운 기술과 디자인을 통해 사업적으로 성공하여 억만장자가 된 것도 도덕적으로 정당화될 수 없다는 것이다.

그의 이러한 주장에는 소득과 기회의 분배는 임의의 요소에 근거해서는 안 된다는 도덕적 주장이 전제되어 있다. 봉건 귀족계급, 카스트 제도가 출생이라는 우연에 의해 소득, 재산, 기회, 권력을 분배하기 때문에 도덕적으로 정당화될 수 없듯이, 능력이나 노력에 의해 소득과 부가 분배되는 것이 정의롭다는 자유지상주의자들의 주장도 도덕적으로 정당화될 수 없다는 것이다. 부유한 가정에 태어나 좋은 양육과 교육을 받은 사람은 그렇지 못한 사람보다 유리하다. 처음부터 출발점이 다르다면 이 경기는 공정하지 않다. 원칙적으로 기회균등이 보장된다고 할지라도, 자유 시장에서 소득과 부가 공정하게 분배된다고 할 수 없다. 분배되는 몫이 도덕적 관점에서 볼 때 대단히 우연적인 요소에 의해 영향을 받기 때문에 자유지상주의 체제의 분배는 부당하다는 것이다. 능력 사회가 평등한 기회를 보장함으로써 사회적 우연을 제거한다고 할지라도 재능과 같은 자연적 분배에 의해 부와 소득이 분배되는 것을 허용하기 때문에 능력 사회는 정의롭지 못하다는 것이다.[23)]

롤즈에 따르면 정의를 '능력' 위주 개념으로 이해하는 것은 정의를 자유지상주의 개념으로 이해하는 것과 똑같은 이유로 문제가 있다. 양자 모두 분배되는 몫이 도덕적으로 임의적인 요소에 의해 좌우된다. 곧 기회의 평등을 보장하는 자유 시장은 부와 소득을 공정하게 분배하지 못한다. 그 이유는 다음과 같다.

> 분배되는 몫은 타고난 운에 따라 결정된다. 그리고 이 결과는 도덕적 관점에서 볼 때 임의성을 띤다. 소득과 부의 분배가 역사적, 사회적 행운으로 결정되어서는 안 되듯이, 타고난 자산에 따라 결정되어서도 안 된다.
> 우리가 일단 분배 몫의 결정에 사회적 우연 또는 자연적 운 가운데 하나가 영향을 미친다는 사실에 난처함을 느끼면, 우리는 다른 것도 영향을 미친다는 사실을 숙고하게 되고 이것에 대해서도 당혹스러운 감정을 갖는다. 도덕적 관점에서 보면 그 둘은 똑같이 자의적인 것이다.[24)]

---

23) 같은 책, pp.73-74.

자유 시장주의자의 주장이나 능력 위주에 따른 소득과 부의 분배는 모두 '도덕적 임의성'을 포함하고 있어 공정한 분배가 아니라는 것이 롤즈의 결론이다. 그렇다고 롤즈가 완전 평등주의로 나아가는 것은 아니다. 도덕적 임의성의 원인이 되는 교육 기회의 불평등과 타고난 재능의 불평등에 본질적인 차이가 있다는 것을 알기 때문이다. 교육 기회의 불평등은 수정할 수 있지만 재능의 불평등은 수정할 수 없다. 전체주의 사회에서도 재능의 불평등을 수정하는 것은 불가능하다.

롤즈가 택한 길은 헤겔의 '이성의 간지'를 연상시킨다. 시장에서 재능 있는 사람들이 재능을 발휘할 수 있도록 하되, 그것의 결과는 공동체 전체의 몫으로 하자는 것이다. 이것이 바로 차등의 원칙의 요지다. 차등의 원칙은 소득과 부를 똑같이 분배해야 한다고 주장하지는 않는다. 약간의 차이를 두어 그것을 미끼로 재능이 있고 노력하는 사람들의 생산성을 유지하는 것이다.

개인의 노력으로 받은 보상이 개인에게 귀속되지 않기 때문에 분배해야 할 부는 개인의 소유물이 아니다. 노직은 분배를 위해 세금을 부과하는 것은 일종의 강제 노동이고, 사유재산의 침해이고, 자유의 침해라고 주장하였지만 롤즈는 그렇게 생각하지 않는다.

분배의 원천인 세금은 사유재산을 침해하는 것이 아니다. 왜냐하면 그것은 원초적으로 사유재산이 아니라 공동체의 몫이기 때문이다. 공동체에 속한 것을 공동체 구성원들에 분배하는 것이 어떻게 사유재산의 침해일 수가 있겠는가. 롤즈는 원리적으로 노직의 소유권리론을 인정하지 않기 때문에 세금의 부과가 사유재산의 침해라

---

24) 같은 책, pp.74-75.

는 전제를 받아들이지 않을 수 있게 된 것이다. 그렇게 하여 롤즈의 공동 소유론은, 평등주의자들은 개인의 소유권을 침해함으로써 자유를 인정하지 않는다는 자유지상주의의 반론을 강력하게 피하고 있는 것이다.

차등의 원칙은 결국 천부적 재능의 분배를 공동의 자산으로 생각하고 그 결과에 상관없이 이러한 분배가 주는 이익을 함께 나누어 가지는 데 합의한다는 것을 의미한다. 천부적으로 보다 유리한 처지에 있는 사람들은, 그들이 누구든지 간에, 아주 불리한 처지에 있는 사람들의 여건을 향상시켜준다는 조건하에서만 그들의 행운에 의해 이익을 볼 수 있다. 천부적으로 혜택 받은 사람들은 그들이 재능을 더 많이 타고났다는 바로 그 이유만으로 이득을 볼 수 없으며 훈련과 교육비를 감당해야 하고 불운한 사람들도 도울 수 있도록 그들의 자질을 사용해야 한다. 아무도 자신의 보다 큰 천부적 능력이나 공적을 사회에 있어서 보다 유리한 출발 지점으로 이용할 자격은 없다. 하지만 물론 이것이 이러한 차이점들을 무시하거나 없애야 할 이유는 아니다. 그 대신 기본 구조는 이러한 우연성이 최소 수혜자의 선을 위하여 작용할 수 있도록 편성할 수 있다. 따라서 우리는 그의 천부적 자질이나 최초의 사회적 지위가 갖는 임의적인 위치를 사용해서 이익을 보거나 손실을 보지 않도록 사회 체제를 세우고자 한다면 차등의 원칙에 이르게 된다.25)

롤즈의 이러한 주장에 대한 첫 번째 비판은 차등의 원칙이 인센티브를 없앤다는 것이다. 차등의 원칙이 작동하면 열심히 일한 인

___
25) 같은 책, pp.101-102.

센티브가 사라진다는 것이다. 열심히 일하나 그렇지 않으나 자신에게 돌아올 보상이 크게 차이가 나지 않는다면 열심히 일할 사람은 많지 않다. 세금이 아주 높거나 임금 격차가 거의 나지 않는다면 재능 있는 사람들이 자신의 재능을 발휘하기 위해 힘든 노력을 하지 않을 것이다. 이런 비판에 대해 롤즈는, 차등의 원칙은 최소 수혜자의 몫을 늘리기 위해 필요하다면 인센티브나 소득의 불평등을 허용한다고 말한다. 인센티브가 경제성장을 촉진해 저소득층의 사람들에게 돌아갈 몫이 늘어난다면, 차등의 원칙은 인센티브를 허용한다는 것이다.

그러나 여기에서 우리가 주목해야 할 것은, 인센티브로 임금 격차를 허용하는 것이 성공한 사람이 자신의 노동을 통해 부를 축적한 것을 도덕적으로 허용하거나 그것에 대해 배타적 권리를 인정한다는 뜻은 아니다. 소득 불평등을 정당화하는 것은 최소 수혜자에게 돌아갈 몫을 확대하기 위해서 그렇게 하는 것이지, 사람들의 높은 소득이나 부에 대해 도덕적 정당성을 부여하는 것은 아니다. 그러므로 언제든지 과세가 가능하다고 본다.

롤즈가 '도덕적 응분'을 '차등의 원칙'을 통해 부정한 것은 사유재산권과 관련하여 대단히 중요한 의미를 지닌다. 자유 시장에서 분배된 소득과 부가 도덕적으로 정당하지 않은 것이라면 샌델이 지적한 것과 같이 "조세제도에 따라 수입의 일부를 내놓아 어려운 사람을 돕는 데 사용하더라도, 자신이 도덕적으로 마땅히 받아야 할 어떤 것을 빼앗아간다고 불평할 수는 없다."26) 분배 정의가 덕이나 '도덕적 응분'을 보상하는 것이 아니라는 롤즈의 주장은 고전적 자

---

26) Michael Sandel, 앞의 책(2009), p.161.

유주의와 자유지상주의의 자기 소유권에 기초한 사유재산권을 전면적으로 부정하는 것이다.

롤즈가 '도덕적 응분'을 분배 정의의 기준에서 배제한 것은 그가 '재산소유 민주주의'를 옹호한 것에서도 선명하게 드러난다. 롤즈의 재산소유 민주주의라는 개념은 원래 경제학자 미드로부터 빌려온 개념이다. 미드는 자본주의에 대안이 될 수 있는 개념으로 네 가지, 노동조합 국가(a trade union state), 복지국가(a welfare state), 재산소유 민주주의(a property-owing democracy), 사회주의 국가(a socialist state)를 제시하였다. 이 가운데 롤즈는 재산소유 민주주의와 사회주의 국가가 자본주의에 대한 대안이 될 수 있다고 생각하였다. 롤즈가 옹호하는 재산소유 민주주의는 그의 정의론과 부합할 수 있는 정치경제 체제로 고전적 자본주의에서 말하는 자본주의와는 전혀 다른 체제이다.27) 롤즈 자신은 자신의 정의론과 부합할 수 있는 체제들의 목록에서 복지국가 자본주의를 분명히 배척한 후, 양립 가능한 체제로 재산소유 민주주의와 자유주의적(민주주의적) 사회주의를 제시하고, 전자를 구체적으로 예시하였다.28)

롤즈는 재산소유 민주주의 체제의 기본적인 제도로 정치적 자유의 공정한 가치를 보장하는 장치들, 교육 및 훈련에서 기회의 공정한 평등을 실현하기 위한 장치들, 모든 이들을 위한 기본적 수준의 보건 의료29)에 경쟁적 시장 체제, 시장의 문제점을 시정하고 나아

27) 정원섭, 『롤즈의 공적 이성과 입헌민주주의』(철학과현실사, 2008), 37쪽, 각주 16, 38쪽, 각주 18.
28) John Rawls, *Justice as Fairness: A Restatement*, ed. by Erin Kelly (Cambridge: The Belknap Press of Harvard University Press, 2001), pp.135-178.
29) 같은 책, pp.135-138

가 분배적 정의의 관건이 되는 제도들을 보존하기 위한 적정 수준의 국가 개입을 정당화하였다.30) 롤즈가 경쟁적 시장 체제를 인정한 것은 시장의 높은 생산력이 분배 정의를 실현할 수 있는 재원을 마련하는 데 효과적이라고 판단했기 때문이다.

롤즈가 '사유재산에 대한 권리(a right to privative property)'를 인정하고 있지만, 이 권리는 '생산적 자산에 대한 사유적 권리(the right of private property in productive assets)'와는 구분된다. 롤즈의 정의의 원칙은 재산소유 민주주의나 민주적 사회주의와 양립 가능하며, 어느 체제든 정의의 원칙은 실현될 수 있기 때문에 사유재산권은 신성불가침이 아니다. 롤즈가 사유재산권을 인정하고 있는 것은 고전적 자유주의자나 자유지상주의자들이 인정하고 있는 사유재산권 개념과는 근본적으로 차이가 있다. 그것은 목적이 아니라 다만 도구일 뿐이다. 롤즈의 '재산소유 민주주의' 체제는 사유재산권을 전제하고 있는 자본주의 체제와는 다르다. 롤즈는 한 경제 체제 내에서조차 생산수단 또는 생산적 자산에 대한 다양한 형태의 소유를 허용한다. 롤즈는 사회주의적 기업들이 재산소유 민주주의 내에서 자본주의적 기업들과 공존할 수 있다고 볼 뿐 아니라, 사회주의적 기업들이 자본주의적 기업을 대체할 수 있는 가능성도 차단하지 않았다.31)

---

30) John Rawls, 앞의 책(1971), pp.270-274.
31) John Rawls, 앞의 책(2001), pp.140-143.

피케티는 왜 사유재산의 도덕적 정당성을 의심하는가[32]

피케티는 『21세기 자본』이 경제학 책이 아니라 역사책이라고 주장하면서, "우리는 우리 자신의 존엄과 재정적인 문제들을 다른 사람이 통제하게 두어서는 안 된다."고 하였다.[33] 나아가 피케티는 불평등은 바람직하지 않기 때문에 교정되어야 한다고 주장한다. 피케티의 불평등에 대한 실증적 분석과 불평등 해소를 위한 구체적인 정책 제안은 자본주의의 본질적 문제점에 초점이 맞추어져 있다. 그에 의하면 소득과 부의 불평등은 자본주의의 본질적인 모습 가운데 하나다. 자본주의의 법칙 가운데 하나인 경제성장률에 앞서는 자본 수익률로 불평등이 심화되고, 이것을 그대로 두면 세습 자본주의가 도래하여 심각한 불평등은 영원히 고착된다는 것이다.

그는 자본주의의 불평등은 정치를 통해서만 개선될 수 있으며, 이를 위해 '글로벌 자본세'[34]와 '누진 소득세'[35]를 도입해야 한다고 주장한다. 그가 자본주의 체제 안에서 왜 불평등이 심화되는가를 설명하기 위해 도입한 자본주의의 경제법칙 세 가지는 전문적인 경제학자들 사이에 논란이 되고 있으나, 일반적인 관심의 대상이 된 것은 불평등과 '세습 자본주의', 불평등과 '민주주의의 침식', 불평등을 해소하기 위하여 부과되는, 자본에 대한 고율의 글로벌 자

---

32) 이 부분은 신중섭, 「피케티 『21세기 자본』에 대한 철학적 비판」, 안재욱·현진권 편저, 『피케티의 「21세기 자본」 바로 읽기』(백년동안, 2014), pp.13-59의 내용을 사용하였다.

33) 토마 피케티·이정우·김홍중(사회), 「특별대담: 자본주의의 운명에 대한 예언의 서사」, 『21세기 자본』, 『문학동네』(2014 겨울호), 296-297쪽.

34) Thomas Piketty, 앞의 책(2014), p.515.

35) 같은 책, p.493.

본세와 고율의 누진 소득세다.

피케티는 왜 자본주의의 본질적 특성이 부와 소득의 불평등이라고 주장하는가? 그에 따르면 자본주의의 핵심적 모순인 불평등은 '자본 수익률(r)'이 경제성장률(g) 즉 '임금 성장률'보다 높기 때문에 발생한다. 그의 통계 분석에 따르면 과거 300년 동안 자본 수익률은 4-5%였는데 경제성장률은 1-2%에 지나지 않았다. 이런 상황에서는 노동하는 자가 아니라 자본을 가진 자, 자본을 상속으로 물려받는 자에게 부가 집중된다. 시간이 지날수록 부는 극소수에게 집중되어 극단적인 부의 불평등이 발생한다.

피케티가 옹호하는 '사회적 국가(social state)'는 재분배에 대한 현대적 해석으로 단순히 소득이 부자로부터 가난한 사람에게로 이전되는 국가는 아니다. 사회적 국가에서의 재분배는 특히 의료, 교육, 연금과 같은 영역에서 모든 사람에게 동일하게 혜택이 돌아가는 공공 서비스와 대체 소득을 위한 재원을 조달하는 방식으로 이루어진다. 교육 및 의료는 원칙적으로 자신의 소득이나 부모의 소득과 관계없이 모든 국민에게 동등하게 주어진다.[36]

피케티는 이러한 보편적 복지의 이론적 근거를 1776년 미국의 독립선언문 서문과 1789년 프랑스의 '인간과 시민에 대한 권리 선언'에서 찾는다. 프랑스의 '인간과 시민에 대한 권리 선언' 1조는 "인간은 자유롭고 평등하게 태어나고 살아갈 권리를 갖고 있다."이다. 하지만 바로 그 뒤에 "사회적 차별은 오직 공익의 바탕이 될 경우에만 허용된다."[37]라는 문장이 뒤따른다. 이 선언은 첫 번째 문

---

36) 같은 책, p.479.

37) "Social distinctions can be based only on common utility." *Declaration of the Rights of Man and the Citizen*, article 1, 1789. 피케티는 이 문장

장이 절대적인 평등의 원칙을 선언하고 있음에도 불구하고, 실제로는 불평등이 존재할 수 있음을 암시하고 있다.

피케티는 이 선언의 첫 두 문장을, 평등이 정상적인 것이며 불평등은 오직 공익에 근거할 때만 허용될 수 있는 것으로 해석한다. 이 당시 선언문의 입안자들은 앙시앵레짐의 질서와 특권의 폐지를 목적으로 삼았기 때문에 구질서와 특권은 공익에 해당되지 않는다. 피케티는 '오직 공익의 바탕이 될 경우에만'을 넓게 해석한다. 그는 사회적 불평등은 오직 모두에게 이익이 될 때에만, 특히 가장 불리한 처지에 있는 사람들의 집단에 공헌할 때만 받아들일 수 있는 것으로 해석한다. 피케티는 자신의 이런 해석은 미국의 철학자 롤즈가 『정의론』에서 제시한 '차등의 원칙'의 취지와 유사하다고 말한다. 뿐만 아니라 인도인 경제학자 아마르티아 센이 말하는 '능력(capabilities)'의 개념과도 기본 논리가 크게 다르지 않다고 말한다.[38]

피케티가 불평등을 완화하기 위해서 제안하고 있는 방식은 상속재산과 소득, 자본에 대한 세금이다. 이 세 가지 세금은 모두 상호 보완적으로 불평등 완화와 해소에 기여할 것이라고 장담한다.[39] 상속재산과 소득은 모두 자본으로 화하기 때문에 그가 주목하는 것은 자본이다. 그는 불평등에 자본이 결정적인 역할을 하고 있다고 본다.

이러한 문제를 해결할 수 있는 방식은 무엇인가? 피케티는 자본

을 Thomas Piketty, 앞의 책(2014), Introduction의 표제어로 사용하고, pp.479-480에서 설명하였다.

38) 같은 책, p.480.

39) 같은 책, p.527.

수익률을 성장률 이하로 낮추기 위해 자본소득에 가혹한 세금을 부과할 수도 있지만, 이것은 좋은 방법이 아니라고 말한다. 자본소득에 무차별적이고 혹독하게 세금을 부과하면 자본 축적의 동력이 사라지고 그에 따라 성장률도 더 낮아질 위험성이 있다고 믿기 때문이다. 이런 상황에서는 기업가 정신이 발휘되기 어렵기 때문에 기존의 기업가들도 자본소득을 추구하지 않을 것이다.[40]

따라서 피케티는 자본소득에 대한 고율의 세금이 아니라 '매년 부과하는 누진적 자본세'를 제안한다.[41] 이렇게 하면 세계적인 부의 불평등이 무한히 커지는 것을 방지할 수 있다는 것이다. 현재 불평등은 장기적으로 지속되기 힘든 속도로 증가하고 있으며, 이것은 시장의 자율성을 믿는 사람들에게까지도 위협적인 요소라는 것이다. 피케티는 역사적 경험에 의하면 부의 거대한 불평등은 기업가 정신과 아무런 관련이 없으며, 성장을 촉진하는 데 아무런 쓸모가 없다고 말한다.[42]

피케티는 '매년 부과하는 누진적 자본세'가 실효성을 갖기 위해

---

40) 같은 책, p.572.
41) 같은 책, pp.497-498. 피케티는 매년 부과하는 누진적 자본세는 초기 단계에 새로운 자본 축적을 가능하게 하는 경쟁과 유인을 제공하면서도 끊임없는 불평등의 악순환을 피하게 한다고 주장한다. 그는 100만 유로 이하의 재산을 가진 사람에게는 재산에 대해 0.1% 또는 0.5%의 세금을, 100만 유로에서 500만 유로의 재산을 가진 사람에게는 1%의 세금을, 500만 유로에서 1,000만 유로를 가진 사람에게는 2%의 세금을, 1,000만 유로 이상의 재산을 가진 사람에게는 5%에서 10%의 자본세를 부과해야 한다고 주장한다. 뿐만 아니라 그는 '사회적 국가'를 실현하기 위해서는 고율의 누진적 소득세와 상속세가 필요하다고 주장한다. 누진세와 상속세는 불평등을 완화하는 데 결정적인 역할을 하며 사회적 국가의 지속가능성을 확보하기 위해서도 필요하다고 말한다.
42) 같은 책, p.572.

서는 높은 수준의 국제적 협력과 지역별 정치적 통합이 필요하다고 말한다. 국제적 협력이 없으면 자본이 세금을 피해 다른 나라로 이동할 수 있기 때문이다. 그렇게 되면 '누진적 자본세'는 실제적인 효과를 낼 수 없다. 피케티는 자본주의에 대한 통제력을 회복하기 위해 민주주의에 모든 것을 걸어야 한다고 주장한다.43) 피케티가 말하는 민주주의는 개별 국가 차원이 아니라 글로벌 차원의 민주주의다.

그는 "가장 중요한 점은 자본에 대한 다양한 형태의 통제는 주로 각각의 관련된 당사자와 관련이 있는 정보를 이용할 수 있는 가능성에 의존한다."고 하면서, 또한 "투명성은 민주적 거버넌스와 참여에 본질적"이며, "실질적으로 투명한 회계와 금융에 대한 정보와 그 정보에 대한 공유 없이는 경제민주주의가 가능하지 않다."44)라고 말한다. 민주주의가 자본주의에 대한 통제권을 다시 얻으려면, 민주주의와 자본주의가 구현된 구체적인 제도들이 끊임없이 재창조되어야 한다는 사실을 인식하는 것에서 시작해야 한다는 것이다.

피케티는 불평등을 해소하기 위해 소득과 부에 과세하는 것이 고전적 자유주의자들이 주장하듯이 사유재산권의 침해라고 생각하지 않는다. 기본적으로 그는 사유재산에 도덕적 정당성을 부여하지 않는다. 피케티의 이러한 입장은 그가 부각시킨 세습 자본주의의 문제점에도 그대로 반영되어 있다. 개인의 소득이나 부는 그의 능력이나 노력이 아니라 그가 상속받은 재산에 의해 결정된다고 생각하기 때문이다.45)

---

43) 같은 책, p.573.
44) 같은 책, pp.569-570.
45) 같은 책, p.135, p.257.

따라서 그의 관심은 많은 세금을 거두어 제대로 사용함으로써 불평등을 완화하는 것이다. "세금이 투명하게 걷히고 효율적으로 사용되기만 한다면 교육, 보건, 은퇴생활 등 사회적 국가의 실현을 위해 국민소득의 2/3 또는 3/4을 세금으로 거두지 못할 이유가 없으며", "세금은 그 자체는 선도 악도 아니고 어떻게 거두고 어디에 사용되는가가 중요하다."고 주장한다.46)

그는 21세기의 중요한 과제 가운데 하나는 새로운 형태의 거버넌스와 공적 소유권과 사적 소유권 사이에 새로운 형태의 공유적 소유권(shared ownership)을 발전시키는 것이라고 주장하며, 이러한 발전이 개별 국가 차원에서도 가능하지만, 그것은 별로 효과가 없다고 믿는다. 그에 따르면 21세기의 글로벌화된 세습 자본주의에 대한 효과적인 규제는 글로벌 차원의 정치 통합을 통해서만 가능하다.47)

사유재산제도를 신성시하는 고전적 자유주의에 반기를 든 것은 그가 처음이 아니다. 이미 케인스도 1920년대에 이와 유사한 주장을 하였다. 케인스는 "개인이 자신의 경제활동에서 규범적인 '천부의 자유권'을 갖는다는 것은 진실이 아니다."48)라고 하였다. 부(富)를 갖고 있거나 획득하는 사람들이 영구적인 권리를 갖는 것은 불합리하다고 믿었기 때문이다. 케인스는 고전적 자유주의가 주장한 사유재산권의 도덕적 정당성을 거부하였으며, 피케티도 이러한 전통을 이어받고 있다.

---

46) 같은 책, p.481.
47) 같은 책, p.573.
48) 존 메이나드 케인스, 정명진 옮김, 『설득의 경제학』(부글북스, 2009), 151-152쪽.

피케티는 케인스에서 한 걸음 더 나아가, 오늘날에는 경제와 정치가 결합되었고 정치가 경제에 포획되었다고 주장한다. 그에 의하면 소득과 부의 불평등이나 자본/소득 비율을 나타내는 곡선을 한 번 보기만 해도, 우리는 곳곳에 정치가 숨어 있으며 정치적 변화와 경제적 변화는 밀접하게 연결되어 있다는 것을 알 수 있기 때문이다. 돈을 많이 가진 사람들은 그들의 이익을 방어하는 데 결코 실패하지 않는다는 것이다.49)

피케티는 자본주의 사회에서의 불평등을 단순히 경제 현상으로만 이해하지 않는다. 불평등은 정치 현상이라는 것이다. 부자들은 자신들의 권력을 동원하여 의회와 정부를 움직여 자신들에게 유리한 정책을 입안하고 시행하도록 한다. 돈 있는 사람들은 많은 정치자금을 내고, 정치인은 정치자금을 준 사람들의 이익으로부터 자유로울 수 없다. 뿐만 아니라 부자들은 언론을 장악하여 자신들에게 유리한 여론을 조성하고, 싱크탱크를 통해 자신들의 이익이 공공의 이익인 것처럼 선전한다는 것이다.

피케티는 높은 세율의 누진과세는 재산권에 의문을 제기할 수 있는 계기를 마련할 것이라고 기대한다. 예를 들어 억만장자의 부에 해마다 10%의 세금을 매긴다고 할 경우, 그것은 억만장자가 가진 부의 10%에 대해 질문을 던지는 것이고, 그만큼 억만장자는 엄청난 부를 지속하기 어렵게 된다. 따라서 사람들은 재산권의 기반에 대해 의문을 가질 것이라고 주장한다.50)

피케티에게 있어서 과세는 단순히 재분배를 위한 재원의 확보를 위한 것만은 아니다. 즉 그는 '누진과세'를 단순히 불평등 해소를

49) Thomas Piketty, 앞의 책(2014), p.577.
50) 토마 피케티·이정우·김홍중(사회), 앞의 글(2014), 305쪽.

위한 수단이나 복지를 위한 재원 확보로만 생각하지 않는다. 그는 누진과세가 궁극적으로 민주주의의 심화와 관계가 있으며, 누진과세 자료를 통한 정보의 공개는 우리가 자본주의 사회에서 당연시하고 의문을 제기하지 않는 사유재산제도에 대해서 다시 생각하는 계기를 마련해줄 것이라고 생각한다.

사유재산권은 정당화될 수 없는가

자유 시장에서는 분배가 개인의 재능이나 노력 또는 운에 따라 이루어지기 때문에 불평등이 심화된다는 우려가 높다. 운에는 좋은 가정에 태어나 좋은 교육과 훈련을 받고 많은 부를 상속받는 것도 포함된다. 그러나 자유 시장주의자들은 자유 시장에서 이루어지는 소득이나 부의 분배가 정의롭다고 생각한다. 소득이나 부가 재능이나 노력 또는 운에 따라 이루어지는 것은 시장의 자연스러운 소득 분배의 결과라고 믿기 때문이다. 자유 시장의 교환 과정에 사기나 속임수가 작용하지 않고 자유의사에 따라 거래가 이루어진 것이라면 그 거래는 정당한 것이다. 그럼에도 불구하고 결과적으로 소득과 부가 불평등하게 분배된 것을 정의롭지 못하다고 생각하여 국가가 개입하여 이것을 바로잡으려고 하면 개인의 자유를 침해하고 시장 질서를 교란하여 의도하지 않는 부정적인 결과가 나온다고 주장한다.

소득과 부에 대한 자유지상주의자의 이러한 주장은 '응분에 기초한 분배'와 '소유 권리에 기초한 분배'로 정당화된다. 소득과 부를 많이 가지고 있는 사람은 그것을 가질 응분의 자격이 있기 때문에 가진 것이거나, 그것을 가질 소유 권리가 있기 때문에 도덕적으로 정당하다는 것이다. 이런 정당성을 인정하면 응분의 자격이 있거나 소유 권리가 있는 사람의 소득이나 재산에 세금을 부과하여 가난한 사람을 돕는 것은 개인의 자유와 사유재산권을 침해하는 것이기 때문에 도덕적으로 정당하지 않다는 결론이 도출된다.

자유지상주의자들의 이러한 철학적 전제는 평등주의자들이 주창한 세금을 거두어 재분배하여 평등을 실현하려는 일에 이론적 장애물이다. 평등을 실현하기 위해서는 소득이나 부에 과세하는 것이 개인의 자유나 사유재산권의 침해가 아니라는 주장을 해야 한다. 이것은 곧 높은 소득과 많은 부를 가진 사람들이 그것을 가질 도덕적 정당성이 없다고 해야 한다. 과세는 사유재산이나 개인의 자유를 침해하는 것이 아니기 때문에 도덕적으로 정당하다는 주장을 해야 한다.

4장에서는 평등 분배를 위한 과세가 개인의 자유나 사유재산권의 침해가 아니라는 주장을 한 철학자와 경제학자로 롤즈와 피케티를 상정하고 그들의 이론을 분석하였다. 그들은 시장경제의 높은 생산성을 유지하면서도 평등을 실현할 수 있는 이론적 기초를 마련하기 위해 각각 '차등의 원칙'과 '글로벌 자본세'와 같은 장치를 마련하였다. 이들은 자본주의의 장점은 유지하면서 평등을 함께 실현할 수 있는 제도로 '재산소유 민주주의 국가'와 '사회국가'를 설정하였다. 이 국가는 사유재산권에 기초한 자본주의 사회와 이를 부정한 공산주의 사회 사이의 어느 지점에 존재할 것이다.

이들의 주장은 결국 사유재산제도에 기초한 현재의 정치경제 제도에 대한 근본적인 변혁을 도모하는 것으로 해석할 수 있다. 롤즈와 피케티가 이상적이라고 생각한 국가에서는 사유재산이 도덕적으로 정당성을 갖지 못하기 때문이다. 이들이 능력과 분배는 도덕적으로 무관하다고 주장하고 있다는 점에서, '능력에 따라 일하고 필요에 따라 분배받는다'는 공산주의의 분배 방식과 근본적으로 차이가 나지 않는다. 높은 소득과 많은 부를 가진 사람에게 도덕적 정당성을 부여하지 않았듯이, 최소 수혜자가 혜택을 입는 것도 그들이 그럴 만한 자격이 있어서 그런 것이 아니라는 것이다.

이들의 분배 철학에는 내적 긴장이 존재하는 것이 사실이다. 롤즈는 최소 수혜자에게 최대의 혜택을 주기 위해 열심히 일할 수 있는 유인을 제공하고, 열심히 일한 결과물에 과세하여 재분배의 자원을 확보하려고 하였지만, 현실에서 이런 방식이 작동할지는 의문이다. 물고기가 미끼를 미끼로 알면 미끼를 물지 않듯이, 열심히 일한 대가에 높은 세금이 부과된다면 열심히 일할 의욕을 상실할 것이다. 피케티는 소득과 자본에 대해 높은 세금을 물려도 그것이 생산성에 부정적인 효과를 미치지 않을 것이라고 전제했는데, 이 전제가 현실성이 있다고 보기는 어렵다. 세율이 높아지면 생산성이 떨어진다는 것은 경험적인 사실이기 때문이다. 그렇다면 이들의 이론이 실제 현실에 적용되기는 어려울 것이다.

따라서 롤즈와 피케티가 제시한 경제적 관점에서 불평등을 완화하기 위해 자본주의의 장점을 유지하면서 경제적 평등에 초점을 맞춘 사회는 실현되기 어렵다. 이런 문제점을 해소하기 위해 왈저는 '다원적인 복합평등 사회'를 제시하였는데, 이 사회는 롤즈와 피케티의 평등론이 미처 고려하지 않은 불평등 사회가 안고 있는 문제를 해결하려는 사회로 볼 수 있다. 롤즈와 피케티가 지향하는 사회는 왈저의 '복합평등'이 추구하는 '도덕적 결속'을 갖지 못한다. '도덕적 결속'은 "운이 좋은 사람과 불운한 사람, 부자와 빈자를 결합하여 모든 이익의 차이를 초월하는 연합을 창출"한다. 박정순에 따르면 왈저의 복합평등은 삶의 승리의 순간에도 사람들을 겸손하게 하고 실패의 순간에도 위안을 준다. 곧 복합평등은 "자만과 계급적 특권 의식을 감소시킬 뿐만 아니라, 자기비하와 모멸감, 그리고 압제적 명령과 그에 따른 맹종도 사라지게 할 것이다. 따라서 복합평등은 절대적 불평등뿐만 아니라 상대적 박탈감도 아울러 감소시킬 것이다."51) 그러나 왈저의 '다원적인 복합평등 사회'가 어떻게 구현될 수 있을지에 대해서는 의문이 든다.

뿐만 아니라 더 근본적인 문제는 불평등의 정도 문제다. 한 사회에서 용인되는 최적의 불평등이나 지속 가능한 불평등과 그렇지 않은 불평등을 구분하는 것은 어려운 일이다. 상위 1%나 10%에 어느 정도 부와 소득이 집중될 때 허용되거나 허용되지 않는가? 플라톤은 극심한 가난과 부(富)는 나라의 가장 큰 질환, 곧 불화와 내란을 초래할 수 있다고 우려했다. 그는 이러한 우려가 현실화되는 것을 막기 위해 가난한 사람도 일정 재산을 갖도록 하고, 부자는 그 재산의 4배 이상을 갖지 못하도록 하는 4 : 1의 불평등을 허용 가능한 불평등으로 제시했다.52) 이탈리아의 경제학자 파레토도 '80 : 20의 법칙'을 제시했다.53) 4 : 1의 비율이 최적 비율인가에 대한 합의도 어렵겠지만, 그 비율을 최적의 불평등으로 받아들인다 하더라도 지속적으로 그 비율을 유지하기 위해서는 끊임없는 조정과 재조정이 필요하고, 이러한 조정은 전체주의 사회라 하더라도 실현하기

---

51) 박정순, 『마이클 월저의 사회사상과 철학적 깨달음』(철학과현실사, 2017), 168쪽.

52) 플라톤, 박종현 역주, 『법률』(서광사, 2009), 744d-744e.

53) 김인규, 「플라톤의 지속가능한 불평등과 한국」, 『철학과 현실』 109호 (2016), 120-121쪽.

어렵다. 전체주의 사회보다는 불평등한 사회가 더 바람직한 사회라면, 이런 제안은 전혀 실효성이 없다.

롤즈와 피케티의 주장에 대해서 그동안 이론적인 반론도 많이 제기되었고, 현실적으로 피케티의 주장은 프랑스에서 정책에 반영되지 못했다. 불평등에 대한 철학적 논의는 그것 자체로서 의미 있는 작업이지만, 철학자들의 주장이 실제적으로 어떻게 구체적인 정책으로 채택되고 실현되는가는 이론적 논쟁이나 이론의 완결성과는 별개의 문제다. 철학자들의 주장이 현실 정치에서 채택되고 실현되기 위해서는 급진적 방법인 혁명이나 점진적 방법인 '민주주의'를 통과해야 하기 때문이다. 현대 자유민주주의 사회에서 철학이 현실이 되기 위해서는 시민의 선택을 받아야 한다. 곧 철학적 주장은 시민 다수의 선택을 받을 때 정책으로 구현된다. 철학이 이론에 머물지 않고 실현되기를 바란다면, 그것이 정책으로 변하는 과정에 철학자들은 더 깊은 관심을 가져야 한다.

5장
시민적 공화주의의 정치경제학

미국의 공공철학의 역사

샌델은 현대 미국의 경제학은 경제적 번영과 공정성에 집중되어 있다고 주장한다. 과세 정책이나 예산안, 규제 정책은 모두 번영과 공정성을 둘러싸고 전개된다는 것이다. 현재 정치경제학은 파이를 더 크게 키우고 그것을 공정하게 분배하는 것에 초점을 맞춘다. 그러나 샌델은 미국의 정치경제학이 항상 성장이나 분배에만 초점이 맞추어졌던 것은 아니고, 자치에 가장 적합한 경제정책이 무엇인가라는 물음도 있었다고 말한다. 샌델은 이런 전통에서 자신의 시민적 공화주의, 즉 공화주의 공공철학의 뿌리를 찾는다. 시민적 공화주의에서의 자유는 자치에서 오고, 자치는 시민적 덕에 의존한다. 그는 자치를 실현하기 위해서는 시민적 덕이 필요하고, 이를 위해서는 '시민성의 정치경제학'이 필요하다고 주장한다.1)

샌델은 미국의 역사를 '자유주의 공공철학'이 '공화주의 공공철학'을 밀어낸 과정으로 이해한다. 즉 절차적 공화정이 출현하면서 공동체와 자치를 강조하는 공화주의 공공철학이 쇠퇴한 과정으로 이해한다.2) 토머스 제퍼슨은 「버지니아 주에 대한 노트」(1787)에서 미국의 대규모 제조업 육성에 반대했다. 제퍼슨은 농업 중심의 생활이 덕을 갖춘 시민을 육성하고 자치를 실현하기에 가장 적합한 삶의 양식이라고 보았기 때문이다. 그는 농업에 종사하는 사람은 신의 축복을 받은 사람이고, 농사를 통해 시민의 미덕이 체화된다고 하였다.3)

당시 유럽의 정치경제학자들은 모든 국가가 제조업을 발전시켜 수요를 충족시켜야 한다고 주장하였지만, 제퍼슨은 대규모 제조업이 공화주의적 시민 의식에 꼭 필요한 독립성을 상실한 무산계급을 산출할 것이라는 우려를 표명했다. 무산계급이 유산계급에 종속당하면 양자 사이에는 아첨과 굴종의 관계가 성립하고 미덕이 싹틀 수 없다고 보았기 때문이다. 나아가 제퍼슨은 제조업이 도덕적 타락을 초래하고 잘못된 습관을 가져올 것이라고 믿었다. 공화국의 활력은 시민의 올바른 태도와 정신에서 나오는데, 제조업은 이것을 타락시키고, 이러한 타락은 국가의 법률과 헌법의 정신을 파괴하는 병균이 될 것이라고 보았다.

루이스 브랜다이스는 경제의 거대화를 우려하여 경제 권력을 분

---

1) Michael Sandel, *Democracy's Discontent: America in Search of a Public Philosophy*(Cambridge: The Belknap Press of Harvard University Press, 1996), p.126.
2) 같은 책, p.27.
3) 같은 책, pp.124-128.

산시키고 이를 민주적 통제 아래 둠으로써 자치의 가치를 보존하려고 하였다. 그는 국가가 갖는 민주제도의 역할을 확장함으로써 경제 권력의 집중을 통제하려고 했다. 시장 권력이 민주 정부의 권한을 손상시킨다는 정치적 이유로 시장 권력에 비판적인 태도를 견지하면서, 경제 권력의 분산화를 시도한 것이다.

브랜다이스는 거대 기업이 두 가지 방식으로 자치를 위협한다고 보았다.4) 직접적으로는 민주제도를 제압하고 그 통제를 무시하며, 간접적으로는 노동자들의 시민으로서 생각하고 행동할 수 있는 도덕적, 시민적 능력을 훼손한다. 그는 집중화된 권력은 그것이 경제적인 것이든 정치적인 것이든 자유와 자치를 침해한다고 믿었다. 집중화된 권력에 대해 그가 제시한 해결책은 트러스트를 붕괴시키고 경쟁을 유지하는 것이었다. 오직 이러한 방법을 통해서만 탈중심화된 지역에 기반을 둔 기업을 중심으로 경제 체제를 만들고 그것을 민주적 통제 아래 둘 수 있다고 생각했다. 브랜다이스는 자치 능력을 지닌 시민의 육성에 분배 정의보다 더 높은 가치를 부여하였다는 점에서 오늘날 성장과 분배에 초점을 맞춘 경제학과 구별된다. 샌델은 브랜다이스의 경제학에 '시민성의 정치경제학'이라는 이름을 부여했다.

샌델은 또한 기업 권력의 위협에 대항한 진보주의 운동(Progressive movement)의 하나로 시어도어 루스벨트의 신국민주의(New Nationalism)를 검토한다. 루스벨트는 경제의 분산화가 아니라 연방 정부의 역량을 키워 거대 기업을 규제하는 신국민주의를 표방했다. 신국민주의는 브랜다이스와 동일한 문제의식에서 출발하였지만, 그

---

4) Michael Sandel, *Public Philosophy: Essays on Morality in Politics* (Cambridge: Harvard University Press, 2005), p.14.

와는 다른 해결책을 제시했다.

경제 권력의 집중이 초래할 정치적 결과를 우려한 루스벨트는 분권주의자와는 다른 방식으로 민주적 권위를 확보하려고 했다. 그는 거대 기업을 산업의 발전이 초래한 피할 수 없는 결과로 인정하면서, 그 기업을 통제할 수 있는 방법을 모색했다. 그는 대부분의 거대 기업들은 이미 주 또는 국가의 경계를 넘나들고 있기 때문에 그 기업들을 통제할 수 있는 유일한 수단은 연방정부라고 보았다.

제퍼슨 이후의 공화주의자와 마찬가지로 루스벨트도 어떤 경제정책이 시민의 의식에 미칠 수 있는 영향력을 우려했다. 루스벨트는 거대 기업이 정부에 미치는 영향력을 축소시키고, 미국 시민의 자기 이해의 수준을 높이려고 하였다. 루스벨트는 '영구적이고 참된 도덕적 각성'인 '넓고 원대한 국민주의 정신'을 시민의 의식에 심고 싶어 했다. 샌델은 루스벨트의 신국민주의를 제도 개혁 프로그램을 넘어서 새로운 국민의식의 양성을 촉구하는 형성적 프로젝트로 이해한다.

샌델에 따르면 루스벨트가 신국민주의를 신봉한 정치인이었다면, 허버트 크롤리는 신국민주의 사상가였다. 그는 『미국인의 생활 전망』(1909)에서 진보주의적인 국민주의 운동에 기초가 되는 정치론을 전개했다. 그는 미국의 산업적, 정치적, 사회적 생활의 중앙 집중화가 증대하는 것에 발맞추어 미국 정부의 중앙 집중화가 강화될 필요성이 있다고 보았다. 민주주의가 성공하기 위해서는 정치적 전국화가 필요하다고 본 것이다. 정치 공동체가 주 단위가 아니라 국가적 차원으로 확대될 필요가 있다는 것이다. 이것이 바로 미국인의 생활 규모와 정체성 사이에 벌어진 격차를 줄이는 길이었다. 경제가 전국적으로 확산되면 그에 부응하여 민주주의도 사상과 제도 그리고 정신적인 측면에서 전국화되어야 한다고 본 것이다.

크롤리는 민주주의가 권력 분립에 기초를 두어야 한다는 제퍼슨의 주장에 동의하지는 않았지만, 경제 구조와 정치 구조는 그것이 시민정신에 미치는 영향력에 의해 판단되어야 한다고 봄으로써 제퍼슨과 같은 노선을 취했다. 크롤리가 주장한 미국 국민의 전국화 프로젝트는 '본질적으로 형성적이고 계몽적인 정치적 변화'를 목적으로 한 것이었다. 그는 미국의 민주주의의 발전을 위해 민주주의는 전국화되어야 하고, 전국화된 민주주의를 발전시키기 위해서는 시민에게 확대된 국가 정체성을 심어주어야 한다고 믿었다. 이를 위해 시민교육이 필수적이라고 생각하였다.

샌델은, 진보주의 개혁의 분산화 운동과 전국화 운동은 1912년 우드로 윌슨과 시어도어 루스벨트의 대결에서 극명하게 드러났다고 설명한다. 그는 이를 브랜다이스와 윌슨 대 크롤리와 루스벨트의 대결로 해석한다. 이들은 많은 점에서 차이가 있었지만, 정치와 경제 제도는 자치를 위해 필요한 도덕적 자질을 장려하는가 아니면 훼손하는가에 의해 평가받아야 한다는 믿음을 함께 가지고 있었다. 모든 공적 제도를 평가하는 기준을 '자치를 위해 필요한 도덕적 자질의 육성'에 두었다는 점에서 이들의 정치경제학은 자유주의 정치경제학과 구분된다는 것이다.

샌델은 미국의 이런 전통에도 불구하고 오늘날 정치경제 제도는 미국 역사에 면면히 흐르는 공화주의적이고 진보주의적인 흐름에서 완전히 멀어졌다고 주장한다. 공화주의적이고 진보주의적인 흐름은 어떻게 경제구조를 경제 권력의 집중으로부터 민주주의 정부를 보호할 수 있도록 조직할 것인가에 초점을 맞추었다. 그러나 오늘날의 정치경제학은 경제성장과 분배에 관심을 집중했다. 샌델은 미국의 정치경제학이 이렇게 변한 계기를 뉴딜 정책 후반에서 찾는다. 그의 판단에 따르면 뉴딜 정책 후반기에 시작된 '성장과 분배에 초점을 맞춘 정의의 정치경제학'은 1960년대 초반에 그 정점에 달하고, 마침내 '시민성의 정치경제학'을 완전히 밀어내었다.[5]

샌델에 따르면,[6] 뉴딜 정책이 케인스주의 경제학을 받아들여 정부 지출을 통해 경제 회복을 도모하면서, 미국의 정치경제학은 '시민성의 정치경제학'으로부터 멀어졌다. 케인스주의 경제학은 경제학에서 시민성을 완전히 배제했다. 케인스주의자들은 경제정책이 더 이상 시민성의 형성이라는 사명을 가질 필요가 없다고 보았다. 그들은 단순히 소비자들이 가지고 있는 선호를 수용하고 총수요를 조정함으로써 경제를 운영하려고 하였다. 케인스주의 경제학은 경제정책을 선택할 때 그것이 도덕 특히 시민성에 어떠한 영향을 미칠 것인가를 최고의 기준으로 삼지 않았다는 것이다. 더 이상 시민성이라는 덕목으로 경제정책의 좋고 나쁨을 판단하지 않았다. 경제는 경제 논리로 풀어야 한다는 주장이 힘을 얻기 시작한 것이다.

샌델은 제2차 세계대전이 끝날 무렵 미국 경제정책의 핵심 이슈는 20세기 초반 미국을 지배하였던 논쟁과 전혀 달랐다고 말한다. 산업 자본주의를 어떻게 개혁할 것인가라는 과거의 논쟁은 사라지고, 1960년이 되자 대부분의 경제학자들과 정책 입안자들은 미국의 가장 중요한 경제문제는 총생산량을 신속하게 증가시키고 유지하는 것이라는 데 동의했다. 경제정책을 정할 때 국부의 총량과 분배하는 것에만 관심을 기울이고, 경제정책을 통해 시민성을 어떻게 육성할 것인가에는 아무 관심이 없었다. 샌델은 시민성의 정치경제

---

5) 같은 책, pp.18-19.
6) Michael Sandel, 앞의 책(1996), pp.262-266.

학이 성장과 분배적 정의의 정치경제학에 완전히 자리를 내준 것으로 평가한다.

샌델은 케인스주의 경제학을 실행한 사람들이 자유주의라는 말로 자신들의 정책을 옹호하지는 않았지만, 새로운 정치경제학은 절차적 공화정(procedural republic)을 규정하는 자유주의의 두 가지 특성을 드러낸다고 분석한다.7) 첫째, 케인스주의 경제학은 정책 입안자나 선출된 공직자들에게 논쟁의 여지가 많은, 좋은 사회에 대한 입장을 밝히지 않거나 유보할 수 있는 방법을 제시했다. 둘째, 케인스주의 경제정책은 '형성적 프로젝트'를 포기함으로써 정부가 시민적 도덕성을 형성해야 한다는 입장을 부정하고, 자유롭고 독립적인 자아로서 개인이라는 개념을 긍정했다.

케인스주의 경제정책이 1960년대를 지배하면서 경제문제에 대한 미국의 정치 논쟁에서 시민성의 정치경제학적 관점은 사라졌다는 것이다. 샌델은 이렇게 된 이유를, 경제를 완전히 지배하려는 공화주의자들의 희망을 받아들이기에는 경제가 너무 거대하게 되었다는 사실과 번영이라는 꿈에 빠진 전후 시대의 미국인들이 가진 자유에 대한 새로운 관점에서 찾는다. 이 관점에 따르면 자유는 우리의 집단적 운명을 통제할 수 있는 힘을 함께 쌓을 수 있는 시민으로서 갖는 능력이 아니라, 개인으로서 자신의 가치와 목표를 선택하고 추구하는 능력이다. 샌델의 공화주의 정치 이론의 관점에서 볼 때 이러한 변화는 치명적인 후퇴다. '형성적 목표'를 포기하는 것은 '공화주의적 자유'의 프로젝트를 포기하는 것이다.

샌델은 미국인들이 경제성장을 이룩하고 패권을 획득하고 있어

---

7) 같은 책, p.269.

서 한동안 '공화주의적 자유'의 소멸이 겉으로 뚜렷하게 드러나지는 않았다고 말한다. 그러나 1968년 월남전이 일어나고 빈민가에서 폭동이 발생하고 대학 캠퍼스가 분규에 휩싸이고, 마틴 루터 킹 목사와 로버트 케네디가 암살당하면서 미국인들은 자신의 주변에서 일어나는 혼란과 제대로 대결할 수 있는 장치를 갖추고 있지 못하다는 생각에 빠져들기 시작했다.

샌델의 자유주의 공공철학 비판

자유주의 정치철학은 서구의 근대 형성에 결정적인 영향을 미쳤다. 샌델은 자유주의 정치철학은 '개인의 자유'를 중시한다는 점에서 '참여적 자유'를 중시한 고대 그리스 정치철학과 본질적으로 다르다고 해석한다. 근대에 들어 개인의 자유에 대한 중시는 로크, 홉스, 칸트, 밀이 대표하는 고전적 자유주의의 근간이며, 이 철학은 유럽과 미국뿐만 아니라 뒤늦게 서구를 쫓아 근대화를 시행한 모든 나라에 영향을 미쳤다.

미국 정치의 역사는 민주당과 공화당이 번갈아 집권한 역사다. 평등주의적 자유주의를 표방하고 있는 민주당은 경제생활에서 연방정부의 역할이 확대되는 것을 원했고, 공화당은 축소되는 것을 원했다. 낙태나 동성애와 같은 개인의 생활에서도 서로 반대 입장을 견지했다. 민주당은 낙태나 동성애에 찬성하고, 공화당은 반대한다. 민주당은 복지 확대를 원하고 공화당은 축소를 원한다.

이처럼 미국의 정치를 지배해온 민주당과 공화당의 정책이 서로 대립하는 것처럼 보이지만, 샌델이 볼 때는 자유주의 정치철학이라는 점에서 차이가 없다.

샌델은 현재 미국 시민의 삶의 기준으로 작용하고 있는 공공철학을 자유주의 정치 이론으로 규정한다. 자유주의 정치 이론의 핵심은 도덕과 종교에 대해 정부가 중립을 견지해야 한다는 중립성 테제다. 사람들은 최선의 생활 방식에 대해 각각 다른 입장을 가지기 때문에 정부가 좋은 삶에 관한 특정의 시각을 법으로 명시해서는 안 된다는 것이다. 정부의 역할은 권리 체계를 제공함으로써 자유롭고 독립된 개인이 자신이 원하는 가치와 목적을 선택할 수 있도록 하는 것에 멈추어야 한다는 것이다. 샌델은 이러한 자유주의를 어떤 목적보다 절차를 우선적으로 중시한다는 사실에 초점을 맞추어 '절차적 공화정'이라 부른다.8)

절차적 공화정 즉 '자유주의적 자유'를 지지하는 자유주의자들에 따르면 자유는 목적을 선택할 수 있는 능력이다. 미국의 민주당원과 공화당원은 복지 프로그램에 대해 서로 다른 입장을 견지하지만, 모두 자신의 입장을 정당화하기 위해 '자유로운 선택'이라는 개념을 사용한다. 공화당원은 복지를 위해 많은 세금을 거두게 되어 개인의 자유로운 선택을 방해한다고 복지를 반대하고, 민주당원은 개인의 자유로운 선택을 위해 복지가 필요하다고 주장한다. 이들은 모두 자유를 그들의 가치와 목적을 선택할 수 있는 개인의 능력으로 본다.9)

반면에 '공화주의적 자유'의 핵심은 자유를 자치에 참여하는 것으로 보는 것이다. 샌델에 따르면 공화주의적 자유가 자유주의적 자유와 모순되지는 않는다. 자유주의적 자유를 지지하는 사람들도 자신이 선택한 목적을 추구하기 위해 정치에 참여할 수 있기 때문

---

8) Michael Sandel, 앞의 책(1996), p.4.
9) 같은 책, p.5.

이다. 그러나 공화주의적 자유는 정치에 참여하는 것으로 끝나는 것이 아니라 형성적 정치를 요구한다는 점에서 자유주의적 자유와 구별된다. 샌델은 미국의 건국 초기에는 공화주의 공공철학이 우세하였지만, 최근에는 인간은 자유롭고 독립적인 존재이기 때문에 자신이 선택하지 않은 도덕적 또는 시민적 관계에 속박될 필요가 없다고 믿는 자유주의 공공철학이 정치의 시민적 또는 형성적 측면을 중시하는 공화주의를 밀어내고 그 자리를 차지하였다고 주장한다.10) 샌델은 이러한 자유주의 공공철학이 안고 있는 결정적인 난점은 공동체 의식과 시민의 참여 의식을 고취할 수 없기 때문에 자유를 약속하지만 자유를 보장하지는 못하는 것이라고 주장한다.

샌델의 공화주의 공공철학

미국의 역사에 자유주의 공공철학만 존재했던 것은 아니다. 샌델이 '진보의 시대'라고 부르는, 미국이 독립하고 농업사회에서 산업사회로 변모할 때 '공화주의 공공철학'11)을 주창하는 학자들과 정

---

10) 같은 책, pp.6-7.
11) 샌델은 서양의 정치철학과 정치가를 자유주의와 공화주의로 양분한다. 그가 『정의란 무엇인가』에서 제시한 공동체주의 정의론이 공화주의 공공철학에 해당한다. 샌델은 자유주의 공공철학 대신에 '자유주의적 자유', '절차적 공화정', '자유주의 정치경제학'이라는 말을 사용하고, 공화주의 공공철학 대신에 '시민적 공화주의', '공화주의적 자유' 또는 '시민성의 정치경제학(the political economy of citizenship)', '형성적 정치'라는 말을 사용하기도 한다. 샌델은 자신의 공화주의 공공철학에 이념적 기초를 제공해온 철학자들과 그 철학을 받아들인 정치인을 칭송하고, 자유주의 공공철학을 구축하거나 자유주의를 신봉해온 정치가를 비판하고 문제가 있다고 평가한다. 샌델이 높이 평가하는 철학자에는 아리스토텔

치인들이 있었다. 서로 다른 두 공공철학은 공존하면서 경쟁하였지만 대공황과 뉴딜 정책을 계기로 케인스주의 경제학이 우세해지면서 1960년대에는 완전히 자유주의 공공철학이 주도권을 장악하여 오늘에 이르게 되었다.

샌델은 공화주의 전통에 '시민적'이라는 한정어를 붙여 전통적 공화주의와 자신의 공화주의를 구분한다. 그는 공화주의의 핵심을, 자유는 자치를 요구하고 자치는 다시 시민적 덕에 의존한다는 것에서 찾는다. 샌델은 이러한 공화주의가 미국 건국 당시 결정적인 역할을 했다고 말한다. 독립선언을 하기 전날 밤 존 애덤스는 "공적인 덕성은 공화국의 유일한 토대다."라고 했다. 존 애덤스는 진정한 자유와 공화주의적 정부를 위해서는 시민의 마음속에 공공선, 공익, 명예, 권력과 영광에 대한 적극적 열정이 확립되어야 한다고 주장했다는 것이다.12)

공화주의자는 시민이 시민적 덕을 가져야만 자치가 가능하다고 믿었다. 시민의 마음속에 덕이 없으면 그들은 부패하고 타락한다. 파렴치, 황금만능주의, 부패, 탐욕, 야망, 이윤과 상업에 대한 열망은 시민이 덕과 공공정신을 갖지 못할 때 나온다는 것이다. 공화주의자들은 자치가 실현되기 위해서는 이러한 악덕을 물리치고 시민적 덕을 육성해야 한다고 주장한다. 그리고 시민의 도덕적 인격을 형성하고 향상시키고, 공공선에 대한 열망을 강화시키는 것을 정치

레스, 테일러, 매킨타이어, 왈저, 브랜다이스, 크롤리 등이 포함되고, 비판하는 철학자에는 칸트, 벤담, 밀, 노직, 롤즈 등이 포함된다. 샌델이 칭송하는 정치가에는 제퍼슨, 로버트 케네디, 오바마 등이 있다. 일관적이지는 않았지만 때때로 공화주의의 중요성을 깨달은 정치인으로 프랭클린 D. 루스벨트, 레이건, 빌 클린턴 등을 거론한다.

12) 같은 책, p.129.

의 목적으로 규정하였다. 정치가 덕 있는 시민의 육성을 목적으로 삼는 형성적 역할을 담당해야 한다는 것이다.13) 샌델은 일관되게 정치의 형성적 역할을 강조하는데, 그는 이것을 아리스토텔레스 정치철학의 전통에서 가져왔다.

샌델의 '시민적 공화주의'는 아리스토텔레스의 전통에 따라 정치의 목적을 규정한다. 아리스토텔레스는 정치의 핵심적인 과제는 국가가 근본적인 목적을 설정하고 그것을 실행하는 것이라고 보았다. 오늘날 자유주의 전통에서 정치의 목적 설정의 주체는 국가가 아니라 개인이다. 곧 근대 서구의 자유주의는 정치의 목적에 대한 아리스토텔레스적인 전통과 결별한 것이다.14)

서양 근대를 주도한 이념으로서 자유주의는 정치에 특별하고 본질적인 목적이 존재한다고 믿지 않는다. 정치 공동체의 목적을 미리 부여하면 그것을 직접 결정할 수 있는 시민의 권리를 박탈하는 것으로 생각하기 때문이다. 모든 사람이 단일한 정치적 목적을 함께 공유한다고 믿지도 않는다. 정치의 목적을 미리 설정하지 않아야 시민의 자유가 보존된다고 믿는다. 근대 자유주의에 따르면 정치의 목적 가운데 하나는 시민이 스스로 목적을 선택할 수 있는 권리를 보장해주는 절차를 만드는 것이다.

그러나 샌델은 정치의 목적에 대하여 아리스토텔레스의 견해를 따른다. 아리스토텔레스는 정치의 목적을 중립적인 권리의 틀을 만드는 것이 아니라, 좋은 시민을 양성하고 좋은 자질을 배양하는 것에 두었다는 것이다. 아리스토텔레스는 정치 공동체의 목적은 오로지 재산을 보호하고 경제를 번영시키는 것이 아니라, 시민의 미덕

---

13) 같은 책, p.127.
14) Michael Sandel, 앞의 책(2009), p.9.

을 키우는 것이라고 하였다.

아리스토텔레스에 따르면 국가의 목적은 상호 방위를 위해 동맹을 체결하거나, 상호 거래를 원활하게 하고 경제 교류를 촉진하는 것이 아니다. 아리스토텔레스에게 정치는 어떻게 하면 좋은 삶을 살 것인가에 관한 것이다. 정치의 목적은 사람들의 고유한 능력과 미덕을 계발하는 것이다. 샌델의 표현을 빌리면, 공공선을 고민하고, 판단력을 기르며, 시민 자치에 참여하고, 공동체 전체의 운명을 보살피게 하는 것이다. 폴리스의 목적과 목표는 좋은 삶이며, 사회 생활을 위한 여러 제도는 그 목적을 위해 존재한다는 것이다.15)

인간은 폴리스를 떠나 인간이 될 수 없고 폴리스 안에서 자신을 실현하는 존재라는 아리스토텔레스의 인간관은 인간을 사익이 아니라 공익을 추구해야 하는 존재로 규정한다. 공공의 일에 참여한다는 것은 공적 이익을 먼저 추구한다는 의미이고, 공적 이익의 추구는 인간이 자신의 목적을 실현하기 위해 필요한 덕이다. 폴리스 곧 공화국이 존립하고 운영되기 위해서는 덕 있는 시민의 참여가 필수적이다. 공익을 추구하는 덕스러운 시민의 좋은 삶과 공화국은 한 몸이다.

그러나 샌델은 오늘날에는 정치를 좋은 삶에 꼭 필요한 요소가 아니라 필요악쯤으로 여긴다고 통탄한다. 정치라 하면 타협, 가식, 특수 이해관계, 부패를 연상하기 때문이다. 정치를 사회정의를 실현하기 위한 도구로 여기는 경우에도 정치를 목적 달성을 위한 수단으로 여길 뿐, 인류의 선을 구현하기 위한 필수 요소로 여기지 않는다.

---

15) 같은 책, p.194에서 재인용.

아리스토텔레스는 좋은 삶을 살기 위해서는 정치에 참여해야 한다고 주장한다. 정치에 참여하지 않고서는 훌륭하고 미덕이 가득찬 삶을 살 수 없다. 그 이유는 인간은 폴리스에 살면서 정치에 참여할 때만 인간으로서의 본성을 충분히 발휘할 수 있기 때문이다. 아리스토텔레스가 이렇게 생각한 이유는 언어 사용 능력을 인간의 본성으로 보았기 때문이다. 인간은 언어를 통해 무엇이 공정하고 불공정한지를 선언하고, 옳고 그름을 구별한다. 언어는 선을 식별하고 고찰하는 매체다.

아리스토텔레스에 따르면, 우리는 오직 정치 결사체를 통해서만 언어라는 인간 고유의 특성을 발휘한다. 우리는 폴리스에 있을 때만 다른 사람들과 함께 정의와 부정의를 분별하고 좋은 삶의 본질에 대해 고찰할 수 있다. 그는 『정치학』에서 이렇게 말한다. "우리는 폴리스가 선천적으로 존재하며, 개인에 앞선다는 사실을 알 수 있다."16) 인간은 폴리스에 살 때에만 비로소 본성을 실현한다. 우리는 고립되어 자족할 수 없다. 언어 능력과 사유 능력을 발휘할 수 없기 때문이다.17)

미덕으로 충만한 삶을 살려면 폴리스에 살아야 한다는 것이 아리스토텔레스의 주장이다. 단지 집이나 강의실에서 철학이나 윤리에 관한 책을 읽고 그것을 현실에 적용하면서 사는 것으로 미덕을 갖출 수는 없다. '도덕적 미덕'은 습관의 결과이며, 실천을 통해 배울 수 있다는 것이다. 폴리스의 법은 우리에게 좋은 습관을 심어주고, 좋은 인격을 형성하고, 시민의 미덕을 길러주며, 시민으로서의 삶은 심사숙고하는 능력과 실천적 지혜를 발휘하게 한다. 사람들은 폴리

---

16) 같은 책, p.196에서 재인용.
17) 같은 책, p.194.

스에서 대안을 저울질하고, 생각을 논의하고, 통치하고 통치받을 때만, 한마디로 시민이 될 때에만 미덕이 생긴다.18)

샌델은 아리스토텔레스의 이러한 정치관을 계승하여 정치가 시민성을 형성하는 데 기여해야 한다고 주장한다. 올바른 정치는 시민성을 기르는 '형성적 정치'여야 한다는 것이다. 샌델은 아리스토텔레스가 말하는 시민은 오늘날 우리가 생각하는 시민보다 더 숭고하고 엄격한 의미의 존재라고 말한다. 아리스토텔레스의 정치는 여러 면에서 오늘날의 정치와 다르다. 아리스토텔레스에게 정치의 목적은 공리를 극대화하거나 개인의 이익을 추구할 수 있는 공정한 규칙을 만드는 것이 아니다. 정치의 목적은 우리의 본성을 표현하고, 좋은 삶의 본질과 인간의 능력을 펼쳐 보이는 것이다. 좋은 삶은 단순히 개인의 선택의 문제가 아니라, 그 선택에 앞서 공동체 안에 존재하는 것이기 때문이다.

이러한 공화주의 공공철학에서 시민의 자유는 '자치에 참여하는 것'이다. 샌델에 따르면 자치에 참여하는 것은 개인이 정치를 통해 자신의 목표를 추구하는 것 이상의 의미를 지닌다. 자치에 참여하는 것은 동료 시민과 함께 공공선에 대해 숙고하고 정치 공동체의 운명을 형성하는 데 기여하는 것이다. 공공선에 대해 숙고하기 위해 필요한 것은 자신의 목적을 선택하는 능력과 타인의 권리를 존중하는 능력만으로는 부족하다는 것이 샌델의 판단이다.19) 공공선

---

18) 같은 책, pp.197-200.
19) Michael Sandel, 앞의 책(1996), p.5, pp.306-351. 샌델은 자유주의 공공철학이 시민의 덕성을 완전히 무시했다고 보지는 않는다. 자유주의도 교양, 관용, 절차 존중과 수용, 효율성과 같은 덕목을 좋은 시민이 갖추어야 할 덕목으로 요청한다. 그러나 샌델은 이러한 덕성만으로는 공화주의적 자치가 실현될 수 없다고 본다. 자유주의가 제시하는 시민의 덕성과

을 숙고하기 위해서는 공적인 것에 대한 지식, 전체에 속해 있다는 소속감과 관심, 자신이 속한 공동체와의 도덕적 연대감 등이 필요하다는 것이다. 자치 참여는 시민의 특정한 인격이나 시민적 덕을 요청한다. 샌델의 이러한 주장에 따르면 공화주의적 정치는 시민이 선호하는 가치와 목적에 대해 중립을 지킬 수 없다. 공화주의적 자유는 형성적 정치를 요구한다. 정치는 시민이 자신의 삶을 살도록 자유롭게 내버려 두어서는 안 된다. 정치는 자치에 필요한 덕을 시민이 갖도록 요청해야 한다.20)

시민은 자치에 참여하기 위해 시민적 덕을 소유하거나 습득해야 하고, 정치가 그것을 가능하게 해야 한다. 샌델은 자유주의적 자유가 아니라 공화주의적 자유만이 시민에게 덕을 형성할 수 있는 계기를 제공한다고 말한다. 자유주의적 자유와 달리 공화주의적 자유는 '시민에게 자치를 행사하기 위해 필요한 성품을 육성시키는 형성적 정치'를 요구하기 때문이다. 샌델은 과거 수십 년 동안 미국 정치를 지배한 것은 '시민적 또는 형성적 정치'가 아니라 '절차적 공화정'이었다고 진단한다. 국가의 역할은 '공정한 절차'를 제공하는 것에서 멈추었다는 것이다. 정치가 시민적 덕성 계발을 장려하지 않고 자기 자신의 가치를 선택할 수 있도록 하는 역할에 만족했다는 것이다.

그런데 샌델은 자유주의 공공철학의 시대에 예외적으로 로널드 레이건과 빌 클린턴이 공화주의 공공철학에 관심을 가졌다고 생각한다.21)

구별되는 덕성이 공화주의에서는 필요하다는 것이다. 그것은 바로 개인의 목적 설정에 정치가 개입하는 것이다.
20) 같은 책, pp.5-6.

일부 보수주의자들은 공공정책과 정치 담론에서 시민적 덕성, 인격 형성, 도덕적 판단과 같은 공화주의적 가치를 도입했다. 특히 레이건은 공화주의적 요소를 강조하여 집권했다. 잘 알려져 있듯이 레이건은 하이에크를 받아들인 강한 시장 보수주의자로 평가받고 있다. 샌델은 레이건의 이런 정치적 성향에 대해서는 강한 부정을 표현하면서도 그의 탁월한 정치 감각은 높이 평가한다. 레이건은 국민의 불안감을 포착하는 본능적 직관을 가지고 있었다는 것이다. 그는 미국 사람들이 개인적으로나 집단적으로 자신의 삶을 지배하는 세력을 통제할 수 있는 힘이 사라져가고 있다는 사실에 공포심을 가졌다는 사실을 간파하고 있었다. 레이건은 가족과 이웃, 종교, 애국심과 같은 공동체의 가치의 중요성을 환기시켰다는 것이다.22)

나아가 샌델은 선거운동 기간 레이건의 정치철학에는 시민성이 포함되어 있었다고 생각한다. 신자유주의자로 각인된 레이건을 '시민성의 보수주의자'로 재평가한 것이다. 레이건은 당시 널리 퍼져 있는 시민의 불만을 해소할 수 있는 정치적 의제를 찾아내려고 노력했다는 것이다. 적어도 선거 기간 동안 레이건은 국민에게 호소력을 지닌 의제를 찾아내었다. 그리고 이 의제를 통해 레이건은 자신의 담론을 기존의 정치 담론과 차별화하는 데 성공했다.

샌델은 레이건이 후보 시절 미국 국민 속에 잠재한 국민적 우려와 갈망을 간파하고 '우뚝 선 미국'을 외쳤지만, 실제로 대통령이 되어서는 미국 국민의 자기 지배감을 회복시키지도, 공동체의 붕괴를 되돌리지도 못했다고 평가한다. 그러나 샌델은 레이건이 자치와

---

21) Michael Sandel, *Public Philosophy: Essays on Morality in Politics* (Cambridge: Harvard University Press, 2005), pp.327-328.
22) 같은 책, p.39.

공동체의 언어를 사용했다는 사실은 높이 평가한다. 레이건이 비록 보수적 시각에서지만, 자치와 공동체의 언어를 구사했다고 보기 때문이다.

레이건뿐만 아니라 빌 클린턴도 '시민적인 것'을 중시했다. 1993년 빌 클린턴은 마틴 루터 킹 목사가 암살 전날 설교했던 멤피스 교회에서 자유주의자들이 기피해온 주제인 도덕적 영역과 정신적 영역에 대해 연설했다. 그는 저소득층이 밀집되어 있는 도심지에 일자리를 만들 필요성을 강조하면서, 그 이유는 일자리가 소득 증대뿐 아니라 인격 형성에 도움을 주고, 일이 가족생활에 규율과 체계 그리고 자부심을 심어주기 때문에 중요하다고 했다. 샌델은 저소득층에 대한 일자리 제공을 단순히 소득 증대라는 경제적 이유가 아니라 인격 형성, 가족 윤리, 자부심에 영향을 준다는 관점에서 중요하게 생각한 클린턴의 연설을 공화주의에 대한 새로운 관심이라고 보는 것이다.

미국 사회의 문제 해결을 위한 샌델의 시민적 공화주의

샌델은 현재 미국 사회의 위기를 시민사회의 위기에서 찾는다. 그는 사람들에게 도덕적 기준과 소속감을 부여해온 가족, 이웃, 도시, 마을, 학교, 종교회당, 노동조합과 같은 공동체 곧 '시민사회' 기관들의 해체와 함께 미국 사회가 위기에 처했다고 진단한다.23) 샌델은 이렇게 된 원인을 미국 사회에서 '공화주의적 자유'가 쇠퇴하고 그 자리를 '자유주의적 자유'가 대신한 것에서 찾는다. 공화주

---

23) 같은 책, p.55.

의 공공철학이 사라지고 자유주의 공공철학이 번성하여 오늘 미국 사회가 당면하고 있는 위기가 도래하였다는 것이다. 샌델은 현대 자유주의 공공철학은 민주주의에 대한 불만을 해소하는 데 실패했다고 단정한다. 자유주의는 '자치(self-government)'를 실현하지 못했고, 자치를 실현하기 위해서 필요한 '품성'을 육성하지도 못했기 때문이다.

샌델은 공동체주의와 시민적 공화주의를 표방하면서 자유주의의 철학적 기초와 정치 이데올로기로서 자유주의를 역사의 흐름 속에서 살펴보고 이론적으로 비판했다. 샌델은 현재 미국이 처한 많은 문제들을 자유주의 공공철학에서 나온 것으로 진단하고, 미국 사회의 문제를 해결하기 위한 대안적 공공철학으로 '시민적 공화주의'를 제시한다.24) 샌델은 민주주의에 대한 불만은 공화주의적 자유가 실현되어 공동체 의식과 시민적 참여 의식이 고취될 때 해소될 수 있다고 믿는다.

샌델은 지난 미국 대선에 등장하여 돌풍을 일으킨 버니 샌더스와 도널드 트럼프의 부상을 자신의 정치철학에 맞추어 분석했다. 그의 분석에 따르면 이들은 서로 다른 방식으로 기성 정치권의 무사안일과 관습적 지혜에 과감하게 도전하였다. 그는 샌더스의 놀라운 열풍을 최근 수십 년 동안 더욱 깊어진 불평등과 이것을 제대로 해결하지 못한 민주당의 실패에 대한 좌절의 표현으로 해석했다. 소득 불평등은 1920년대 이후 가장 높은 수준으로 올랐으며, 최근에 달성한 경제성장의 결실은 대부분 최상층에게 돌아갔다. 현재 최상위

---

24) Michael Sandel, "Bernie Sanders and Donald Trump look like saviours to voters who feel left out of the American Dream", *The Guardian*, Sunday 28 February(2016).

에 속하는 1%가 가진 부는 하위 90%가 가진 부를 모두 합친 것과 비슷하다.

샌델에 따르면 정치에서도 소득과 부의 집중이 일어나고 있다. 2016년 대선 경선 초기에 민주당과 공화당이 모금한 기부금의 절반은 부자 158개 가문이 제공했다. 자신의 돈으로 선거운동을 하겠다는 도널드 트럼프에 대한 열광은 이해하기 어려운 정치 시스템에 대한 보통 사람들의 분노와 좌절에서 나왔다는 것이다. 정치적 배경의 차이에도 불구하고 샌더스와 트럼프는 시민의 분노와 좌절에 호소하고 있다. 거대한 자본과 무책임한 권력 앞에서 속수무책으로 서 있는 시민의 상실감에 호소하고 있는 것이다.

샌델은 시민의 상실감을 '아메리칸 드림'과 연결시켜 설명한다. 그에 따르면 아메리칸 드림이 소득과 부의 불평등의 완화를 의미했던 경우는 없었다. 아메리칸 드림은 사람들 자신이 계층적으로 상승할 수 있고, 자신의 아이들이 상승할 수 있는 기회를 갖는 것을 의미했다. 일반적으로 미국인은 유럽인과 비교하여 불평등에 대해 관대했다. 미국인은 그들의 소득과 부의 격차가 복지국가 유럽보다 더 클 수 있어도, 자신이 태어날 때의 계층에서 벗어날 수 있다는 확신을 가지고 있었다. 자유의 기준은 평등성이 아니라 이동성이었다는 것이 샌델의 분석이다.

그러나 샌델에 따르면 최근 수십 년 동안 이러한 믿음에 균열이 왔다. '열심히 일하고 규칙을 지키며' 사는 사람이 앞서가기 마련이라는, 오랫동안 통용되어 온 믿음이 미국의 근로 계층과 중산층 시민에게 통하지 않게 되었다. 최근 몇십 년 사이에 일어난 심화된 불평등이 상승의 기회를 압도하였다. 불평등이 증가하면서 경제적 이동성이 얼어붙었다. 현대 미국 사회의 이동성은 유럽의 주요 국가보다 나쁜 상태로 떨어졌다.

샌델이 제시한 자료에 따르면, 소득이 하위 20%에 속하는 미국 가정에서 태어난 남자가 어른이 되어서도 그 자리에 머물 가능성은 42%다. 영국은 30%이고 덴마크는 25%다. 미국 남성 가운데 오직 8%만이 하위 20%에서 상위 20%로 이동한다. 이것은 세대 간에도 적용된다. 미국보다 덴마크, 노르웨이, 캐나다, 스웨덴, 독일과 프랑스에서 계층 이동이 더 활발하다. 미국이 아니라 덴마크에 '아메리칸 드림'이 살아 있다. 샌델은 미국에서 계층의 상승 이동에 대한 전망이 소득과 부의 불평등을 상쇄할 수 있는 현실적 대안이 되지 못한다면 아메리칸 드림에서 평등의 의미를 다시 생각해야 한다고 말한다.

샌델은 샌더스와 트럼프에게 사람들이 열광하는 현상을 미국 유권자들이 좌경화나 우경화로 치닫고 있는 것으로 해석하지는 않는다. 그는 이런 현상을, 양당이 함께 수용하고 있는, 상류층에게만 많은 혜택을 주고 대부분의 나머지 사람들의 삶을 불안정하게 만든 신자유주의적 경제 질서에 대한 대중들의 저항으로 해석한다. 샌더스와 트럼프의 부상은 이데올로기에서 나온 것이 아니라, '아메리칸 드림'이 사라지고 있다는 불안에서 나왔다는 것이 샌델의 해석이다. 현재 미국의 제도는 보통 사람들에게 불리하게 조직되었다는 것이다. 오늘날 미국인들은 미국의 통치 방식에 대해 관심도 없고 정부가 옳은 일을 하고 있다고 생각하지도 않는다. 그동안 미국이 많은 것을 성취했음에도 불구하고 정치는 불안과 좌절에 빠져 있다.25) 샌델은 이렇게 된 이유를 사람들이 자신의 삶을 지배하는 정

---

25) Michael Sandel, *Democracy's Discontent: America in Search of a Public Philosophy*(Cambridge: The Belknap Press of Harvard Univer-

치나 경제 세력에 대한 통제력을 상실했기 때문이라고 믿는다.

샌더스와 트럼프 돌풍과 관련하여 샌델이 제시하고 있는 해결책은, 시민이 자치를 회복하여, 시민의 이익을 배반하고 자신들의 이익만을 추구하는 정치와 경제 세력을 통제할 수 있는 힘을 갖는 것이다. 시민이 정치와 경제 세력을 통제할 수 있는 힘을 가지면, '아메리칸 드림'이 다시 살아날 수 있을 것으로 생각한다. 뿐만 아니라 자치가 살아나면 현재 미국의 경제적 불평등을 완화할 수 있는 제도도 만들 수 있을 것으로 본다. 이것이 현재 미국의 문제에 대한 샌델의 해결책이고, 그의 해결책이 바로 '시민적 공화주의'26)다.

샌델은 오늘날 미국 사회의 문제를 '민주주의에 대한 불만(discontent)'이라는 말로 표현했다. 이 불만을 구체적으로 기술하기 위해, 공포, 불안과 같은 시민의 마음 상태를 기술하는 언어를 사용하고 있다. 샌델에 따르면 민주주의에 대한 불만의 원인은 구체적

---

sity Press, 1996), p.3.

26) Christina Pazzanese, " 'People want politics to be about big things':
Michael Sandel's passion for justice (interview)", *Harvard Gazette*,
April 5(2016). 샌델은 자신의 정치철학이 공동체주의로 불리는 것을 달
가워하지 않는다. 그는 '시민적 공화주의'라는 명칭을 선호한다. 그러나
'시민적 공화주의'라는 명칭은 샌델 자신이 자신의 철학을 지칭하기 위
해 선택한 것은 아니다. 샌델은 자신의 정치철학을 '공화주의적 정치경
제학' 또는 '공화주의적 공공철학' 등으로 부른다. 그럼에도 그의 정치철
학을 '시민적 공화주의'라고 부르는 이유는 샌델이 일관되게 '시민적 덕'
을 강조하고, 정치의 목적은 '시민적 덕'을 형성하는 것이라고 주장하기
때문이다. 로널드 베이너도 샌델의 정치철학을 지칭하기 위해 'civic re-
publicanism'라는 말을 사용하였다. Ronald S. Beiner, "The Quest for a
Post-Liberal Public Philosophy", in Anita L Allen and Milton C.
Regan, Jr., eds, *Debating Democracy's Discontent: Essays on American
Politics, Law, and Public Philosophy*(Oxford: Oxford University Press,
1998).

으로 '자치의 상실'과 '공동체의 약화'다. 샌델은 미국인들이 민주주의에 대해 갖는 불만의 원인을, 개인적으로 그리고 집단적으로 그들의 삶을 통제하는 힘을 상실했다는 공포(fear)와 가족, 이웃, 국가에 걸쳐 공동체의 도덕적 얼개가 해체되고 있다는 그들의 두려움에서 찾는다. 샌델은 두 가지 공포 곧 자치의 상실과 공동체의 침식이 이 시대의 불안(anxiety)이라고 규정한다.27) 시민이 이러한 불안에 침잠해 있음에도 불구하고 정치권에서 제시하고 있는 정치적 아젠다는 이러한 불안을 해소하는 데 실패했다는 것이 샌델의 진단이다. 샌델은 이런 때일수록 근본 원칙에 대한 성찰이 필요하다고 말한다.

샌델은 이러한 진단 후에 '민주주의에 대한 불만'의 근본적인 원인을 자유주의 공공철학28)에서 찾는다. 자유주의 공공철학이 오늘날 미국 사회를 지배하고 있는 공포와 불안을 제공했다는 것이다. 따라서 시민의 불안과 공포를 없애주고 민주주의에 대한 불만을 약화시키기 위해서는 '공화주의 공공철학'이 필요하다는 것이 샌델의 처방이다.29) 샌델은 자신이 '시민적 공화주의'라고 생각하는 '공화

---

27) Michael Sandel, 앞의 책(2009), p.3.

28) Michael Sandel, 앞의 책(1996), p.4. 공공철학은 언론인 월터 리프만이 1955년 『공공철학』이라는 책을 저술하면서 생성된 개념으로, 샌델에 따르면 공공철학은 "우리의 관행(practice)에 내재해 있는 정치 이론 곧 우리의 공공생활을 지도하는 시민성(citizenship)과 자유에 대한 가정을 의미한다." 샌델은 공공철학이 우리의 정치에 대한 담론과 정치 활동의 배경을 이룬다고 하였다. 일반인들은 보통 공공철학에 주목하지 않지만, 불안의 시대가 되면 공공철학의 근본 원칙들에 대한 비판적 성찰이 필요함을 느낀다.

29) 자유주의에 대한 대안으로 공화주의를 제시한 철학자는 샌델 이외에도 많다. 아렌트, 페팃, 루소는 이사야 벌린 식의 자유주의적 자유론에 대한

주의 공공철학'을 하나의 모델로 사용하여 현재 미국 사회의 문제를 이해하고, 그 문제를 극복할 수 있는 방안을 제시하고 있다.

샌델의 공동체

샌델이 염두에 둔 공동체는 어떤 공동체일까? 그는 미국의 민주당은 공동체를 이야기할 때 주로 국가 공동체를 생각한다고 말한다. 프랭클린 루스벨트는 지역 공동체의 오랜 원칙을 국가 수준으로 확장해야 한다고 생각했다. 그러나 샌델은 공동체에 대한 갈망은 자유주의 공공철학이 지배하는 오늘날 더 이상 국가를 통해 충족되지 않는다고 생각한다. 이미 거대해진 국가는 개인에게 참여할 기회를 자주 제공하지 못한다. 그러나 시민의 지역사회에 대한 애착은 그들에게 개인적인 목표를 넘어 공동의 생활에 참여할 수 있는 기회를 제공할 수 있다. 나아가 지역사회는 공적인 일에 관심을 갖는 습관을 키우게 함으로써 자치에 기여할 수 있다. 토크빌이 말했듯이 지역사회는 그들의 손이 미치는 작은 영역 안에서 통치의 기술을 연마할 수 있게 해준다.30)

샌델은 시민의 활동이 가까운 이웃 공동체에서 시작하여 더 넓은 범위로 확장될 수 있다고 주장한다. 이웃과 마을회관, 교회와 회당, 노동조합, 가까운 학교의 사회운동으로 확장될 수 있다는 것이다. 샌델은 1960년대 미국 남부의 흑인 침례교회에서 형성된 시민교육과 사회적 연대성이 이후 전국적인 민권운동으로 확산된 사례를 제시한다. 몽고메리의 버스 탑승 거부 운동은 결국 남부 흑백분리정

대안으로 공화주의적 자유론을 제시하였다.
30) Michael Sandel, 앞의 책(2005), p.41.

책에 대한 도전으로 발전하였고, 이는 평등한 시민권과 투표권에 대한 전국적인 운동으로 확산되었다. 이것은 지역사회에 대한 애착과 공동체적 연대감이 솟아난 시민 참여의 모범적 사례였다.31)

샌델은 미국 국민이 민주주의에 불만을 갖게 된 원인을 가족과 이웃에서부터 도시와 마을, 종교와 민족 또는 문화적 전통으로 구분되는 다양한 공동체에 이르기까지, 개인과 국가 사이에 놓인 중간 단계 공동체의 쇠퇴에서 찾는다. 샌델은 미국의 공공의식은 다양한 공동체를 통해 배양되어 왔는데, 공동체가 쇠퇴하면서 공공의식도 사라졌다고 본다. 인간은 개인으로 살아가지만 그것으로 만족스러운 삶을 살 수는 없다. 동질감을 느끼는 공동체 생활에 참여함으로써 자신의 운명을 통제하고 싶은 열망을 가지고 있다. 곧 공동체가 해체되면서 불안과 우려의 시대가 왔다는 것이다.32)

시민적 공화주의에 대한 비판적 논의

그동안 새롭게 등장한 공화주의에 대한 비판이 여러 관점에서 제시되었다.33) 샌델 자신도 자신의 '시민적 공화주의'에 대해 제기된 문제점을 검토하면서, 자신에 대한 비판에 대해 다양한 방식으로 반론을 제기하였으나34) 충분한 것은 아니었다. 그렇다면 샌델의 시

---

31) 같은 책, p.41, pp.189-190.
32) Michael Sandel, 앞의 책(1996), pp.317-318.
33) 공화주의에 대한 다양한 비판에 대해서는 다음 논문 참고. Geoffrey Brennan and Loren Lomasky, "Against reviving republicanism", *Politics, Philosophy & Economics* 5(2)(2006), pp.221-252.
34) Michael Sandel, 앞의 책(1996), pp.317-321; Michael Sandel, 앞의 책 (2005), pp.23-26. 샌델도 자신의 공화주의적 공공철학의 문제점을 논의

민적 공화주의가 안고 있는 문제점은 무엇인가?

샌델은 공동체에 대해 애매모호한 입장을 견지함으로써 여러 가지 비판에 직면하였다. 샌델은 실질적인 정의도 없이 가족, 지역 공동체, 국가, 국민, 민족을 나열한다. 샌델은 여러 공동체들이 아무런 갈등 없이 상위 공동체, 하위 공동체로 이해 충돌 없이 공존할 수 있는 것으로 가정했다.

박정순은 아마도 소규모의 정태적이고 고립적인 면접적 공동체에서는 매킨타이어와 샌델과 같은 가치 통합론자들의 이상이 실현될 수 있을지도 모른다고 하였다. 그러나 그들은 공동체의 역동적 구성과 다양한 공동체들 사이의 관계 설정을 정립하지 않음으로써 유토피아적 노스탤지어와 전체주의적 함축성을 내포할 수밖에 없다.35) 박정순은 '공동체주의 정치학의 딜레마'를 지적한 웅거(Roberto Unger)를 인용하고 있다. 웅거는 공동체주의 정치학의 딜레마를 다음과 같이 정리했다.

첫째는 '수직적 통합 대 수평적 통합'의 딜레마다. 이 딜레마는 다양한 형태의 공동체들이 존재할 때 공동체주의는 위계질서에서 높은 위치를 차지한 공동체를 우선해야 하는가, 아니면 모든 공동체들이 동등한 지위를 가진 것으로 가정하고 다원주의적인 관점에서 평등하게 취급해야 하는가와 관련된 문제다.

둘째 '조정자로서의 국가 대 공동체로서의 국가'의 딜레마다. 공동체주의는 국가의 역할을 모든 하위 공동체들을 조정하고 통괄하

하였다.

35) 박정순, 『마이클 샌델의 정의론, 무엇이 문제인가: 지혜의 자각과 자기발견을 위한 철학적 여로』(철학과현실사, 2016), 171쪽.

는 것으로 보는가, 아니면 국가도 하나의 공동체 또는 이익 공동체로 보는가와 관련된 문제다.

셋째 '기존 공동체 대 신생 공동체'의 딜레마다. 기존 공동체가 신생 공동체와 여러 가지 이유로 갈등한다면 공동체주의는 어느 공동체의 편을 들어야 하는가의 문제다.

넷째, '집단 응집력 대 비판적 교육'의 딜레마다. 공동체주의는 집단 응집력을 우선시하지만, 그것은 공동체를 비판적으로 보는 능력을 낮춘다.

다섯째, 첫째와 둘째 딜레마가 합쳐지면 '집단 내 관계와 집단 사이의 관계'의 딜레마가 발생한다. 공동체주의는 기본적으로 집단 내 관계를 중시하고 있지만, 이러한 입장은 다른 집단에 대한 배타성을 키울 수 있다.

여섯째, 셋째와 넷째 딜레마가 합쳐지면 '사회의 구조 대 정치의 과정'의 딜레마가 발생한다.36)

공동체주의는 공동체 사회가 유기체적으로 작동하여 협력한다고 가정하지만 실제로는 그렇지 않다는 것이다. 다양한 집단 이익 또는 이익 공동체들이 타협하고, 합의에 의거해 갈등이 조금씩 해소되는 현실을 공동체주의자들은 무시하고 있다.

공동체주의자들은 현존하는 다양한 공동체들의 관계를 유기적 협력의 관계로만 파악하고 독립적 갈등의 관계로 파악하지 않음으로써 지나친 낙관주의에 빠지게 된 것이다. 이러한 낙관과 거리가 먼 현실 공동체들 사이에서 질서를 잡으려고 한다면 상위 공동체가

---

36) Roberto Unger, *Knowledge and Politics*(New York: The Free Press, 1975), p.289. 박정순, 앞의 책(2016), 171-174쪽에서 재인용.

강압적인 방식을 사용할 수밖에 없다.

다음으로 지적할 수 있는 공화주의의 문제점은 실제로 공화주의적 이상을 부활시키는 것이 가능하다고 할지라도 그렇게 하는 것이 바람직하지 않은 결과를 초래한다는 것이다. 시민이 자발적으로 시민적 덕성을 갖는 것은 매우 어렵기 때문에 공화주의 정치는 항상 강압적이 될 수밖에 없다. 이러한 위험은 민주공화국에서는 형성적 계획이 필수적이라고 주장한 장 자크 루소의 글에도 잘 나타나 있다. 루소에 의하면 공화국의 창시자 또는 위대한 입법자의 과제는 '인간의 본성을 바꾸는 것'이었다. 공화국에 필요한 덕성을 위해서는 개개인이 가지고 있는 성품을 개조해야 한다. 성품 개조는 개인의 자발성이 아니라 국가권력에 의존할 수밖에 없다. 입법자는 모든 인간이 하나의 전체로서 공동체의 공익을 추구하도록 하기 위해서는 개인이 가지고 있는 독립성과 자발성을 부정해야 한다. 루소의 표현을 빌리면, 개개인이 가진 의지가 줄어들고 사라져야 사람들은 일반의지를 수용할 수 있다. 루소는 "시민이 개인으로서는 사소한 존재가 되고, 타인과 협력하지 않고서는 아무것도 할 수 없을 때 … 법률은 가장 완벽한 상태에 접근한다."라고 했다. 공화주의자들도 공화주의를 실현하기 위해서는 개인의 영혼을 통치해야 한다는 '영혼 통치술'의 필요성을 인정한다. 미국 독립선언문에 서명한 벤저민 러쉬(Benjamin Rush)는 인간을 공화주의를 실현하게 하는 기계로 변화시키려고 했으며, 모든 시민에게 개인은 자신에게 속한 것이 아니라 공공재라는 사실을 가르치려고 했다.[37]

이러한 비판에 대해 샌델은 국가권력에 의한 강압을 통하지 않고

---

37) Michael Sandel, 앞의 책(1996), pp.319-321.

서도 공화주의의 영혼 통치술은 실행될 수 있다고 생각한다. 그렇게 엄격하지 않은 부드러운 형태의 영혼 통치술이 시민교육을 통해 가능하다는 것이다. 그는 19세기 시민성의 정치경제학은 시민이 단순히 공통성을 형성하는 것을 넘어서서, 공공선을 잘 숙고할 수 있는 판단력과 독립성을 배양하려고 했다고 주장한다. 샌델은 이러한 판단력과 독립성은 강압을 통해서가 아니라, 설득과 습관화가 결합하여 이루어낸 것으로 이해한다.

샌델은 토크빌이 본 미국 사회의 분산과 차별화라는 미국 공공생활이 형성한 시민성은 루소의 공화주의적 사고와 구별되는 것으로 이해한다. 샌델의 해석에 따르면, 완벽한 조화를 추구하였던 루소는 개성이 전혀 없는 인간만이 일반의지에 복종할 수 있다고 생각했다. 루소는 개인이 모인 공동체를 하나의 유기체로 인식했기 때문에 다양한 의견을 가진 사람들이 참여하는 정치적 논쟁을 허용할 수 없었다. 루소는 어떤 의견을 "처음 제안하는 사람은 이미 모든 사람이 느끼고 있는 것을 말하기만 하면 된다. 구성원의 지지를 이끌어내기 위해 달변이나 수사법을 통해 다른 사람을 설득할 필요가 없다."고 보았다는 것이다.[38]

샌델은 루소가 정치를 강압적인 방향으로 몰고 간 이유를 형성적 의욕 자체가 아니라 공공선은 단일하며 논란의 여지가 없다는 잘못된 가정을 하였기 때문이라고 설명한다. 루소는 토론이나 설득과 합의는 공화주의 정치에서 필요하다고 생각하지 않았다는 것이다. 그러나 샌델은 '시민성의 정치경제학'이나 '자유에 대한 시민적 개념'은 의견의 불일치를 필요한 것으로 여긴다고 설명한다. 자유에

---

38) Michael Sandel, 앞의 책(2005), p.25.

대한 시민적 개념은 정치적 논쟁을 초월하는 방법이 아니라 그 논쟁의 중요성을 인정한다는 것이다.

시민적 공화주의가 시민에게 획일적인 삶을 강제하는 것이 아니라 자신들의 공동 운명에 대해 심의하고 결정할 수 있는 능력을 선(善)으로 본다는 샌델의 입장은, 그가 따르고 있는 아리스토텔레스적 공화주의와 일관적이지 않다. 국가가 특정의 선을 시민에게 장려해야 한다는 아리스토텔레스적인 정치철학과 샌델의 공적 영역에서의 심의에 대한 강조는 서로 갈등을 일으킬 수 있다. 무엇이 심의의 대상이 된다는 것, 민주적 토론의 대상이 된다는 것은 그 과정을 통한 최종 결정이 열려 있다는 것을 전제하고 있는 것인데, 아리스토텔레스의 정치철학은 특정 가치를 심의에 앞서 받아들이고 있다.

샌델은 루소의 단일한 관점과 달리 토크빌이 기술한 공화주의 정치는 만장일치가 아니라 논쟁이 꽃을 피우는 것이라고 생각한다. 토크빌이 말한 공화주의는 개인의 차별성을 존중한다. 이러한 공화주의는 개인 사이의 거리를 없애 하나로 통합하려고 하지 않고, 사람들을 다양한 형태로 모아주고, 그들을 구분하면서도 동시에 연결시킬 수 있는 공공제도를 찾아내어 개인 사이의 간격을 메우려고 한다.39)

샌델이 말하는 공공제도에는 주거 구역과 학교, 종교, 지역 그리고 도덕적으로 살 수 있도록 하는 장치들이 포함된다. 이런 장치는 민주공화국이 필요로 하는 '품성'과 '마음의 습관'을 형성한다. 시민교육기관은 시민에게 공적인 일에 참여하는 것을 반복적으로 가

---

39) 같은 책, p.26.

르쳐 습관이 되도록 한다. 따라서 그 기관들 자체가 다양성을 가지고 있기 때문에 공공생활이 획일적인 전체 안에 녹아들지 않는다는 것이다.[40]

샌델의 이러한 견해는, 자신은 공동체주의자가 아니라는 주장 속에 잘 표현되어 있다.[41] 공동체주의는 공동체의 구성원은 자신이 속한 공동체의 관습적이고 지배적인 가치에 따라 정체성을 형성하고 권리를 보장받는다고 하지만, 공화주의는 공동체를 문화나 혈연 공동체가 아니라 보편적 시민의 삶의 공동체로 본다는 것이다.

이 차이를 설명하기 위해 샌델은 킹 목사의 민권을 위한 행진과 신(新) 나치의 행진을 비교한다. 공동체주의자는 양자를 모두 거부할 것이다. 왜냐하면 킹 목사가 행진하려고 했던 남부에서는 흑백 차별이, 신 나치가 행진하려고 했던 스코키에서는 나치에 대한 증오가 그 지역 공동체의 관습적이고 지배적인 가치였기 때문이다. 공화주의는 공동체를 보편적 가치로서 시민적 평등이 실현되어야 할 곳으로 보기 때문에, 킹 목사의 민권 행진은 허용하고 신 나치의 행진을 금지하는 정책을 입안하고 집행할 수 있다는 것이다.[42]

샌델에 따르면, 공화주의는 공동체주의가 빠질 수 있는 통일된 하나로서 공동체라는 관념에 빠지지도 않는다. 나아가 샌델은 일반 의지에 의해 결정된 공공선에 도전할 수 없다고 주장하는 루소의 주장도 거부한다. 공동체의 소수는 배려와 설득의 대상이지 억압의 대상이 아니라고 보기 때문이다.[43]

---

40) 같은 책, 같은 곳.

41) Michael Sandel, 앞의 책(2009), pp.220-221.

42) Michael Sandel, *Liberalism and the Limits of Justice*(Cambridge: Cambridge University Press, 1998), pp.xiv-xvi.

샌델은 공화주의가 다원성을 인정하기 때문에 필연적으로 강압성을 갖는 것은 아니라고 주장하지만, 이러한 주장은 설득력이 약하다. 다원성이 개인적인 차원이나 샌델이 말하는 공동체 차원에서 인정되려면, 각각의 고유성과 독립성을 인정해야 한다. 개인과 공동체의 다양성을 통제할 수 있는 한 차원 높은 조직을 상정하지 않으면, 다양성을 가진 개인이나 공동체가 그 개인이나 공동체를 넘어 공공의 이익을 도출할 수 없다. 개인과 공동체를 넘어 존재하는 어떤 가치를 가정하지 않으면, 개인과 공동체들이 조화를 이루며 공공선에 기여할 수 없다.

다양성을 규율하는 조직으로 강력한 국가가 없다면 공화주의의 이념은 실현되기 어렵다. 다양성을 존중하는 정치는 그 정치가 초래할 수 있는 위험성도 받아들여야 한다. 공화주의에서 말하는 시민의 품성은 시민이 속한 공동체에 맞추어 형성되기 때문에, 나쁜 공동체는 나쁜 품성을 형성할 수도 있다. 자유주의 없는 공화주의만의 공공철학으로 이러한 안전장치는 확보될 수 없다.

샌델 공화주의의 또 다른 문제점은, 그의 공화주의에는 하이에크가 말하는 원시 본능에 대한 동경이 숨어 있다는 점이다.44) 자치는 과거에는 가능했을지 모르지만, 현대와 같이 세계화되고 복잡해진 사회에서는 실행될 수 없다.45) 물론 과거에 시행된 자치는 샌델이 주장하고 있는 자치와 성격이 달랐다. 구성원의 자율성에 기초한

---

43) Michael Sandel, 앞의 책(1996), pp.318-320.

44) F. A. Hayek, *The Fatal Conceit: The Errors of Socialism*(Chicago: The University of Chicago Press, 1988), p.11.

45) Michael Sandel, 앞의 책(1996), pp.317-324; Michael Sandel, 앞의 책(2005), pp.23-26. 샌델 스스로 이런 문제점을 검토하면서 해소책을 제시하였다.

자치가 아니라 권위주의에 기초한 소규모 공동체를 단위로 한 자치였다. 자치의 성격에 대한 것은 논외로 하더라도, 현대사회와 같이 복잡한 사회에서 '자치'와 같은 공화주의의 이상을 복원하려는 시도는 불가능하다. 공화주의를 실행할 수 있는 사회는 아리스토텔레스가 살았던 아테네 도시국가나 제퍼슨이 살았던 농업국가와 같이 자급자족으로 운영되었던 작은 공동체 사회다. 이러한 공동체에서 시민은 교육과 여가를 누릴 수 있을 정도로 경제적으로나 시간적으로 자유롭고, 공동의 관심사에 대해 숙고할 수 있었다.

그러나 현대사회는 그 성격이 전면적으로 변했다. 사회는 다양한 사람들로 구성되어 있으며, 그 변화의 속도가 빠르다. 공화주의의 핵심적인 요소인 정치적 참여를 통해 자기 자신을 실현할 수 있다는 주장, 개인의 선을 넘어서 공공선이 존재한다는 믿음은 오늘날과 같은 거대 사회에서는 실현될 수 없는 것이다. 자유주의에 익숙한 현대인들은 모든 사람이 공동으로 추구해야 할 공공선이 존재하며 정치적 참여를 통해서만 인간이 인간다워진다는 공화주의의 근본원리를 믿지 않는다.

현대사회의 특성은 세계화와 맞물린 유동성이다. 현대사회는 전통사회와 그 성격이 완전히 다르다. 아담 스미스나 하이에크가 말한 '거대 사회'가 더 진화한 것이다. 이런 사회에서 자급자족의 경제는 가능하지 않다. 상품과 재화, 정보와 이미지가 흘러넘친다. 사람들은 가까운 이웃이나 이웃 국가의 영향만 받는 것이 아니라, 글로벌 경제의 영향을 받는다. 이와 같은 현대사회에서 공통된 시민적 노선을 확립하는 것은 어렵다.

물론 샌델도 전 지구화된 경제에 대항하기 위해 세계시민주의를 확립하는 것은 가능하지 않다는 점을 인정한다. 전 지구적인 경제

제도에 맞서기 위해서는 그것에 부합하는 정치제도가 존재해야 하는데, 그것은 가능하지도 바람직하지도 않기 때문이다. 전 지구적으로 확장된 시민의 정체성은 형성되기 어렵다고 보기 때문이다. 샌델이 대안으로 제시한 것은 작은 단위에서 주권을 행사할 수 있는 시민 자치다.46)

제2세대 공화주의자인 필립 페팃은 공화주의를 재구성하였다. 그는 덕에 대한 강조는 불가피하게 공동체주의와 연결된다는 것을 인정하였다. 공공선과 공동 이익의 실현을 위한 참여로서의 덕을 강조하다 보면, 의도하지는 않았지만 민주주의의 핵심 가치인 다원주의 세계관을 부정하고 일원론적 세계관을 강조하게 된다.

이런 문제를 피하기 위해 페팃은 공화주의의 핵심을 덕이 아니라 자유에서 찾는다. 그러나 페팃은 자유를 자유주의적으로 정의하지 않고 공화주의적으로 새롭게 정의한다. 페팃의 공화주의에 따르면, 자유는 자유주의자들이 주장하듯이 단순히 간섭이 없는 상태가 아니라, 자의적 권력 또는 자의적 지배나 그것의 가능성이 없는 상태다. 공화주의적 자유는 공동의 동의를 통해 제정된 법의 지배가 가능한 자유국가 안에서만 가능하다고 주장한다. 페팃의 공화주의는 자유에 대한 새로운 개념에서 출발하여 자유주의의 난점을 극복하려고 한다.47)

페팃은 자신이 말하는 자유는 정치적 참여를 통한 자아실현이 아니라고 주장한다. 정치적 참여는 단지 자유를 위한 수단일 뿐이다. 공화주의를 이렇게 재규정해야 다원주의 사회인 오늘날의 민주주

---

46) Michael Sandel, 앞의 책(1996), pp.345-348.

47) Philip Pettit, *Republicanism: A Theory of Freedom and Government* (Oxford: Oxford University Press, 1997), p.vi.

의 사회와 공존할 수 있다는 것이 페팃의 생각이다.[48] 페팃의 공화
주의를 아리스토텔레스의 목적론적 공화주의와 구별하여 도구적
공화주의로 부르기도 한다.[49] 아리스토텔레스의 전통에 따라 공동
체에 참여하여 덕을 실천하는 것이 좋은 삶이라고 규정하는 공화주
의는 일원론적 교리이기 때문에 현대 민주주의와 양립하기 어렵다.
이와 달리 도구적 공화주의나 롤즈의 '고전적 공화주의'는 개인의
자유를 보장하기 위한 덕을 강조하기 때문에 일원론에 빠지지 않고
민주주의와 양립할 수 있다. 이렇게 되면 공화주의의 본질과 의미
가 달라지고, 자유주의와의 거리도 좁혀진다.

그러나 샌델의 공화주의는 페팃의 수정된 공화주의가 아니라 아
리스토텔레스의 전통 위에 서 있는 포칵의 공화주의다.[50] 샌델은
페팃의 공화주의를 '길들여진 공화주의'라고 비판하였다. 페팃은

---

48) Melvin L, Rogers, "Republican Confusion and Liberal Clarification",
   Philosophy and Social Criticism 34-7(2008), p.800.

49) Shelly Burtt, "The Politics of Virtue Today: A Critique and Proposal",
   American Political Science Review 87(1993), 페팃은 공화주의를 공동체
   주의의 난점에서 구출하기 위해 '지배의 부재'로 재정의했다. 이러한 공
   화주의가 자유주의와 어떻게 구분될 수 있는가에 대해 반론이 제기되기
   도 한다. 페팃 식의 공화주의는 존 롤즈의 '고전적 공화주의'와 큰 차이
   가 없다는 것이다. 존 롤즈는 공화주의를 '시민적 휴머니즘'과 '고전적
   공화주의'로 구분하고, 개인의 권리보다 공동체의 공공선을 강조하여 공
   동체주의의 기초가 된 포칵 식의 공화주의를 '시민적 휴머니즘'이라 하
   고, 이를 비판한 페팃의 공화주의를 '고전적 공화주의'로 보았다. 롤즈는
   페팃의 입장은 자신의 입장과 멀지 않다고 했다. John Rawls, *Political
   Liberalism*(New York: Columbia University Press, 1996) p.205, p.360.

50) Michael Sandel, "Reply to Critics", in Anita L. Allen, and Milton C.
   Regan, Jr., eds., *Debating Democracy's Discontent: Essays on American
   Politics, Law, and Public Philosophy*(Oxford: Oxford University Press,
   1998), pp.325-327.

또한 샌델의 공화주의를 '도덕적 열정주의'라고 비판하였다. 그러나 샌델은 페팃의 비판에 개의치 않고 자신은 '도덕적 열정주의'를 부흥시키려 한다고 말한다. 샌델은 오늘날 미국인들의 정치적, 도덕적 열정이 지나치게 식어 있다고 보기 때문이다. 샌델은 미국인들은 오늘날 자신에게 부과되는 경제적 불평등과 그것을 초래하게 한 특정 이해 집단의 권력에 맞서지 못하고 있다고 통탄한다. 샌델은 미국인들이 페팃이 말하는 '지배의 부재로서 자유'를 추구할 동력을 상실했다고 주장한다. 샌델은 이렇게 된 이유를 자유주의의 정치적 중립주의와 절차주의가 시민성을 약화시켰기 때문이라고 생각한다. 이것을 극복하기 위해서는 시민의 참여와 시민적 덕성을 본질적 가치로 보는 아리스토텔레스적이고 포괄적인 공화주의가 부활해야 한다고 주장하였다.

그런데 샌델의 공화주의는 근대 자유주의 이후에 나타난 '새로운 공동체주의'[51]에 기초를 두고 있긴 하지만, 제퍼슨의 자작농에 대한 찬사와 매우 흡사하다. 제퍼슨의 자작농 사회에 대한 찬사는 당시 농업사회에서 산업사회로 빠르게 변하는 미국 사회에 널리 퍼진 변화에 대한 두려움을 반영한 것이다. 이미 돌이킬 수 없는 변화를 그대로 수용하지 않고, 실행 가능하지도 않은 대안으로 공화주의를 제시한 것이다. 많은 사람이 원하기는 했지만 되돌릴 수 없이 변한 세상을 공화주의에 맞게 바꿀 수는 없었다. 이와 마찬가지로 샌델

---

51) Markate Daly, "Introduction", in *Communitarianism: A New Public Ethics*, ed. by Markate Daly(Belmont: Wadsworth Publishing Company, 1994), p.xiii. 공동체주의는 현대의 신조어로 '포스트자유주의 철학(postliberal philosophy)'이다. 공동체주의는 서양 근대의 자유주의 전통이 초래한 문제점을 바로잡기 위해 제시되었기 때문에, 자유주의 이전에 등장하여 공동체를 중시한 전통적인 철학과 구별된다.

의 공화주의는 자유주의의 문제점을 지적하는 데는 효과적일 수 있어도 그것의 대안은 될 수 없다.

나아가 샌델은 자유주의 공공철학 때문에 시민적 공화주의의 전통이 사라졌다고 했는데, 실제 역사는 그 반대다. 샌델이 말하는 시민적 공화주의가 사라진 이유는 자유주의 공공철학 때문이 아니라, 농업사회에서 산업사회로의 변화 때문이다. 산업사회의 도래로 거대 도시가 출현하고 농촌 인구가 도시로 이동하면서 시민적 공화주의의 터전이 사라진 것이다. 이런 변화에 부응하여 나온 공공철학이 바로 자유주의다. 시민적 공화주의가 소규모 사회를 배경으로 한 공공철학이라면, 자유주의 공공철학은 대규모 도시를 배경으로 한 공공철학이다.

현대 문명은 도시의 소산이고, 자유주의 공공철학은 도시 문명인 현대 문명의 소산이다. 사람과 부(富)는 도시로 모여들고, 도시에서 과학기술의 발전이 일어나고 여러 가지 재화와 물품이 생산된다. 상인들이 만나 물품과 정보를 교환하는 것이 도시이고 무역의 힘은 도시에서 나온다. 도시는 재화의 생산지일 뿐만 아니라 과학, 철학, 문화, 예술에 힘을 쏟을 수 있는 사람들이 모여드는 곳이다. "문명은 농부의 오두막에서 시작되었지만, 오직 도시에서만 꽃피울 수 있었다."[52] 대부분의 사람들이 도시로 집중된 오늘날과 같은 '거대 사회'에서 시민적 공화주의가 꽃피기는 어렵다.

---

52) Will Durant, *The History of Civilization* Vol 1: *Our Oriental Heritage* (New York: Simon and Schuster, 1954), p.2.

시민적 공화주의 공공철학의 의의

자유주의의 공공철학이 강조하는 관용, 타인에 대한 존중, 절차에 대한 존중과 같은 덕목만으로 사회가 유지되고 발전하기 어렵다고 생각하더라도, 샌델이 강조하는 아리스토텔레스적 정치 곧 국가가 '시민적 덕성' 함양을 주도하는 것은 바람직하지 않다. 이런 상황에서 우리는 공동체 유지를 위해 필요한 여러 가지 덕성을 국가의 강제가 아닌 시민사회가 주도하는 민간 운동을 통해 육성할 수도 있다. 이때 어떤 것이 시민에게 필요한 덕성인가에 대해서는 다원주의적 입장을 견지해야 한다.

우리는 시민적 덕성을 아리스토텔레스나 샌델과는 다른 방식으로 정의해야 한다. 시민적 덕성을 '본질적 가치'가 아니라, 사회를 유지하고 발전시키기 위해 필요한 '수단적 가치'로 해석해야 한다. 시민적 덕성을 본질적인 가치를 지닌 것이 아니라 수단적인 가치[53]를 지닌 것으로 이해하면, 시민적 덕성의 다원성을 인정할 수 있다. 시민적 덕성의 다원성을 인정하면 샌델의 '시민적 공화주의'가 빠질 수 있는 전체주의로의 위험에서 벗어날 수 있을 것이다. 샌델의 '시민적 공화주의'는 그동안 서양 근대 문명이 추구해온 자유주의의 문제점을 드러나게 하였다는 점에서는 높이 평가되어야 한다. 그러나 샌델의 공화주의 공공철학은 서양 근대 문명이 추구해온 이

---

53) Alan Patten, "The Republican Critique of Liberalism", *British Journal of Political Science*, Vol. 26, No. 1(1996), pp.26-27. 앨런 패튼은 이렇게 재해석된 공화주의에 '도구적 공화주의'라는 이름을 붙였다. '도구적 공화주의'는 자유주의 공공철학과 충돌하지 않기 때문에 자유주의 공공철학의 보완재 역할을 할 수 있다.

넘의 경계 안에서 새로운 가능성을 모색하려는 시도 정도로 해석되어야 한다. 서양 근대 문명의 철학적 기초를 벗어나 새로운 철학을 제시한 것이 아니라 그 안에서 미세 조정의 성격을 가지고 있기 때문이다. 게다가 샌델의 공화주의 공공철학은 과거 지향적 요소를 지니고 있으며, 현대 거대 사회에서 실현하기 어려운 많은 문제점을 가지고 있다는 사실도 인정해야 한다.

6장
열린사회와 민주주의

비판적 합리주의

포퍼의 자유주의는 '비판적 합리주의'의 정치경제적 응용에서 나왔다. 포퍼의 비판적 합리주의는 그의 과학철학과 인식론, 사회철학과 역사철학을 포괄한다. 비판적 합리주의는 이성의 비판적 기능을 강조하고, 지식에서 경험의 비중을 높이 평가하는 포퍼의 철학적 입장을 총괄하는 개념이다. 비판적 합리주의는 사유 방식이면서 실천이고, 동시에 삶의 방식이다. 비판적 합리주의의 기본 태도는 비판적 논의에 귀를 기울일 준비가 되어 있고, 자신의 잘못이 무엇인가를 찾아내고, 그 잘못으로부터 배우려고 하는 정신에서 나온다. 포퍼는 비판적 합리주의를 다음과 같이 두 문장으로 간결하게 요약했다.

내가 틀리고 당신이 옳을 수도 있다. 그리고 노력함으로써, 우리 는 진리에 가까이 갈 수 있다.1)

포퍼는 잘못을 계속 수정하면서 잘못으로부터 의식적으로 배우 려는 태도인 비판적 합리주의의 기본 정신을 소크라테스에게서 찾 는다. 소크라테스는 『변명』에서 이렇게 말했다. "나는 내가 아무것 도 모른다는 점만 간신히 알고 있을 뿐이다. 그럼에도 불구하고 델 포이의 신탁은 나를 인간 중에서 가장 현명한 자라 하였다." 소크 라테스는 델포이 신탁을 "나는 나 자신의 무지함을 깨달았다. 아마 나는 나의 편협한 한계에 대한 이와 같은 자각 때문에 자기가 무지 하다는 사실조차 전혀 모르는 다른 사람들보다 약간 현명해진 것이 다."라는 의미로 설명했다. 포퍼는 소크라테스의 자신의 무지에 대 한 자각과 지적 겸손을 비판적 합리주의의 기본 정신으로 받아들였 다.

포퍼는 어떤 주장도 최종적인 진리일 수 없기 때문에 오류 가능 성을 인정해야 한다고 주장한다. 어느 누구도 진리에 대한 독점권 을 가질 수 없다. 인간은 서로 다른 견해와 관심을 가지고 있기 때 문에, 이러한 인간들이 평화롭게 공존할 수 있는 제도가 필요하며, 이 제도는 시민의 권리를 보호하고 선택의 자유와 언론의 자유를 보장해야 한다. 포퍼는 이러한 사회를 '열린사회'라 하였다. 전체주 의 이데올로기는 열린사회의 적이다. 비판적 합리주의는 궁극적으 로 비판의 자유, 사상의 자유를 보호하는 사회적 제도의 필요성을 인정하는 것과 결합되어 있다.

---

1) Karl Popper, *The Open Society & Its Enemies*, New One-Volume Edition(Princeton: Princeton University Press, 2013), p.431.

우리는 불행에 빠져 있는 구체적인 사람을 도울 수 있지만, 그의 의지와 상관없이 그를 사랑하려고 해서는 안 된다. 더구나 추상적인 인류나 민족을 사랑하려고 하면 불행한 결과를 초래할 수도 있다. 포퍼는 다음과 같이 말하였다.

사회는 과학에 의해서도, 플라톤적인 사이비 합리적 권위에 의해서도 지배되어서는 안 되며, 오직 소크라테스적인 이성에 의해 지배되어야 한다. 소크라테스적 이성은 자기의 한계를 인식하며, 타인을 존중하며 타인에게 자신의 생각을 강요하려고 하지 않으며, 심지어는 행복조차도 타인에게 강요하지 않는다.

나는 인류라는 추상적인 전체에 대한 직접적인 감정적 태도를 지니는 것은 거의 불가능하다고 생각한다. 우리는 구체적인 개인으로 있는 인간을 사랑할 수 있다. 그러나 우리는 사고와 상상력의 힘을 빌려, 우리의 도움이 필요한 모든 사람들을 도울 수 있는 마음의 자세를 가질 수는 있다.[2]

포퍼는 인간은 잘못을 범할 수 있는 존재이기 때문에 절대적인 진리에는 도달할 수 없다고 생각한다. 과학자나 철학자, 지성인은 진리를 찾아다니는 사람이 아니라 오류를 찾아 나선 사람이다. 나의 이론이나 생각에 들어 있는 잘못이 무엇인가를 찾아내려고 노력하는 사람만이 진리를 향해 진보할 수 있다. 우리는 자신이 어려운 말로 진리를 설파하고 있다고 주장하는 사람들을 경계해야 한다. 진정으로 진리를 사랑하는 사람은 자신의 입장을 다른 사람들이 잘

---

2) 같은 책, pp.443-444.

비판할 수 있도록 표현해야 한다. 나의 입장은 다른 사람들의 비판을 통해 성장하기 때문이다.

포퍼는 지식을 완결된 진리의 체계라고 생각하는 전통적 인식론을 부정하고, 모든 지식은 가설이거나 추측이라고 생각한다. 특히 과학적 지식은 우리가 범한 잘못을 통해 배움으로써 성장한다고 보았다. 과학의 방법은 우리가 저지른 잘못으로부터 체계적으로 배우는 것이다. 우리가 범한 실수를 체계적으로 찾아냄으로써, 곧 우리는 이론을 비판적으로 검토하거나 토론함으로써 배우는 것이다. 과학의 방법은 위험을 무릅쓰고 감히 잘못을 범하려고 함으로써, 다시 말해 과감하게 새로운 이론을 제시함으로써 배우는 것이다. 포퍼가 강조하는 비판적 토론에서 가장 중요한 것은 경험적 테스트로부터의 논증이다.3)

포퍼는 과학의 이러한 특성에서 '과학의 객관성'을 이끌어내었다. 포퍼에 따르면 과학의 객관성은 과학자의 무사 공정성의 산물이 아니라, 과학적 방법의 사회적, 공적인 성격의 산물이다. 과학자 개인의 무사 공정성은, 그것이 존재한다고 하더라도, 과학적 객관성의 원천이 아니라 결과다. 과학적 객관성은 사회적으로, 제도적으로 보장되는 객관성이다. 과학의 객관성과 비판을 유지하기 위해서는 실험실, 과학 전문 잡지, 학회, 누구나 비판할 수 있는 자유가 확보되어야 한다. 과학은 그 결과보다 그 방법에 의해 특징지어져야 한다는 것이다. 포퍼는 비판을 통해 과학의 객관성과 진보가 확보될 수 있으며, 이것을 보장해주는 것은 민주적 제도뿐이라고 주장한다.4)

---

3) Karl Popper, *The Myth of the Framework: In Defence of Science and Rationality*(London: Routledge, 1994), pp.93-94.
4) Karl Popper, 앞의 책(2013), pp.425-429.

포퍼는 우리가 경험을 통해 배울 수 있으려면 항상 겸손한 태도로 자신의 잘못을 찾아내고 고치려고 노력해야 한다고 말한다. 비판과 토론이 사회적으로 허용되고 장려되어야 한다는 것이다. 그가 말하는 비판과 토론이 허용된 사회가 '열린사회'다. 그는 인간이 인간다운 삶을 영위할 수 있고 문화다운 문화를 누릴 수 있는 유일한 정치적 공간으로 열린사회를 설정했다. 열린사회는 비판적 합리주의의 정치적 귀결이다.

지식의 성장과 열린사회

비판적 합리주의의 핵심은 지식의 성장이고, 지식의 성장은 과학자 공동체를 통해 이루어진다. 포퍼는 과학자 공동체의 특성을 개방성에서 찾고, 과학자 공동체를 바람직한 사회의 모델로 설정하고 '열린사회'라는 이름을 부여했다. 과학의 객관성은 과학자 개인의 무사 공정성의 산물이 아니라, 과학적 방법의 공적인 산물이다. 과학의 객관성은 전문가들 사이의 자유로운 비판을 통해 얻어지는 상호 주관성이다. 비판과 토론이 자유로운 과학자 사회가 포퍼의 열린사회의 범형이다.

포퍼에 따르면 열린사회는 문명의 길로 통한다. 그는 인간과 짐승, 문명과 야만을 열린사회와 닫힌사회로 대비시킨다. 열린사회만이 인간의 인간다운 삶을 보장하고, 폭력이 아닌 이성으로 더 나은 사회를 만들어갈 수 있는 가능성을 제시한다. 포퍼의 '열린사회'는 구체적인 역사적 체험에서 나왔다. 온건한 독재 체제가 유지되고 있던 오스트리아에서 태어난 포퍼는 1935년 처음 영국을 방문했을 때, 영국의 자유로운 공기 속에서 마치 창문이 열린 듯한 기분을

느끼면서 '열린사회'라는 말을 생각해냈다고 한다.5)

열린사회가 추구하는 소중한 가치는 다양성과 관용이다. 다양성은 획일성과 반대되며, 다양성이 허용되는 사회에서만 자유가 살아 숨 쉴 수 있다. 관용은 '다르다는 사실'과 '틀리다는 사실'을 구별하여 다른 삶의 양식을 가진 사람을 위한 공간을 남겨둔다. 우리는 흔히 '다른 것'과 '틀린 것'을 혼동하여 '다른 것'을 '틀린 것'이라고 생각한다. 많은 사람들은 자신과 다른 것은 내가 옳기 때문에 틀릴 수밖에 없으며, 잘못이라고 생각한다. 많은 사람들은 나와 다른 생각, 우리와 다른 문화를 인정하고 이해하고 공존하기 위해 노력하지 않고, 부정하고 낮게 평가하고 말살하려는 태도를 가진다. 이런 생각을 가진 사람이나 국가가 물리적 힘을 가지게 되면 자기와 다른 사람이나 문화를 정복하고 억압하려는 전체주의, 제국주의로 나아가기 마련이다.

이런 열린사회가 정치적 관점에서 해석되면, 상충하는 의견들이 자유롭게 표명되며, 엇갈리는 목적들이 다양하게 추구될 수 있는 다원적인 사회다. 열린사회는 이성과 비판을 신뢰하는 사회다. 열린사회를 구성하는 사람들은 그들 자신을 이성적이고 책임 있는 개인으로 여기고, 스스로 삶을 설계하고 자신의 결정에 대해 책임을 진다. 열린사회는 의견의 대립을 토론과 논의를 통해서 해결하려고 한다. 따라서 열린사회의 선결조건은 모든 사람에게 말할 수 있는 권리를 보장하는 것이다.

'열린사회'에서는 규범을 인간이 만든 것으로 이해한다. 열린사회는 개인의 자유와 권리를 존중하고 그들의 의사가 반영되는 사회

---

5) Herbert Marcuse and Karl Popper, *Revolution or Reform?: A Confrontation*(Chicago: New University Press, 1976), p.78.

다. 개개인이 스스로 독자적인 판단을 내리고 책임지는 사회다. 열린사회의 시민은 자신의 운명은 자신의 손에 달려 있다고 생각한다.

열린사회는 자유로운 개인의 연합이다. 열린사회에서 자유로운 개인은 국가가 제공하는 상호 보호의 틀 안에서 서로 다른 사람의 권리를 존중하면서 책임 있고 합리적인 결정을 통해 더 인간적이고 계발된 삶을 성취해나간다.6)

나아가 열린사회의 지지자들은, 정부의 정책은 무비판적으로 받아들여지지 않고 이성과 경험의 테스트를 받아야 하며, 비판의 빛 아래서 수정되어야 한다고 생각한다. 정치가들도 경험으로부터 배우려는 태도를 취해야 하며, 잘못을 통해 배우려는 태도를 의도적으로 가져야 한다. 과학의 성장을 보장해주고, 객관성의 근거가 되고, 점진적 사회공학의 실현을 가능하게 해주는 비판을 정치적으로 보장해주는 사회가 바로 열린사회다. 따라서 열린사회만이 과학철학적으로, 이성적으로 승인될 수 있는 사회다.

포퍼가 말하는 열린사회는 첫째, 자유로운 토론이 가능하고 그 토론이 정치에 영향을 미치며 둘째, 제도가 자유와 약자를 보호하기 위해서 존재하는 사회다. 포퍼가 제시한 열린사회의 첫 번째 특징에 따르면, 모든 사람들이 자유롭게 정치적인 문제를 위시한 모든 문제에 대하여 토론하고 대안을 제시할 수 있어야 하며, 정책 담당자들이 제시한 대안도 비판의 대상이 되어 수정될 수 있어야

---

6) Bryan Magee, *Popper*(Glasgow: Williams Collins & Co Ltd, 1978), p.93.

한다. 그렇게 되기 위해서는 언론의 자유와 반대파의 존립이 필수적이다. "칼 아닌 언어로 싸울 수 있는 가능성은 바로 문명의 기초이고, 특히 모든 법 제도와 의회 제도의 기초"이기 때문이다. 따라서 신문이나 라디오, 텔레비전 등이 모든 정책을 날카롭게 비판하는 것을 보장해야 한다. 열린사회는 비판적 토론에 열려 있기 때문에 사회적으로 안정적인 사회는 아니다. 독재가 더 안정적이며, 당연히 유토피아가 더욱 안정적이다. 유토피아는 항상 안정적인 상태로 묘사된다.7)

포퍼는 비판적 토론의 가능성과 관련하여 열린사회를 민주주의 사회와 같은 의미로 사용하였다.

민주주의가 위대한 가치를 갖는 이유는 민주주의가 자유롭고 합리적인 토론을 가능하게 하고 이러한 비판적인 토론이 정치에 영향을 미칠 수 있기 때문이다. 그렇기 때문에 나는 폭력을 믿는 사람들 특히 파시스트를 강력하게 반대한다. 대단히 유사한 방식으로 혁명적 마르크스주의자나 네오 마르크스주의자는 '객관적 토론'은 존재하지 않는다고 주장한다. 그들은 다른 사람과 토론하기 위해서는, 토론하기 전에 먼저 다른 사람이 사회에 대해 혁명적 마르크스주의와 동일한 입장을 가지고 있는지 곧 현재 '자본주의' 사회로 불리는 사회를 본질적으로 거부하고 있는지를 확실히 알아야만 한다고 말한다. 이것은 중요한 문제에 대한 토론이 가능하지 않음을 의미한다.8)

---

7) Herbert Marcuse and Karl Popper, 앞의 책(1976), pp.78-80.
8) 같은 책, p.83.

열린사회와 대척점에 있는 사회가 닫힌사회이고, 닫힌사회의 전형이 전체주의 사회다. 포퍼는 당시 좌파 전체주의인 혁명적 마르크스주의와 우파 전체주의인 나치즘과 파시즘을 열린사회의 적으로 규정하고, 이것의 연원을 플라톤, 아리스토텔레스, 헤겔에게서 찾았다. 이들은 반대자와의 토론을 거부하기 때문에 권력을 장악했을 때 폭력을 사용하여 반대자를 탄압한다.

포퍼에 따르면 닫힌사회는 마술적 금기와 독단이 지배하는 억압된 사회이며, 유기체적인 전체주의 사회다. 닫힌사회는 전체나 집단이 존재하지 않는다면 개인이 존재할 수 없다고 하는 집단주의를 본질로 하는 사회이기 때문에, 그 사회를 구성하고 있는 사람들은 이성적인 비판과 그들의 결정에 대해 책임을 질 수 있는 능력을 갖지 못한다. 닫힌사회에서 국가는 시민을 규제하며 국가만이 판단한다.

전체주의 사회는 국가가 시민 생활의 모든 측면을 지배하려고 한다. 국가가 모든 도덕적인 판단을 내릴 수 있는 권리를 가지고 있으며, 국가가 시민의 생활 전체를 규제하고 간섭한다. 열린사회가 "오직 소수의 사람만이 정책을 세울 수 있다고 해도 우리 모두는 그것을 비판할 수 있다."9)는 주장을 지지한다면, 닫힌사회는 "현명한 자는 이끌고 통치해야 하며, 무지한 자는 그를 따라야 한다."10)는 주장을 옹호한다.

플라톤을 위시하여 헤겔, 마르크스, 나치즘 등이 지향하는 유형의 사회가 닫힌사회다. 플라톤의 철학은 권위주의적이고 전체주의적이다. 통치자의 지배는 지적인 능력에 의해서가 아니라 신화에 의해 지지된다. 포퍼에 의하면 플라톤은 닫힌사회의 이론가이고 철

---

9) Karl Popper, 앞의 책(2013), p.177.
10) 같은 책, p.114.

인 통치자에게 절대 권력을 부여함으로써 사회 변화를 방해하려고
한 반동주의자다.

유토피아적 사회공학

지금 여기에 완전한 사회는 존재하지 않는다. 어느 사회든 문제
를 안고 있고 문제를 해결함으로써 좀 더 나은 사회를 만들어야 할
과제를 가지고 있다. 포퍼는 사회 변화를 위한 공학을 유토피아적
사회공학과 점진적 사회공학으로 구분한다. 완전한 사회를 지향하
는 유토피아적 사회공학은 어떤 행위가 합리적 행위가 되기 위해서
는 정해진 목적을 가져야만 한다고 생각한다. 어떤 행위가 합리적
인가, 그렇지 않은가는 그 행위가 어떤 목적을 의식적이고 지속적
으로 추구하는가에 따라 결정된다고 믿기 때문이다.11)

유토피아적 사회공학을 채택하면 우리는 실제적인 행동을 취하
기 전에 궁극적인 정치적 목적이나 이상 국가의 청사진을 선택해야
만 합리적으로 행동할 수 있다. 유토피아적 사회공학은 정해진 목
적을 성취하기 위한 수단으로서 정치적 행동을 고려한다. 유토피아
적 사회공학은 '궁극적 목적'의 실현에 도움이 되는 정치적 행동은
합리적이고 그렇지 못한 행동은 비합리적이라고 주장한다. "어떤
국가를 최상의 국가로 여길 것인가에 대한 대답이 주어진 뒤에, 우
리는 그 국가를 실현함에 있어 가장 효과적인 수단이 무엇인가를
결정할 수 있다."12)는 것이다. 이런 입장에 따르면 합리적이고 비

---

11) 같은 책, p.147.

12) Karl Popper, *Conjectures and Refutations: The Growth of Scientific
Knowledge*(London: Routledge and Kegan Paul, 1978), p.358.

이기적인 정치적 행동은 궁극적인 목적이 결정된 뒤에 행해질 수 있다. 궁극적인 목적으로 이끌어주는 중간의 목적들은 목적이 아니라 수단이다.

점진적 사회공학과 대비되는 전체론적 또는 유토피아적 사회공학은 사적 성격을 갖지 않고 항상 공적 성격만을 갖는다. 유토피아적 사회공학의 목표는 명확한 계획이나 청사진에 따라 사회 전체를 개조하는 것이다. 유토피아적 사회공학은 '요새를 점거하는 것', '국가 권력을 국가가 사회와 일치할 때까지 확대하는 것'을 목표로 삼는다. 그리고 유토피아적 사회공학은 더 나아가 이 '요새'에서 발전하는 사회의 미래를 형성하는 역사적인 힘을 통제하는 것을 목적으로 삼는다. 어떤 발전을 저지하거나 사회의 진행 경로를 예견하거나 사회를 그 경로에 맞춤으로써 요새에서 역사적 힘을 통제하려고 한다.[13]

유토피아적 사회공학은 사회적 실천에 앞서, 그 사회가 추구해야 할 궁극적 목적 또는 이상적인 청사진을 유토피아로 정해놓고 사회 전체를 한 번에 완벽하게 개혁하려고 한다는 점에서 전체론적이다. 사람들은 이런 유토피아적 사회공학에 강한 설득력과 매력을 느낀다.

포퍼에 따르면 유토피아적 사회공학은 궁극적인 목적이나 이상을 실현할 수 있는 효과적인 방법으로 사회 전체의 개혁을 꿈꾼다는 점에서 역사주의와 동맹을 맺고 있다. 유토피아 사회공학자들의

---

13) Karl Popper, *The Poverty of Historicism*(London: Routledge and Kegan Paul, 1976) p.67.

관심은 '전체로서의 사회'의 발전과 사회 전체의 재구성에 있다. 사회 전체를 문제 삼는 전체론을 견지한다는 점에서 유토피아적 사회공학은 역사주의와 공통적인 요소를 갖고 있다는 것이다.

전체론에 입각한 사회 이론에서는, 개인은 오직 전체의 필요에 도움이 되는 경우에만 가치를 갖는다고 생각한다. 전체론은, 모든 집단적 현상은 개인의 행동, 상호작용, 목적, 희망, 사상에서 기인하는 것으로, 개인이 창조하고 보존하는 전통에 기인하는 것으로 이해하는 방법론적 개체론과 대립한다. 유토피아적 사회공학은 사회 전체를 급진적으로 변혁시키려는 계시적 혁명을 꿈꾸기 때문에 기존의 모든 것을 분쇄해야만 한다. 유토피아주의자들은 우리가 '이 세상에 고상한 어떤 것을 실현'14)하기 위해서는 우리의 저주받은 문명 전체를 쓸어버려야만 한다고 생각한다. 이런 입장은 "자본주의는 개혁될 수 없다. 자본주의는 오직 파괴될 수 있을 뿐이다. 만일 좀 더 좋은 사회를 원한다면 자본주의를 파괴해야만 한다."15)라고 믿었던 마르크스의 철학에 잘 나타나 있다.

유토피아적 사회공학의 문제들

포퍼는 이러한 유토피아적 사회공학은 매우 매력적이지만, 위험스럽고, 해로우며, 자기 모순적이며, 폭력으로 귀착되고, 많은 비용이 든다고 비판한다.16) 유토피아적 사회공학이 설정해야 하는 '궁

---

14) Karl Popper, 앞의 책(2013), p.154.

15) Karl Popper, *The Lesson of This Century*(London: Routledge, 1997), p.19.

16) Karl Popper, 앞의 책(1978), p.358.

극적인 목적'은 과학적인 방법으로 결정할 수 없다. 과학적인 방법이나 과학을 통해서 유토피아적 목적을 찾을 수는 없다. 그럼에도 불구하고 유토피아적 청사진을 설계하고 실행해야 한다면 탁월한 지혜와 선견지명을 가진 사람이 필요하다. 현실적으로 유토피아 기술자를 신으로 인정해야 한다. 신은 여럿일 수 없으며 오직 한 사람이나 특정 집단이 신의 역할을 맡아야 한다. 그 이외의 다른 어떤 사람을 신으로 대접해서는 안 된다.

따라서 서로 다른 목적이 유토피아적 목적이 되려고 경쟁하면 필연적으로 폭력으로 귀착한다. 이상적인 사회 상태에 대해서 입장을 달리하는 사람들이 서로 맞서게 되면, 이 대립은 합리적인 방식으로 해소될 수 없으며, 타협은 불가능하다. 이러한 대립은 교리가 다른 타 종교를 이단으로 못 박아 배척하는 종교적 대립과 동일하다. 포퍼는 다음과 같이 말한다.

정치적 행동의 궁극적인 목적을 과학적으로 또는 순수히 합리적인 방법으로 결정할 수 없기 때문에, 이상적인 상태가 어떠해야 하는 것과 관련된 견해의 차이는 논증의 방법으로 해결될 수 없다. 적어도 이상적인 상태에 대한 견해의 차이는 종교적인 차이와 같은 성질을 지니고 있다. 그리고 서로 다른 유토피아적 종교 사이에는 관용이 존재할 수 없다. 유토피아적 목적은 합리적이고 정치적인 행동의 기초 구실을 하고 그러한 행동은 목적이 명확하게 결정된 뒤에 행해질 수 있다. 따라서 유토피아주의자들은 그들의 유토피아적 목표에 동조하지 않거나 유토피아적 종교로 전향하지 않는 경쟁자들을 압박하거나 말살할 수밖에 없다.17)

17) 같은 책, pp.359-360.

따라서 유토피아적 사회공학은 목적 설정 과정에서부터 폭력을 수반하며, 목적을 설정한 뒤에도 폭력을 사용해야 하는 상황은 계속 발생한다. 뿐만 아니라 사회 전체의 재구성은 많은 사람들을 장기간 불편하게 한다. 이 불편은 불평을 수반하고, 권위주의적 사회에서 이러한 불평은 합리적으로 해결될 수 없다. 따라서 통치자는 불평을 토로하는 사람들을 폭력으로 탄압할 수밖에 없다. 폭력은 비판적 합리주의가 옹호하는 비판과 반대파의 존립을 말살한다.

포퍼는 전면적 사회 개혁을 목표로 하는 유토피아적 사회공학은 강력한 힘을 가진 정부를 필요로 한다고 말한다. 정부가 강력한 힘을 가지려면 소수의 지배자에 의한 권위주의적 통치를 해야 하기 때문에 독재정치로 흐른다. 권위주의는 이성적인 비판을 허용할 수 없기 때문에 폭력을 수반한다. "폭력은 언제나 보다 심한 폭력을 유발하며, 혁명은 혁명가를 죽이며, 그들의 이성마저 파괴해버린다."[18] 이성은 선이고 폭력은 악이다. 폭력을 수반하는 유토피아적 사회공학은 비판적 합리주의가 받아들일 수 없는 악이다.

포퍼에 의하면 유토피아적 사회공학은 그것의 방대함과 목적의 변화 가능성 때문에 또 다른 문제를 발생시킨다. 유토피아주의가 이룩해야 할 과업이 너무 방대하기 때문에, 한 사람의 공학자나 한 집단의 공학자들이 당대에 그 과업을 실현하기 어렵다. 후계자가 동일한 이상을 추구하지 않는다면, 그 이상을 위해 바친 국민의 고난은 아무 쓸모가 없어진다.[19]

어떤 정치가가 설정한 이상적인 사회상도 절대적이고 불변적일 수는 없다. 정치적 이상은 가변적이고, 특히 지도자가 바뀌면 정치

---

18) Herbert Marcuse and Karl Popper, 앞의 책(1976), p.86.
19) Karl Popper, 앞의 책(2013), p.150.

적 이상도 바뀌기 마련이다. 처음 설계한 사람에게는 바람직하게 보였던 청사진이 후계자에게는 그렇게 보이지 않을 수도 있고, 시간의 흐름에 따라 이상적인 것에 대한 희망이 변할 수도 있다. 이같은 자연스러운 현상 때문에 정해진 목적이 변경되면 지금까지 시행한 모든 정책이 무위로 끝나게 되며 경비와 시간의 손실을 가져오게 된다. 이와 관련하여 포퍼는 다음과 같이 말한다.

유토피아적 청사진이 결정되었을 당시 많은 사람들에게 바람직스럽게 보였던 것이 그 후에는 바람직스럽지 못한 것으로 보일 수도 있다. 만일 그렇다면, 유토피아주의 전체가 무너지는 위험에 봉착하게 된다. 왜냐하면 궁극적인 정치적 목적을 실현하려고 노력하다가 그 목적을 변경한다면 우리는 혼란에 빠지게 된다. 결정된 어떤 목적을 실현하는 과정에서 그 목적이 변한다면, 우리가 처음 궁극적인 정치적 목적을 결정하고 그 목적을 이룩하기 위해 준비해온 과정 전체가 쓸모없는 것이 되어버린다.[20]

목적이 변하면 수단도 변하게 되고, 지금까지 기울여온 노력의 의미는 사라진다. 이것은 유토피아적 사회공학이 안고 있는 피할 수 없는 함정이다. 그럼에도 불구하고 유토피아적 목적을 변경하려고 하지 않는다면, 그것의 문제점을 숨기면서 선전하고, 비판을 억압하고, 반대파를 제거하기 위해 폭력을 사용할 수밖에 없다. 따라서 유토피아주의는 자멸적이다. 유토피아주의가 아무리 자비롭다고 할지라도, 그것은 우리를 행복하게 할 수 없다. 그것은 전제정치가 초래하는 비참함을 가져다줄 뿐이다.

---

20) Karl Popper, 앞의 책(1978), p.360.

점진적 사회공학

많은 사람들은 완전한 세계를 꿈꾸어왔다. 그러나 완전한 세계는 존재하지 않는다. 모든 사람이 유토피아를 갈망하지만 유토피아는 이 땅에 존재하지 않는다. 존재할 수도 없다. 유토피아는 인간의 세계가 아니라 신의 세계다. 인간은 신이 될 수 없다. 다만 문제로 가득 찬 세계에서 문제를 해결하면서 또 새로운 문제를 만나고, 그 문제를 해결하려고 노력하면서 살아갈 수 있을 뿐이다. 문제 해결을 포기하거나 보다 나은 세계를 향한 노력을 포기하면, 인간은 존엄성을 상실한 노예다. 따라서 우리는 완전한 사회에 대한 꿈을 포기하고 이 세상을 좀 더 좋은 세계로 만들려고 노력해야 한다. 포퍼의 점진적 사회공학은 이러한 인식에서 출발한다.

포퍼가 옹호하는 점진적 사회공학을 채택한 정치가는 사회에 대한 청사진을 가질 수도 있고 갖지 않을 수도 있다. 그는 인류가 어느 날 이상 국가를 실현하고, 이 땅에 행복과 완전을 성취할 것이라는 희망을 가질 수도 있고 갖지 않을 수도 있다.[21] 포퍼는 다음과 같이 말한다.

> 점진적 사회공학자는 사회 전체의 일반적 복지와 같은, 사회 전체에 대한 어떤 이상을 마음속에 간직하고 있을 수도 있지만, 그는 사회 전체를 재설계하는 방법은 신뢰하지 않는다. 그의 목적이 어떠하든, 그는 계속해서 개선할 수 있는 소규모의 조정과 재조정을 통해 그 목적을 달성하려고 한다.[22]

---

21) Karl Popper, 앞의 책(2013), p.148.
22) Karl Popper, 앞의 책(1976), p.66.

점진적 사회공학은 방법론적 개인주의에 기초해 있다. 방법론적 개인주의는 모든 집단적 현상은 개인의 행동, 상호작용, 목적, 희망, 사상에서 기인하는 것으로, 개인이 창조하고 보존하는 전통에 기인하는 것으로 이해한다.

포퍼는 실제적인 조건 아래서 점진적인 사회 실험은 행해질 수 있다고 믿는다. 점진적 사회공학을 채택하면 사회 전체를 혁명적으로 변화시키지 않고 소규모의 실험을 행할 수 있다. 우리는 항상 그러한 실험을 하고 있다. 새로운 생명보험, 새로운 조세제도, 새로운 형벌을 도입하는 것은 사회 전체를 개혁하지 않고 사회 전체에 영향을 미치는 사회적 실험이다.

유토피아적 사회공학자는 사회 실험을 할 때, 사회구조 전체를 고쳐야만 한다고 확신한다. 따라서 그는 보다 소규모의 실험도 하나의 작은 사회의 전체 구조를 고치는 실험으로 생각한다. 그러나 우리는 한 번에 하나의 사회제도만을 바꾸는 실험을 통해 많은 것을 배울 수 있다. 우리는 오직 이러한 방법을 통해서만, 제도가 다른 제도의 구조와 어떻게 들어맞는지, 그 제도들이 우리의 의도에 따라 작용할 수 있도록 어떻게 조정해야 하는지를 배울 수 있다. 우리는 오직 이러한 방식을 통해서만 미래를 개혁하려는 의지를 위태롭게 할 수 있는 심각한 반발을 초래하지 않고, 잘못을 범할 수도 있고, 그리고 그 실수로부터 배울 수 있다. 그러나 유토피아적 방법은 수없는 희생을 초래한 청사진에 위험스럽게 독단적으로 집착하게 된다. 강력한 이해관계가 실험의 성공과 결합되어야만 한다. 이 모든 것은 실험의 합리성 또는 과학적 가치에 기여하지 못한다. 그러나 점진적인 방법은 반복된 실험과 계속적인 재조정을 가능하게 한다. 사실상, 점진적인 방법은, 정치가들이 그들의 잘못을 둘러대고 그리고 그들이 항상 옳았다는 것을 증명하려고 하지 않고, 자신들의 실수가 무엇이었는가를 찾기 시작하는 다행스러운 상황으로 나아가게 한다. 점진적인 방법은 유토피아적인 계획 또는 역사적 예언이 아니라, 정치에 과학적인 방법을 도입하는 것이다. 왜냐하면 과학적 방법의 비밀은 잘못으로부터 기꺼이 배우려는 것이기 때문이다.23)

포퍼는 점진적 사회공학자의 정신을 소크라테스의 정신과 비교한다. "점진적 사회공학자는 소크라테스처럼 자신이 아는 것이 얼마나 적은가를 알고 있다. 따라서 기대했던 성과와 이룩한 성과를 신중히 비교하면서, 그리고 항상 모든 개혁이 수반할 수밖에 없는 원하지 않았던 결과를 경계하면서, 한 걸음 한 걸음 자신의 길을 갈 것이다. 그리고 그는 자신이 원인과 결과를 밝혀낼 수도 없고, 자신이 실제로 무엇을 하고 있는가를 알 수 없을 만큼 복잡하고 광범위한 개혁에는 착수하지 않을 것이다."24)

포퍼의 점진적 사회공학은 과학적 지식의 점진적 성장과 일치하는 개념이다. 과학의 성장이 대담하게 가설을 제시하고, 그 가설이 안고 있는 난점을 점진적으로 제거함으로써 이루어질 수 있듯이, 우리도 우리 사회가 안고 있는 난점을 점진적으로 개선함으로써 문명화된 사회에 도달할 수 있다. 이러한 점진적인 사회공학은 포퍼의 인식론적 요구를 가장 잘 충족시키며, 방법론으로서 건전하다.

포퍼는 물리 기술자와 사회 기술자를 비교하여, "물리 기술자의 주요 과제가 기계를 설계하고 개조하고 그리고 수리하는 일이듯이,

---

23) Karl Popper, 앞의 책(2013), pp.152-153.
24) Karl Popper, 앞의 책(1976), p.67.

점진적 사회 기술자의 과제는 약간의 사회제도를 설계하고, 그리고 이미 존재하는 제도를 개조하고 운영하는 일이다."라고 했다.25) 그가 말하는 '사회제도(social institution)'는 매우 넓은 의미를 지닌다. 사회제도에는 사적 성격을 가진 단체나 공적 성격을 가진 단체가 가진 제도 모두가 포함된다. 사회제도에는 작은 가게와 보험회사와 같은 기업, 학교와 교육 체제, 경찰과 교회, 법정까지 포함된다. 점진적 사회공학자나 기술자는 이러한 사회제도는 대체로 설계의 산물이 아니라 '성장'한 것이라고 여기며, 오직 소수의 사회제도만이 의식적으로 설계되었다고 생각한다.26)

포퍼의 점진적 사회공학은 제도 개혁에 초점을 맞추고 있다. 그러나 제도를 개혁함으로써 모든 문제가 해결되는 것은 아니다. 제도는 사람에 의존하기 때문이다. 그는 제도를 요새에 비유한다. 제도는 그 기능이 사람에게 의존한다는 점에서 요새와 같다. 요새는 잘 만들어져야 할 뿐만 아니라 훈련된 적절한 인원이 배치되어야 한다. 제도는 개인적인 요소가 초래할 수 있는 불확실성을 줄여줄

---

25) 같은 책, p.64.
26) 같은 책 p.65. 사회제도가 '설계된 것'인가 또는 단지 '성장한 것'에 지나지 않는가 하는 두 가지 입장은 사회계약론자들의 입장과 그 입장에 대한 반대자, 예를 들면 흄의 입장에 대응한다. 흄은 사회제도에 관한 '기능적' 또는 '도구주의적' 견해를 버리지 않고 있다. 왜냐하면 사람은 사회제도 없이는 살 수 없다고 말하기 때문이다. 이 입장은 설계되지 않은 제도(예를 들면 언어)의 도구적 성격에 대한 다윈의 설명 곧 유용한 기능을 갖지 못한 제도는 살아남을 수 있는 기회를 갖지 못할 것이라는 다윈의 설명으로 대체될 수 있다. 이 입장에 따르면 이미 존재하는 길을 사용하는 것이 편리하다는 사실을 발견한 사람들에 의해 도로를 건설하려는 의도 없이 도로가 만들어졌다. 이와 같이 설계하지 않은 사회제도는 합리적 행동의 의도하지 않은 결과로 나타날 수 있다.

수 있을 뿐이다.27)

점진적 사회공학의 명법

포퍼가 옹호하는 점진적 사회공학의 특성은 다음과 같은 명법(命
法)에 잘 나타나 있다.

추상적인 선을 실현하려고 하지 말고 구체적인 악을 없애려고 노
력하라. 정치적 수단을 사용하여 행복을 이룩하려고 하지 말라. 구
체적인 비참함을 없애는 것을 목적으로 삼아라. 좀 더 구체적으로
말하면, 직접적인 수단을 사용하여 가난을 없애려고 노력해야 한다.
예를 들면 모든 사람에게 최소한의 수입을 보장함으로써 가난을 없
애려고 노력하라. 병원이나 의과대학을 건립하여 전염병이나 질병을
퇴치하기 위해 노력하라. 범죄와 싸우듯이 문맹과 싸우라. 그러나
이러한 모든 것을 직접적인 방법으로 행하라. 네가 살고 있는 사회
에서 가장 긴급한 악이라고 생각되는 것을 선택하여, 사람들에게 우
리가 그것을 해결할 수 있음을 인내력을 가지고 설득하라.28)

그가 제시한 명법의 핵심은 직접적인 수단을 이용하여 악을 제거
하라는 것이다.

무엇을 사회공학의 목적으로 삼을 것인가에 대해 점진적 사회공
학과 유토피아적 사회공학은 서로 다른 입장을 취한다. 유토피아적
사회공학이 유토피아를 이상적인 목표로 설정한다면, 점진적 사회

---

27) 같은 책, p.66 참고.
28) Karl Popper, 앞의 책(1978), p.361.

공학은 구체적인 사회악의 제거를 목표로 설정한다. 구체적인 사회악이란 많은 사람들에게 고통을 주는 사회 조건으로 비참함, 가난, 질병, 문맹, 부정, 전쟁을 말한다. 점진적 사회공학은 이러한 악에 체계적으로 대항하려고 한다. 사회공학은 인간을 행복하게 해주려고 할 것이 아니라 불행을 피하도록 해주어야 한다는 것이다. 왜냐하면 인간을 행복하게 만들 수 있는 제도적 수단은 존재하지 않는다고 믿기 때문이다.

포퍼가 이상적인 사회에 대한 청사진이 아니라 구체적인 사회악의 제거를 사회공학의 목표로 삼아야 한다고 생각하는 이유는 첫째로 목표 설정이 쉽기 때문이다. 이상적인 사회에 대해서 많은 사람들의 찬성과 동의를 얻기는 어렵지만, 구체적인 악이 무엇인가에 대한 합의는 쉽고 명백하다.

　이상적인 선의 경우 상황은 달라진다. 우리는 우리의 꿈을 통해서, 시인이나 예언자의 꿈을 통해서 이상적인 선을 알 수 있다. 이상적인 선은 토론의 대상이 될 수 없으며, 오직 높은 곳에서 선언될 수 있을 뿐이다. 그것은 공정한 판단과 같은 합리적 태도를 요구하는 것이 아니라 정열적인 설교자의 감정적 태도를 요구한다.29)

이상 사회에 대해 논하기란 대단히 어렵다. 어떤 사회가 이상적인 사회인가에 대해서는 사람마다 생각이 다를 수 있기 때문에, 모든 사람이 자발적으로 동의할 수 있는 단일한 이상적인 청사진을 설정할 수는 없다. 설사 그러한 청사진을 그릴 수 있다 하더라도, 사회생활은 대단히 복잡하기 때문에, 사회공학의 대상인 대규모의

---

29) 같은 책, 같은 곳.

청사진이 실현 가능한가, 어떤 실제적 결과를 가져올 것인가, 어떤 고통을 없애줄 것인가, 구체적인 수단이 무엇인가를 판단하기란 대단히 어렵다.

반면에 '악'은 지금 여기에 구체적으로 존재한다. 가난, 실업, 국가의 억압, 전쟁, 질병은 명백한 악이며, 이 악을 제거해야 한다는 주장에 대해 대부분의 사람들은 반대하지 않는다. 우리는 이러한 것들이 나쁘다는 것을 체험을 통해서 바로 알 수 있다. 이러한 문제를 해결하기 위해 이성적인 태도를 취함으로써 이익을 얻을 수 있다. 합리적인 토론을 통해 더 큰 악을 만들지 않으면서 악을 줄이거나 없앨 수 있다. 이런 경우 청사진이 성공을 거두지 못한다 할지라도 우리가 지불해야 하는 대가는 크지 않으며, 재조정도 어렵지 않다. 위험의 정도가 낮기 때문에 논쟁의 여지가 적다.

우리는 누구나 고통을 회피하려고 한다. 모든 사람은 고통스러운 자리에 가는 것을 싫어한다. 인간이 갖고 있는 가치는 각각 다르고 최상의 정치적 이념이 무엇인가에 대한 일반적인 합의가 어려움에도 불구하고 그것을 추구하려고 하면 국가는 필연적으로 개인의 자유를 간섭하게 되고, 개인이 원하지 않는 것을 강요하게 되며, 나아가 폭력을 수반하게 된다.

포퍼에 의하면 점진적 공학자는 최대의 궁극적인 선을 추구하지 않으며, 그것을 달성하기 위해 싸우는 방법이 아니라 그 사회의 가장 긴급한 악을 찾아내어 그것과 투쟁하는 방법을 채택한다.30) 그는 행복을 증진시키기 위해 노력할 것이 아니라 고통을 제거하기 위해 노력해야 한다고 말한다. 그의 이러한 입장은 확립된 진리의

---

30) Karl Popper, 앞의 책(2013), p.149.

획득이 아니라 거짓 이론의 제거에 초점을 맞춘 과학 방법론을 윤리학에 적용한 것이다.

포퍼는 윤리적 관점에서 볼 때 고난과 행복, 고통과 즐거움 사이는 대칭이 아니라고 생각한다. 그는 공리주의자들의 최대 다수의 최대 행복의 원리나 칸트가 말하는 '다른 사람의 행복을 증진시키는 원리' 대신에 고통의 최소화 원리를 제시한다. 그는 인간의 고통을 줄이기 위해서는 도움을 청할 수 있고, 직접적인 도덕적 호소를 할 수 있지만, 행복을 증진시키기 위해서는 이러한 요구를 할 수 없다고 생각한다. 도덕적인 관점에서 볼 때 다른 사람의 쾌락에 의해 어떤 사람의 고통이 감소할 수 없다. 최대 다수의 최대 행복 대신에 모든 사람의 고통을 최소한으로 줄이는 것이 정책의 목적이 되어야 한다.31)

포퍼는 정치적인 이상의 실현에 의해 인간을 행복하게 하려고 해서는 안 된다고 주장한다. 인간의 고통이 합리적인 공공정책의 가장 긴급한 문제이며, 행복은 긴급한 문제가 아니다. 행복의 성취는 개인적인 노력에 달린 문제로 보기 때문이다. 나아가 포퍼는 다른 사람들의 동등한 권리와 상충하지 않는 한, 자기 스스로의 삶을 가꾸어나갈 수 있는 권리를 모든 사람에게 주어야 한다고 주장한다.32) 온정주의적이더라도 간섭은 허용될 수 없다는 자유주의자의 태도다.

점진적 사회공학을 위한 청사진은 간단하다. 예를 들면 건강, 실업 보험, 중재 재판, 불경기 대책 예산, 교육 개혁과 같은 단일 제도에 대한 청사진이다. 이러한 청사진은 악용된다 해도 손해가 크지

---

31) 같은 책, p.602, 각주 2.
32) Karl Popper, 앞의 책(1978), pp.361-363.

않고, 재조정도 어렵지 않다. 물론 포퍼가 말하는 단일 제도에 대한 청사진이 대담할 수 없다거나 아주 작아야만 한다는 것은 아니다. 다만 그는 청사진이 우리가 체계적인 점진적 사회공학을 시행하면서 얻은 경험을 사용하여 제기되는 문제들을 통제할 수 없을 정도로 복잡하지 않아야 한다는 사실을 강조한다.[33]

그런데 수단과 관련하여 '직접적인 방법'을 선택해야 한다는 포퍼의 주장은 무엇을 뜻하는가? 그것은 선한 사회라고 하는 원대한 이상을 실현함으로써 간접적인 방법으로 악을 제거하려고 해서는 안 된다는 주장이다. 지금의 가난, 실업, 질병, 문맹 등과 같은 악을 먼 장래의 유토피아 건설에 의해 간접적으로 제거하려고 하면 지금 여기에서 고통 받는 사람들을 도외시하게 되고, 환상적인 미래의 꿈을 실현하기 위해 오늘의 세대의 희생을 강요하게 된다.

현재를 과도기로 규정하는 사람들은 미래를 위해 현재를 희생할 수 있다고 주장하지만, 포퍼에 따르면 이것은 잘못이다. 관점에 따라서 모든 상황은 과도기일 수 있다. 어느 세대도 다음 세대의 행복을 위한 수단이 되어서는 안 된다. 모든 세대는 자신의 행복을 추구할 권리를 가지고 있다. 역사는 미래로 흐르기 때문에 미래 세대가 아무리 행복을 누린다 하더라도 과거 세대가 그것으로 보상받을 수는 없다. 우리는 어떤 사람의 불행을 다른 사람의 행복을 위한 수단으로 삼아서는 안 된다는 것이다.[34] 점진적 사회공학의 옹호자는 폭력 대신에 이성적 태도를 존중해야 하며, 누구든지 자신의 입장을 절대화하지 말고 자신도 잘못을 범할 수 있음을 겸허하게 인정하는 관용과 지적인 겸손의 덕을 갖추어야 한다.

---

33) Karl Popper, 앞의 책(2013), p.149.
34) Karl Popper, 앞의 책(1978), p.326.

포퍼는 자유주의자인가

과학적 방법과 열린사회에 기초한 포퍼의 정치철학의 현재성, 현실 정치 이념과의 관계에 대한 해석은 학자에 따라 다르다. 그의 정치철학 저서인 『열린사회와 그 적들』과 『역사법칙주의의 빈곤』이 나치즘이나 마르크스주의 같은 전체주의의 문제점을 다루고 있고 냉전시대의 자유주의 이데올로기를 대변했기 때문에 그의 정치철학을 역사적 유물로 간주하는 학자도 있다. 반면에 포퍼의 정치철학에서 현재 우리가 당면한 문제를 해결할 수 있는 실마리를 찾을 수 있기 때문에 여전히 현재성을 지닌다는 주장도 있다. 후자를 대변하는 정치철학자인 파빈은, 포퍼의 정치철학은 단순히 역사적 유물이 아니라 오늘날에도 실효성을 지니고 있다고 주장한다.[35]

포퍼는 인식론, 지식의 성장, 합리주의에 대한 자신의 철학적 입장을 토대로 사회정의, 민주주의, 자유, 평등, 권리, 민족주의와 같은 다양한 주제에 접근했다. 그는 과학철학에 적용한 개방성과 지적 정직성의 논리를 정치 이론과 실천에 적용함으로써 자유민주주의 사회를 옹호했다. 포퍼는 자신의 지식론을 수용하는 사회는 필연적으로 열린사회로 나아갈 것이라고 믿었다. 포퍼의 열린사회 옹호 곧 정치적 관점은 진리와 지식에 대한 그의 관점에서 유래한 것이지 자유주의나 자유민주주의 자체의 정당성에서 나온 것은 아니다.[36]

포퍼는 정치 이념이 아니라 자신의 인식론에서 정치 체계와 정책

---

35) 필 파빈, 이화여대 통역번역연구소 옮김, 「한국어판 서문」, 『칼 포퍼』(아산정책연구원, 2015), 6쪽.
36) 같은 글, 7쪽.

의 정당성을 도출하였다. 포퍼는 자신의 인식론에서 자유민주주의적 가치와 규범, 토론의 자유와 민주적 책임성, 법치주의, 정책 및 원칙과 관련된 모든 것들이 공적 심의를 할 수 있는 제도를 이끌어 낼 수 있다고 믿었다. 언론 통제가 아니라 언론의 자유, 독재가 아니라 민주주의, 독단적 결정이 아니라 토론, 유토피아적 사회혁명이 아니라 점진적 사회개혁, 무력 대신에 이성을 선택하게 된다는 것이다. 이러한 가치 선택은 우리 시대의 심의민주주의, 사회정의, 자유와 권리, 세계주의를 옹호하는 강력한 논거가 된다는 것이다.

이러한 가치는 민족주의, 불평등을 거부하고 세계적 재분배와 인권을 지지하는 현대 자유주의와 부합할 뿐만 아니라 심의민주주의를 지지한다. 개인의 자유와 평등을 침해할 수 있는 자유방임주의 경제를 경계하고, 자유를 유지하고 공적 심의를 확산하기 위해 필요한 조건을 마련하기 위해서는 국가 차원에서 불평등이 완화되어야 할 것이다. 포퍼의 인식론은 개인의 자유와 평등, 정의와 같은 자유주의의 원칙을 옹호한다.37)

그는 자신이 신봉한 진리와 지식에 대한 이론에서 계몽주의적 가치를 이끌어냈으며, 정치 이론이나 실제가 자신이 옹호한 계몽주의적 가치를 실현하는 경우에만 그것을 지지하였다. 포퍼는 자유주의와 민주주의가 자신이 옹호한 계몽주의적 가치와 일치하지 않는 결과를 도출할 때에는 자유주의와 민주주의에 대해서도 비판적인 태도를 견지하였다. 뿐만 아니라 그는 자유주의나 민주주의, 자유지상주의, 보수주의 사상에 부합하지 않는 정치적 신념이라도 그것이 자신의 계몽주의적 가치와 양립하는 경우에는 받아들였다. 포퍼는

---

37) 같은 글, 8-9쪽.

정치 체제나 정책의 정당성을 이념에서 구하지 않았고, 특정의 정치 이념에 자신을 귀속시키지도 않았다. 그럼에도 불구하고 그는 사회민주주의자, 자유주의자, 자유지상주의자, 보수주의자로 분류되기도 하였다.

앤소니 퀸턴은 포퍼를, 로크, 벤담, 존 스튜어트 밀, 하이에크로 이어지는 고전적 자유주의자의 전통을 이어받아 자유주의 원리를 새롭게 제시한 철학자로 규정했다.38) 그레이는 포퍼의 정치사상을 자유주의에 초점을 맞추어 부각시켰다.39) 매기는 포퍼를 사회민주주의자로 기술하였다.40)

포퍼는 "나는 개인의 자유를 지지하며, 그 누구보다도 국가의 강제와 정부 관리의 오만을 증오한다. 그러나 유감스럽게도 국가는 필요악이다. 국가가 없으면 아무것도 되지 않는다. 슬픈 일이지만 사람이 많아지면 많아질수록 국가도 많아진다는 주장은 진실이다."41)라고 하였다. 포퍼의 이런 입장을 자유주의와 관련하여 어떻게 해석해야 하는가? 포퍼는 다음과 같이 말하였다.

　　나는 항상 '자유주의자(liberal)', '자유주의(liberalism)'라는 말을 (미국에서 사용하는 의미는 아니지만) 여전히 영국에서 일반적으로 사용하는 의미로 사용한다. 나는 자유주의자를 어떤 정당에 동조하

---

38) Anthony Quinton, "Karl Popper: Politics Without Essence", in *Contemporary Political Philosophers*, Anthony de Crespigny and Kenneth Monogue, eds.(London: Methuen & Co, 1976), pp.147-149.

39) John Gray, *Liberalisms: Essays on Political Philosophy*(London: Routledge, 1991), pp.10-27.

40) Bryan Magee, 앞의 책(1978), p.84.

41) Herbert Marcuse and Karl Popper, 앞의 책(1976), p.87.

는 사람이란 의미로 사용하지 않고, 단지 개인의 자유(individual freedom)를 존중하고 모든 형태의 권력과 권위가 안고 있는 위험을 민감하게 포착하는 사람이라는 의미로 사용한다.42)

포퍼는 개인의 자유를 존중하고 모든 형태의 권력과 권위가 안고 있는 위험을 민감하게 포착하는 사람을 자유주의자로 규정한다. 자유주의자가 '개인의 자유'를 침해하는 '모든 형태의 권력과 권위'를 위험스러운 것으로 이해하는 사람을 의미한다면, 포퍼는 고전적 의미의 자유주의자라고 볼 수 있다. 포퍼는 밀이 『자유론』에서 주장한 것과 같이, 개인의 자유를 가장 중요한 가치로 생각하기 때문이다. 포퍼는 다른 자유주의자들과 마찬가지로, 남에게 해를 끼치는 경우를 제외하고 자신의 의지에 반하여 어떤 제재도 받지 않아야 한다는 입장을 견지하고 있다.

국가의 민주주의적 간섭

포퍼의 국가관은 국가 무력(無力)론이나 국가 소멸론을 주장한 마르크스의 국가론과 대비된다. 혁명을 통해 새로운 사회의 건설을 주창하는 마르크스와 달리, 그는 자유민주주의적 국가 안에서 마르크스가 제기한 문제를 해결할 수 있다고 생각한다. 마르크스가 지적한 노동자들의 소외나 착취 문제도 자유민주주의의 제도 안에서 해결될 수 있다고 믿는다. 노동자들이 필승의 신념으로 투쟁을 지

---

42) Karl Popper, 앞의 책(1978), p.viii; K. R. Popper, *In Search of A Better World: Lectures and Essays from Thirty Years*(London: Routledge, 1992), p.160, 각주.

속하다 보면 단결심이 강화되고, 그 강화된 단결력으로 투쟁을 계속하면 드디어 착취와 권력 남용을 금지하는 법률을 제정할 수도 있을 것이라고 믿는다.

그는 영국, 미국, 스웨덴에서와 같이 '좀 더 작은 민주주의'를 통해 마르크스가 말한 자본주의의 부정적인 상황을 개선할 수 있다고 주장한다. 영국과 미국, 스웨덴에서는 민주주의적 간섭을 통해 상황을 개선하였다는 것이다. 비참한 시대가 영원히 지속되는 것을 막기 위해 우리가 폭력적 수단을 동원할 필요는 없다는 것이다. 우리는 우리가 살고 있는 세계를 개선할 수 있는 기술을 개발할 수도 있으며, 점진적 사회공학이나 민주주의적인 간섭을 위한 방법을 발전시킬 수도 있다고 믿기 때문이다.43) 그는 자유를 보장하기 위한 제도적 장치들을 점진적으로 변혁함으로써만 우리는 보다 좋은 세계를 이룩할 수 있다고 주장한다.

포퍼는 마르크스가 지적한 문제 해결을 위해 우리가 취할 수 있는 태도는 세 가지라고 말한다. 첫째는 정치 또는 법적 제도의 틀을 통해서는 상황을 교정할 수 없으며, 오직 완전한 사회혁명, 사회체제의 완전한 변화를 통해서만 문제를 해결할 수 있다고 생각하는 태도다. 두 번째는 자유 시장 기구로부터 얻을 수 있는 엄청난 이익을 강조하고, 이러한 사실로부터 참된 자유노동 시장은 관련된 모든 사람에게 가장 큰 이익을 제공한다는 결론을 내리는 제한 없는 자본주의 제도를 옹호하는 태도다. 세 번째는 형식적 자유를 신뢰하고 제도적으로 문제를 해결하려는 태도다.44) 이 가운데 포퍼는 세 번째 태도를 지지한다.

---

43) Karl Popper, 앞의 책(2013), pp.350-352.
44) 같은 책, pp.332-334.

포퍼는 마르크스가 묘사한 제한 없는 자본주의는 정의롭지 못하며 비인간적 제도라고 믿는다. 제한 없는 자본주의는 '자유의 역설'이라는 문제점을 안고 있다. 포퍼는 제한받지 않는 자유가 자멸하듯이 제한받지 않는 자본주의도 자멸한다고 주장한다. 무제한의 사유는 강한 사람이 약한 사람을 위협하며 그의 자유를 강탈할 수 있다. 따라서 국가가 어느 정도 자유를 제한해야만 한다는 것이다. 포퍼는 그렇게 함으로써 모든 사람의 자유가 법에 의해 보호되며, 모든 사람은 타인의 자비심이 아니라, 국가에 의해 권리를 보호받는다고 생각한다. 포퍼는 국가가 폭력 또는 물리적 위협으로부터 시민을 보호해야 한다고 주장하면서, 그 보호의 영역을 경제에까지 확장하여 다음과 같이 말하였다.

국가가 물리적 폭력으로부터 시민을 보호한다고 할지라도, (원리적으로 제한 없는 자본주의 체제 아래에서 그랬던 것처럼) 경제적 힘의 잘못된 사용으로부터 보호하지 못한다면 국가는 자신의 목적을 달성할 수 없다. 이러한 국가에서는 경제적 강자는 경제적 약자를 괴롭히고 약자로부터 그의 자유를 마음대로 강제로 빼앗아 갈 수 있다. 이러한 상황 아래서 무제한의 경제적 자유는 무제한한 물리적 자유와 마찬가지로 자기 모순적이며, 경제적 힘은 물리적 폭력과 마찬가지로 위험스럽다. 잉여 식품을 소유한 사람은 폭력을 사용하지 않고도 굶주린 사람들을, 그들 스스로 그들의 노예 상태를 '자유롭게' 받아들이도록 몰고 갈 수 있기 때문이다. 국가가 자신의 활동을 폭력의 억압과 재산의 보호에만 제한할 때, 경제적 강자인 소수가 이런 방식으로 경제적 약자인 다수를 착취할 수 있다.[45]

---

45) 같은 책, p.333.

이것은 포퍼의 경제적 폭력에 대한 정치적 처방이다. 우리는 경제적 약자를 경제적 강자로부터 보호하기 위해 국가의 힘에 의해 사회적 장치를 수립해야 한다는 것이다. 국가는 어느 누구도 굶어 죽거나 경제적 파멸의 두려움 때문에 불평등한 관계 속에 빠져들어 갈 필요가 없도록 보살펴야 한다는 입장이다. 이것은 무제한적 경제 체제 원리인 불간섭의 원리를 포기하는 것이다. 포퍼는 만일 우리의 자유가 안전하게 지켜지길 원한다면, 무제한한 경제적 자유의 정책은 국가의 계획경제 간섭으로 대치되어야 한다고 주장한다.46) 이처럼 포퍼는 무제한적인 자본주의는 경제적 간섭주의로 대치되어야 한다고 믿는다.

나아가 포퍼는 이러한 경제적 간섭이 서구 사회에서는 실제로 일어났기 때문에 마르크스가 묘사하고 비판한 경제 체제는 이제 어디에도 존재하지 않는다고 말한다. 서구 민주주의 국가는 경제 영역에서의 재산 보호와 '자유로운 계약'을 전면적으로 허용하지 않고 여러 형태의 간섭주의적 체제를 발전시켰다는 것이다.

포퍼는 경제적 힘을 민주적으로 통제하기 위한 제도의 정당성을 인정한다. 그는 형식적 자유를 일단 성취한 후에 우리는 여러 가지 방식으로 선거에서의 표 매수 행위를 통제할 수 있다고 믿는다. 예를 들어 선거 자금을 제한하는 법을 만들 수 있다. 민주적 통제를 위해 엄격한 법을 만드는 것도 우리에게 달린 문제라는 것이다. 법률은 법률 자체를 보호할 수 있도록 보다 강력한 도구로 만들어질 수 있다. 나아가 우리는 여론을 조성할 수 있으며, 정치적 문제에 있어서 보다 엄격한 도덕적 규범을 요구할 수도 있다.

---

46) 같은 책, 같은 곳.

이 점에서 포퍼는 경제적 자유주의자는 아니다. 그는 완전고용을 경제학의 중요한 과제 가운데 하나로 설정한다. 그는 다음과 같이 말한다.

전통적으로 경제학의 중요한 과제 가운데 하나는 완전고용의 문제를 숙고하는 것이었다. 그런데 대략 1965년 이후 경제학자들은 그것에 대해 생각하는 것을 포기했다. 그것은 큰 잘못이나. 완선고용은 해결할 수 없는 문제가 아니다. 그것은 해결하기 어려운 과제일 수는 있지만, 분명히 해결할 수 없는 과제는 아니다.

우리의 첫 번째 과제는 평화다. 두 번째 과제는 아무도 기아에 시달리지 말아야 한다는 것이다. 세 번째 과제는 완전고용에 접근하는 것이다. 물론 네 번째는 교육이다.47)

포퍼는 이 과제들을 실현하기 위해서 정부의 역할이 필요하다는 점을 인정했다. 특히 교육과 관련하여 어린아이에게 유해한 텔레비전 프로그램에 대해서는 정부가 금지해야 한다는 입장을 견지하였다.48) 그에 따르면 우리가 무엇보다도 명심해야 할 것은 이런 종류의 사회공학이 우리의 임무이며 또 그것은 우리의 능력 안에 있다는 것을 깨닫는 일이다.

그는 어떤 경제적 지진이 기적적으로 일어나 새로운 경제적 세계가 우리에게 출현할 것이라고 기대해서는 안 된다고 주장함으로써, 자본주의 체제에 대한 부정으로까지는 나아가지 않았다. 그렇다고

47) I. Jarvie and S. Pralong, eds., *Popper's Open Society After 50Years* (London: Routledge, 1999), p.36.
48) Karl Popper, 앞의 책(1997), p.60.

포퍼가 민주주의 국가를 전면적으로 신뢰하는 것은 아니다. 국가에 대한 그의 생각은, 정치의 근본 문제는 통치자에 대한 통제, 국가권력의 위험스러움에 대한 통제라는 생각에 압축적으로 담겨 있다. 포퍼는 정치를 크게 신뢰하지 않는다. 그는 점차로 증가하는 국가권력의 정책에 숨어 있는 위험을 분명하게 깨닫고 있었다.

포퍼는 국가 간섭주의가 갖는 위험성을 충분히 인식하고 있다. 그는 그가 옹호하는 점진적 사회공학도 국가권력을 증가시키는 경향이 있음을 깨닫고 대응 장치를 마련하려고 하였다. 그는 국가권력은 언제나 위험스러운 필요악으로 남아 있어야 한다고 생각했다. 왜냐하면 간섭주의적 계획에 따라 국가에 더 큰 힘을 부여하고 우리가 감시를 소홀히 하며, 민주적 제도들을 강화하지 않게 될 때, 우리는 자유를 상실하게 되기 때문이다.

포퍼는 '자유의 역설'뿐 아니라 '국가 계획의 역설'이 존재한다는 사실을 받아들였다. 우리가 계획을 너무 많이 하면, 우리가 국가에 너무 많은 권력을 부여하면, 자유를 잃게 된다는 것이 국가 계획의 역설이다. 국가 계획의 역설이 발생하면 국가 계획은 종말을 맞이한다. 포퍼는 국가 간섭은 자유의 보호를 위해 꼭 필요한 것에만 제한해야 한다고 주장한다. 그는 우리가 늘 경계심을 가져야 하며 또한 자유의 보호에 꼭 필요한 힘 이상의 것을 국가에 부여해서는 안 된다는 생각을 가지고 있었다. 그는 국가의 힘은 시민의 힘과 비교해볼 때 언제나 강력해질 위험이 크기 때문에 국가에 너무 많은 권력을 부여하여 자유가 사라지지 않도록 해야 한다고 주장했다.[49]

---

49) Karl Popper, 앞의 책(2013), p.338.

포퍼는 자유의 보호는 제도를 통해 이루어져야 한다고 주장한다. 통치자를 통제하는 문제는 제도적 문제라는 것이다. 우리는 제도를 통해 나쁜 통치자들까지도 너무 많은 나쁜 짓을 못하도록 방지해야 한다. 중요한 것은 자의적인 지배자의 힘의 확대를 막는 것이다.

포퍼는 경제적 약자를 보호하기 위해 국가가 경제를 간섭하는 방법을 두 가지로 구분하고 그 차이를 설명한다.50)

첫째는 '법률적 틀'을 설계하는 것이다. 둘째는 통치자가 국가권력기관이 인정한 범위 내에서 조치를 취하도록 지시하는 방법이다. 첫 번째 절차를 '제도적' 또는 '간접적' 간섭이라 부르고, 두 번째 것은 '대인적' 또는 '직접적' 간섭이라 부를 수 있다. 포퍼는 민주적 통제의 견지에서 볼 때 모든 민주적 간섭이 취해야 할 분명한 정책 수단은 첫 번째 방법이고, 첫 번째 방법이 부적절한 경우 두 번째 방법을 택할 수밖에 없다고 생각한다. 포퍼는 점진적 사회공학의 관점에서 볼 때 두 방법의 차이는 대단히 중요하다고 말한다. 첫 번째의 경우 우리는 제도적 방법을 통해서만 문제들을 토론과 경험에 의거하여 조정할 수 있고, 정치 행위에 시행착오의 방법을 적용할 수 있다. 그것은 장기적이다. 미리 예측하지 못했거나 원하지 않은 결과들에 대비하고 그 틀의 다른 부분에 변화가 나타날 경우를 대비하기 위해서는 견고한 법적 틀은 완만하게 변화될 수밖에 없다. 그리고 그것만이 우리가 어떤 목적을 마음에 두고 개입했을 때 어떤 변화가 실제로 일어났는가를 경험과 분석에 의해 발견할 수 있게 한다.

그러나 두 번째 경우와 같이 통치자나 공무원의 재량에 따른 결

---

50) 같은 책, pp.339-341.

정들은 이러한 합리적 영역 밖에 놓여 있다. 그런 재량에 따른 결정들은 단기적인 결정으로서 날마다 또는 해마다 달라질 수 있는 일시적인 것이다. 예를 들어 국가 예산의 경우와 같이 단기적인 문제들은 공개적으로 토론될 수조차 없다. 정보가 충분하지 않으며 결정을 내리는 원칙이 모호하기 때문이다. 무엇이 균등하며 무엇이 공정한 것인가를 결정하는 것은 예산국장의 재량과 감각에 의존할 수밖에 없다는 것이다. 설령 결정에 원칙이 있다고 하더라도 보통 제도화되어 있지 않고 내부 관례의 일부일 뿐이다.

법적 틀은 모든 시민에게 알려지고 시민은 그 법을 이해할 수 있어야 한다. 법의 기준은 예측 가능하다. 법은 사회생활에 확실성과 안전성을 가져온다. 반대로 대인적 간섭 방법은 사회생활에 예측 불가능한 요소들을 많이 끌어들여 비합리적이며, 사회생활을 하는 데 있어 불안감을 조성한다. 재량권의 사용은 일단 인정되면 아주 빨리 커지는 경향이 있다. 조정이 필요해도, 단기적 안목에서 재량권에 의해 결정된 사항들에 대한 조정을 제도적인 방법에 의해 수행할 수 없기 때문이다. 이런 경향은 그 사회의 비합리성을 증가시킨다. 즉 그것은 모든 일의 배후에 숨어 있는 힘이 있다는 인상을 불러일으켜 많은 사람들이 사회 음모설을 받아들이게 한다. 사회 음모설은 계급간의 적대감, 사회적이고 국가적인 이단의 색출 작전 같은 결과를 초래하게 된다. 포퍼는 양자의 차이를 이해하는 것이 대단히 중요하다고 생각한다. 양자의 차이는 '누가 통치자가 되어야 할 것인가?' 하는 해묵은 물음이 '통치자들을 우리가 어떻게 길들일 수 있을까?' 하는 보다 실질적인 물음으로 대치될 때 분명하게 드러난다. 포퍼는 사람보다 제도가 우선적인 자리를 차지할 때 우리는 더 많은 자유를 누릴 수 있다고 생각한다.

특정 이념에 매이지 않는 포퍼의 정치철학

포퍼의 정치철학은 어느 특정 이념과 정확하게 일치하지 않는다. 포퍼는 자신이 옹호하는 국가를 보호주의 국가라 부른다. 경제학사 들은 국가가 정책을 통해 어떤 산업을 보호하는 것을 보호주의라 하고, 윤리학자들은 국가가 시민을 도덕적으로 보호하기 위해 감독 하는 것을 보호주의라 하지만, 포퍼는 자신의 보호주의는 이런 것 과 무관하다고 말한다. 포퍼의 입장에 따르면 그의 보호주의는 근 본적으로 자유주의적인 이론이지만, 엄격한 무간섭 정책 곧 자유방 임과는 다르다. 그는 어떤 자유도 국가가 보호해주지 않으면 존재 할 수 없기 때문에 자유주의와 국가 간섭은 서로 모순되는 것이 아 니라고 주장한다.51) 따라서 포퍼를 자유지상주의자나 복지 자유주 의자 가운데 한 진영에 귀속시키기는 어렵다. 그는 국가를 전적으 로 신뢰하거나 불신하지 않고 적정한 역할이 있다는 것은 인정했다 는 점에서 넓은 의미의 자유주의자이며, 인류의 역사에 대해서는 낙관주의자였다.

포퍼는 끝까지 낙관주의를 버리지 않았다. 서거 6주 전(1994년 7 월 29일) 마지막 인터뷰에서 그는 "현대사회의 여러 문제에도 불구 하고, 나는 세계에 대해 낙관주의자다. 낙관주의자가 되는 것은 우 리의 의무다. 오로지 낙관적인 입장에서만 우리는 적극적일 수 있 고 우리가 할 수 있는 일을 수행할 수 있다. 만약 당신이 비관주의 자가 된다면, 당신은 미래를 포기해야 한다. 우리는 여전히 낙관주 의자로 남아야 한다. 우리는 세계가 대단히 아름답다는 관점에서

---

51) 같은 책, p.106.

세상을 보아야만 한다. 그리고 그 세상을 좀 더 나은 세상으로 만들기 위해 우리가 할 수 있는 것을 해야 한다."라고 말함으로써 '더 나은 세상'에 대한 꿈을 유지하였다.[52]

---

52) I. Jarvie and S. Pralong, eds., 앞의 책(1999), p.38.

7장

기초 없는 자유주의

근대 서양에서 과학과 자유민주주의

확실한 지식의 체계로서 과학과 하나의 이념으로서 자유민주주의는 근대 서양이라는 시대의 산물이다. 과학과 이데올로기는 인식론적으로 구별되는 것처럼 보이지만, 양자는 동일한 시대정신에 뿌리를 두고 있다. 그 뿌리에는 인간이 모든 존재의 정점에 있으며, 인간은 존재하는 모든 것을 객관적으로 기술할 수 있고, 설명할 수 있고, 통제할 수 있다는 믿음이 자리 잡고 있다. 근대인은 합리성을 숭배하고, 객관적인 지식이 축적되고 나아가 인류가 진보하리라는 확실한 믿음을 가지고 있었다. 근대인은 세계에 대한 보편적 이론의 발견은 인류의 번영과 직결될 것이라고 생각하였다. 보편적 지식으로서의 과학과 보편적 이념으로서 자유민주주의가 확실한 기초를 가져야만 한다는 생각은 보편성을 신뢰한 근대 계몽주의와 과학주의의 산물이다.

그러나 20세기 후반에 이르러 포스트모더니즘에 대한 논의가 등장하면서 근대적인 세계관은 강한 도전을 받고 있다. 오늘날 보편성에 대한 믿음은 위기에 직면하였다. 세계를 하나의 공통의 방정식으로 환원하거나, 세계에 적용할 수 있는 공통의 척도를 찾으려는 보편성을 향한 노력은 잘못된 전제에서 출발하였다고 비판하는 사람들이 있다. 나아가 보편성을 향한 철학적 집념은 오히려 인간의 다양성과 개성을 식민지화한다는 비판도 있다.

네오 프래그머티스트인 로티는 과학이 보편적 지식이기 때문에 다른 문화의 토대가 될 수 있다는 근대적인 과학관에 비판적 입장을 견지하면서도, 자유민주주의는 긍정적인 태도로 적극적으로 지지하려고 한다. 그는 실재, 합리성, 객관성과 관련된 보편성을 부정하고 '우연성'을 내세우면서도, 자유민주주의에 대해서는 우호적인 입장을 가지고 있다. 겉보기에 모순적인 것처럼 보이는 그의 입장을 어떻게 이해해야 할 것인가? 이 질문에 대한 대답은 그의 프래그머티즘 재해석과 그의 '자유주의 아이러니스트' 옹호와의 관계를 살펴봄으로써 알 수 있다.

자유민주주의의 정당화

로티는 전통적인 정치철학이 자유민주주의를 정당화하려는 노력을 비판하면서도 여전히 자신은 '자유주의자', '포스트 모더니스트 부르주아 자유주의자', '비극적 자유주의자', '자유주의 아이러니스트', '사회민주주의자'1)라고 생각한다. 그에 의하면 자유주의 사회는 "그 사회의 이상이 힘이 아니라 설득에 의해서, 혁명이 아니라 개혁에 의해서 실현되고, 현재의 언어적 실천이 새로운 실천을 제한하는 다른 언어적 실천과 자유롭게 개방적으로 만날 수 있는 사회다."2) 이런 사회는 자유를 제외한 다른 목적을 가지고 있지 않다. 나아가 자유주의 문화는 일련의 토대가 아니라 개선된 자기 기술(記述)을 필요로 한다고 말한다. 자유주의 문화가 토대를 가져야 한다는 생각은 계몽주의 시대 과학주의의 산물이며, 이것은 인간이 수립하는 기획의 토대를 비인간적 권위에서 찾으려는 종교적 욕구의 산물이라는 것이다.3)

이러한 맥락에서 본다면 그는 자유주의 자체에 반대하고 있는 것이 아니라, 철학자들이 제시한 자유주의에 대한 정당화의 방식을 거부하고 있는 것이다. 한 걸음 더 나아가 그는 자유민주주의는 '철학적 정당화'를 필요로 하지 않는다고 생각한다. "자유민주주의는 철학적 전제 없이도 잘 되어간다."는 것이다. 곧 "민주주의는 철학에 우선한다."4) 그 이유는 "우리는 먼저 무엇을 실천해야 할 것인가를 채택하고 그 다음으로 철학자들이 '인간' 혹은 '합리적'에 대

---

1) Richard Rorty, "Thugs and Theorists: A Reply to Bernstein", in *Political Theories*, Vol. 15(1987), pp.565-567에서 '사회민주주의자'가 공유하고 있는 신념을 여덟 가지 제시하였다. 로티의 이에 대한 요약은 김동식, 『로티의 신실용주의』(철학과현실사, 1994), 431쪽 참고. Stephen Mulhall and Adam Swift, *Liberals & Communitarians*, Second Edition (Oxford: Blackwell Publisher,1996), p.xiii에서는 로티를 '공동체주의적 자유주의자(communitarian liberal)'로 부르기도 한다. 이들은 로널드 드워킨, 조지프 래즈도 '공동체주의적 자유주의자'에 포함시켰다.

2) Richard Rorty, *Contingency, Irony and Solidarity*(Cambridge: Cambridge University Press, 1989), p.60.

3) 같은 책, p.52.

4) Richard Rorty, *Objectivity, Relativism, and Truth*(Cambridge: Cambridge University Press, 1991), pp.15-16 참고. 같은 책, pp.178-179.

한 적합한 정의를 맞추어 내기를 희망하기 때문이다."5)

로티가 프래그머티즘적인 관점에서 어떻게 자유주의를 옹호하고 있는가를 살펴보기 위해서, 우선 그가 주장하고 있는 프래그머티즘의 특징과 이러한 특징이 전통적인 인식론과 어떠한 관계를 맺고 있는지, 그것의 사회정치철학적 함축이 무엇인지를 살펴보아야 한다.

로티는 프래그머티즘을 반(反)반영론으로 재해석하고 있다.6) 그는 미국의 철학자 퍼스에서 시작된 프래그머티즘을 지역적인 철학이 아니라 서양 철학사의 흐름을 바꾸어놓은, 지성사의 중요한 역사적 사건으로 새로운 자리 매김을 시도하고 있는 것이다. 곧 프래그머티즘을, 현상과 실재라는 이원론적인 사고 위에 전개되어 온 서양 고대 이후의 반영론적인 패러다임을 전복하고 반반영론적인 패러다임을 새롭게 제시함으로써 철학적 사유에 새로운 지평을 전개한 코페르니쿠스적인 전환을 이룩한 지적 혁명으로 재평가하고 있다. 로티는 이렇게 함으로써 프래그머티즘이 미국 철학이라는 지역적 한계를 벗어나 서구의 지적 진보의 한 장을 차지할 수 있는 철학으로 인정받을 수 있는 계기를 마련할 수 있다고 생각한다.7)

로티에 따르면 프래그머티즘은 전통적인 인식론에서 완전히 벗어나 있다는 것이다. '로티 프래그머티즘'의 첫 번째 특징은 "진리, 지식, 언어, 도덕, 철학적 이론화, 이와 유사한 개념에 적용된 반본

---

5) Richard Rorty, 앞의 책(1989), p.194, 각주 6.

6) Richard Rorty, "Introduction: Pragmatism as Anti-Representa tionalism", in J. P. Murphy, *Pragmatism: From Peirce to Davidson*(Oxford: West-view Press, 1990), pp.1-6; Richard Rorty, 앞의 책(1991), pp.1-21.

7) Richard Rorty, 앞의 논문(1990), p.1, p.5.

질주의다."8) 그는 진리에 대한 반본질주의적인 입장을 제임스의 진리에 대한 정의를 들어 설명한다. 제임스는 진리(the truth)를 '신념으로서 좋은 것(what is good in the way of belief)'이라 정의했다. 그에 의하면 진리는 본질을 가지고 있는 그러한 종류의 것이 아니다. 진리는 실재와의 대응이라는 주장은 무익하다. 언어와 세계와의 관계에서 진리를 찾으려는 시도는 처음부터 잘못된 시도다. 언어는 세계의 그림이 아니며 우연한 인간의 창조물에 지나지 않기 때문이다. "진리가 본질을 가지기를 원하는 사람은 지식 또는 합리성, 또는 탐구 또는 사고와 대상 사이의 관계가 본질을 가지기를 바란다."9) 그러나 탐구의 과정을 가르쳐주고 비판하고 보증할 수 있는 포괄적인 인식론적 방법은 존재하지 않기 때문에 이러한 희망은 잘못된 희망이다.

프래그머티스트에 따르면 "우리가 진리에 대해 유익한 어떤 것을 말할 수 있는 것은 이론이 아닌 실천의 어휘이고 관상이 아닌 행위의 어휘다." 전통적인 인식론자들은 "파스퇴르의 질병에 대한 견해가 어떤 의미에서 세계를 정확하게 그리고, 파라켈수스는 정확하게 그리지 못하는가를 알기 원하고, 마키아벨리보다 마르크스가 더 정확하게 그린다는 것이 무엇인가를 알기 원하지만 … 여기에서 '그린다'는 어휘는 우리에게 쓸모가 없다."10)는 것이다.

로티 프래그머티즘의 두 번째 특징은 "무엇이 어떠해야만 하는가에 대한 진리와 무엇이 어떠하다에 대한 진리 사이에는 인식론적

---

8) Richard Rorty, *Consequences of Pragmatism*(Minneapolis: University of Minnesota Press, 1982), p.162.

9) 같은 책, 같은 곳.

10) 같은 책, pp.162-163.

인 차이점이 없으며, 사실과 가치 사이에는 형이상학적 차이가 없으며, 도덕과 과학 사이에는 방법론적인 차이가 존재하지 않는다."11)는 것이다. 로티는 전통적으로 인식론에서 당연시해온 존재와 당위의 이원론을 부정한다. 이러한 차이를 인정하는 인식론적인 전통은 과학의 본질이 무엇인가를 찾아내어, 합리성의 규칙으로 환원하려고 한다. 그러나 과학과 비과학의 이분법을 프래그머티스트들은 인정하지 않는다. 과학과 철학에서 사고의 결과들 가운데 어느 하나를 선택하는 경우 현려(phronenesis)가 아닌 다른 방법은 존재하지 않는다.

로티의 프래그머티즘의 세 번째 특징은 "대화만이 탐구를 제재한다는 원리. 곧 대상, 정신, 언어의 본성에서 유래하는 대규모의 제재는 존재하지 않으며, 우리의 동료 탐구자들의 의견에 부과하는 소규모의 제재가 존재할 뿐이라는 원리다."12) 로티의 이러한 주장은 전통적인 형이상학이 전제한 선험적으로 주어진 것이 존재한다는 신념에 대한 부정이다. 그에 따르면 우리는 우연성에서 출발한다. 출발점이 우연이기 때문에 우리의 탐구를 안내하는 것은 동료들과의 대화뿐이다. 인식의 구조나 능력이 인간에게 선험적으로 들어 있는 것은 아니다. 세계가 어떤 본질을 가지고 있는 것이 아니듯이 우리 인간도 인식의 기제를 가지고 있지 않다. 인간 인식의 능력을 컴퓨터의 프로그램과 같은 것으로 이해해서는 안 된다는 것이다. 로티는 플라톤이나 기독교도나 데카르트주의자나 칸트주의자들 모두는 세계의 본질을 발견하려는 희망을 가지고 있었고, 이러한 희망을 버리면 니체가 말한 '형이상학적 위안'은 포기하게 되겠

---

11) 같은 책, 같은 곳.
12) 같은 책, p.165.

지만, 우리의 공동체에 대한 새로운 의미를 획득하게 될 것이라고 주장한다. 로티는 "만일 우리가 이 사회를 자연의 것이 아닌 우리의 것으로, 발견된 것이 아닌 형성된 것으로, 인간이 만든 여러 가지 가운데 하나로 보게 되면, 우리의 사회, 우리의 정치적 전통, 우리의 지적 유산과 같은 공동체를 확실하게 우리와 동일시하게 될 것이다."13)라고 말한다.

서구 철학을 지배해온 형이상학은 그리스 철학자들이 시작한 현상과 실재의 구별 위에 전개되었다. 로티의 분석에 따르면 과학적 실재론은, 경험적 탐구는 인간의 필요나 관심과 무관하게 존재하는 그대로의 실재에 대해 말해준다고 믿는 잘못된 철학적 관점을 가지고 있었다. 현상과 실재를 구분하는 관점은 방관자적 인식론을 취하면서 형이상학이나 경험과학이 현상의 베일을 뚫고 실재의 본질을 통찰할 수 있는 기회를 우리에게 제시한다고 생각한다. '신념은 실재를 다루는 도구'라는 관점을 견지한다. 지식에 대한 방관자적 태도, 현상과 실재로 나누는 이분법을 포기하는 것이 반반영론의 핵심이다.

로티에게 "어떤 어휘가 다른 어휘보다 실재에 더 가까이 가 있는가라는 물음은 무용하다. 왜냐하면 각각의 어휘들은 각각의 목적에 도움을 주기 때문이다. 다른 목적과 비교하여 실재에 더 접근해 있는 그러한 목적은 존재하지 않는다. 특히 사물의 운동을 예측하는 방법을 발견하거나 사물의 행태를 설명하기 위한 목적이 아닌 '사물의 본질이 어떠한가를 발견하는' 목적과 같은 것은 존재하지 않는다. 우리가 행성의 운동을 예측하는 데 사용한 어휘가, 우리가 행

---

13) 같은 책, p.166.

성에 점성술적인 영향을 부여할 때 사용하는 어휘보다 사물이 실제로 어떠한가에 더 접근해 있다고 말하는 것은 아무런 의미가 없다. 왜냐하면 점성술이 실재와 무관하다고 말하면서도 왜 점성술이 무용한가를 설명하지 못하기 때문이다."14) '반반영론으로서 프래그머티즘'이라는 로티의 프래그머티즘에 대한 재해석은 위에서 말한 세 가지 특징을 포괄하고 있다. 프래그머티즘을 반반영론으로 재해석하려는 로티의 관점은 서구 철학의 주류를 반영론으로 설정하고 그 반영론에 맞서 프래그머티즘을 반반영론으로 세움으로써 프래그머티즘의 역사적 위상을 높이려는 의도가 있다.

기초주의와 정치철학

로티는 스스로 자인하고 있듯이 정치나 사회에 대한 신통한 생각을 가지고 있지는 않다. 그는 미국 지식인의 전통적인 진보적 견해에 동조하고 있다. 그는 대담에서 다음과 같이 말한다.

우리 사회는 아직도 잘 되어가고 있습니다. 왜냐하면 문제들을 계속 풀고 있기 때문이지요. 19세기 영국 자본주의의 경우와 같이 미국은 뉴딜 정책으로 어려운 고비들을 잘 넘어섰습니다. 노예제도만 하더라도 큰 진전을 보았지요. 그리고 1960년대의 … 흑인의 지위 향상을 어느 정도 실현하고 … 월남전에도 불구하고 살아남을 수 있었습니다. … 이러한 것들은 나로 하여금 미국 체제가 건재하다는 것을 믿게 해줍니다. 대도시에서의 문제들이 어떻게 해결될 수 있을

---

14) Richard Rorty, 앞의 논문(1990), p.3.

지에 대해서는 전혀 감을 잡을 수 없고, 오늘날 전 세계가 안고 있는 빈곤의 문제가 어떻게 해소될 것인지에 대해서도 짐작이 가지 않습니다만, 만일 전쟁이 나서 미국이 살아남지 않는다고 하더라도 사람들은 20세기의 미국을 돌아보고 인류가 가졌던 최선의 사회라고 말하게 되리라고 믿습니다.15)

로티는 미국의 정치 현실을 낙관적으로 전망하면서, 미국 사회가 전혀 문제가 없는 사회는 아니지만 전면적인 체제 전환을 도모해야 할 정도로 심각하지는 않다고 생각한다.

로티는 정치철학에서도 일관되게 기초주의를 비판한다. 그는 부르주아 자유민주주의의 덕과 도덕적 성취에 대해 긍정적인 입장을 견지하면서 자유민주주의를 강화하기 위해서 연대를 육성하려고 했다. 그리고 문화의 새로운 영웅인 시인을 우리 모두가 본받아야 한다고 주장한다. 그는 이러한 정치 이념에 철학적 기초를 부여하려고 하지 않았다. 인식론에서 기초주의에 적대적인 입장을 견지하였듯이 정치적 이념에 기초를 부여하려는 시도에 대해 부정적인 태도를 보이고 있다.

종교가 정치에서 분리된 것과 같이 철학은 정치에서 분리되어야 한다. … 인간의 본질 혹은 역사의 목적을 기술하는 기만적인 이론을 사용하여 정치 이론에 근거를 제시하려는 시도는 선을 가져오지 않고 해악만을 끼쳐왔다. 우리는 정치 운동의 아방가르드가 되는 것이 철학 교수로서 우리의 임무라고 생각해서는 안 된다. … 우리는

---

15) 리처드 로티, 「현대철학과 인식론의 종언: 차인석과의 대화」, 『철연연구』 제17집(1982), 167-168쪽.

정치학이 이론적인 학문이 아니라 실험적인 학문이라고 생각해야
한다.16)

로티는 자유주의를 계몽주의적인 형이상학에 기초하여 형성된
전통적인 철학적 기초에서 벗어나게 하려는 목적을 가지고 있다.
로크와 칸트가 확립한 전형적인 자유주의의 전략은 인간의 자유를
자연권적인 원리를 통해 근거지우는 것이었다. 자연권은 신의 선물
이거나 이성에 의해 주어진 것이었다. 우리는 자연권을 실현하기
위해 자유를 필요로 한다. 개인의 자유는 인간이 가져야만 하는 것
으로, 사회가 보호해야만 하는 것으로 생각되었다. 인간의 본질을
발현하기 위해서 자유가 필요한 것으로 간주되었다. 로티는 자유주
의의 기초를 양도할 수 없는 인간의 권리와 필연적인 인간의 본질
과 같은 형이상학적 원리에 두려는 시도를 거부하였다. 프래그머티
스트로서 그는 형이상학자들이 주장하는 고정된 세계의 본질을 거
부하고 우리 세계의 유연성, 변화, 우연성을 주장하였다.

반기초주의와 우연적 자아

반본질주의적인 입장을 견지하고 있는 로티는 '인간의 본질', '철
학적 기초', '자연법'과 같은 개념을 제거하였다. 따라서 존재론적
으로 불변적인 본질 혹은 철학적 기초 구실을 하는 양도할 수 없는

---

16) Richard Rorty, "From Logic to Language to Play: A Plenary Address
to the Inter-American Congress", *Proceedings and Addresses of the
American Philosophical Association* 59(1986), pp.752-753. T. McCarthy,
"Private Irony and Public Decency: Richard Rorty's New Pragmatism",
in *Critical Inquiry* 16(1990), p.355에서 재인용.

권리와 같은 개념이 존재하지 않기 때문에 정치에 대한 철학적 정당화는 성립할 수 없다. 만일 그러한 것에 근거하여 자유주의를 옹호하려고 한다면 거짓으로 철학적 정당화를 시도하는 것이 된다고 주장하였다.

정치 이론에 대한 로티의 기본적인 사고는 그의 반대표설이나 반기초주의에 있다. 불변적이고 확실한 지식을 획득하려는 희망을 포기해야 하듯이 어떤 정치 이념을 불변적인 기초 위에 정초할 수 있다는 헛된 희망을 버려야 한다는 것이다. 그는 불변적인 인간의 본성을 전제로 삼고 있는 모든 정치 이론을 비판하고, 인간의 본성과 부합하는 사회적, 정치적, 경제적인 제도를 확립해야 한다거나 인간의 본성에 대한 객관적인 지식에 의해 사회 개혁이 가능하다는 계몽주의 사상에 반대하였다. 불변적인 인간의 본성은 존재하지 않기 때문에 '자아'도 우연적이고 '사회'도 우연적이다.

로티는 자기실현이 자유민주주의의 가장 높은 가치라는 점과 그러한 자기 성취는 명백히 개인적이고 미적이라는 관점을 취했다. 자기 자신을 실현하는 것은 인간의 불변적이고 일반적인 본질을 수행하거나 자연이나 사회가 부여한 미리 정해진 도덕적, 사회적 형식을 따르는 것은 아니다. 자아는 사적이고 우연적인 변화의 소산이다. 인간의 삶은 존재론적으로 미리 결정된 보편적 본성의 발현이 아니다.

로티에게 있어서 '개성의 우연성'은 더욱더 급진적이다. 그에 의하면 자기가 어떠해야 하는가를 지시해주는 인간 본성의 비역사적인 본질 또는 '영구불변의 인간 삶의 비역사적인 맥락'은 존재하지 않는다. 자아는 단지 우연에 지나지 않는다.[17] 자기 자신의 믿음과 행동이 모두 우연적임을 인정하는 사람만이 아이러니스트가 된다.

그는 "자유주의 유토피아의 시민은 도덕적 신중함, 양심, 사회의 언어가 우연적임을 자각한 사람이다."[18]라고 주장하였다.

로티는 자아의 우연성을 근거로 끊임없는 자기 확대, 자기 향상의 '심미적인 삶'을 옹호한다. 자유주의 국가에 대한 사회 이론은 거짓된 철학적 전제에 의존하고, 미적인 것이 도덕적 진보에 의존하고 있다고 본다.[19] 곧 명백한 개성의 실현을 목적으로 하는 '자기 창조'를 주장한다. 이러한 자기 창조로서의 삶은 공적인 요소를 전혀 포함하지 않는다.[20] 그는 사적인 것과 공적인 것을 분명하게 구분하였다. 로티는 자기실현을 본질적으로 사적인 행위로 여기고, "나 스스로 해야만 하는 것"[21]으로 보았다.

그가 지지하고 있는 자유민주주의의 공적이고 정치적인 역할은 사적인 자기 창조의 외적 보조물에 지나지 않는다. 로티는 소극적인 자유를 옹호하였다. 로티는 자유주의의 이상을 부정적으로 보아 "잔혹함과 고통을 피하려는 바람"으로 정의한다.[22] 이러한 맥락에서 로티는 '리버럴 아이러니스트'를 옹호하고, 스칼의 정의(定義) 곧 "리버럴 아이러니스트는 잔혹함(cruelty)이 우리가 할 수 있는 것 가운데 가장 나쁜 것이라고 생각하는 사람"이라는 정의를 받아들인다. "아이러니스트는 그의 가장 중심적인 신념과 바람의 우연성을 인정하는 사람이다."[23] 리버럴 아이러니스트는 기초가 없는

---

17) Richard Rorty, 앞의 책(1989), p.26.
18) 같은 책, p.61.
19) Richard Rorty, 앞의 책(1991), pp.193-194.
20) 같은 책, p.41.
21) 같은 책, p.13.
22) Richard Rorty, 앞의 책(1989) p.65.
23) 같은 책, p.xv.

그들의 희망 속에서 고통이 감소할 것이며 타인에 의한 인간의 굴욕이 끝날 수 있다는 희망을 가지고 있다고 한다.

로티에 따르면 "정의롭고 자유로운 사회의 목적은 근무 시간 이외에는 시민이 스스로 원하는 한에 있어서 다른 사람에게 해를 끼치지 않는 한, 그들이 사적이고 비합리적이고 미학적인 삶을 살도록 내버려두는 것이다."24) "그리고 자기 창조의 기회를 동등하게 부여하고 그들에게 주어진 기회를 사용하든 포기하든 내버려두는 것이다."25)

리버럴 아이러니스트에 대한 이러한 설명에 대해서 '왜 잔혹해서는 안 되는가?'라는 물음이 제기될 수 있지만, 로티는 '잔혹함은 무섭다'는 신념으로부터 이론적인 뒷받침을 받는 순환 논증으로 대답할 수밖에 없다고 생각한다. 뿐만 아니라 '당신은 언제 부정의와 싸워야 하고 언제 사적인 자기 창조의 프로젝트에 헌신할 것인가를 어떻게 결정하는가?'라는 물음에 대해서도 대답이 있을 수 없다. 여기에도 로티의 반기초주의적 입장이 잘 나타나 있다. 시간과 우연을 넘어서 있는 질서나 기준에 대한 믿음을 가지고 있지 않은 로티는 이러한 질문에 대한 형식적인 대답은 있을 수 없다고 생각하였다.

반면 그는 이와 같은 질문에 대해 근거가 분명한 대답이 있을 수 있다고 생각하는 사람을 '자유주의적 형이상학자'라 부른다. 자유주의가 합리적인 기초 위에 근거할 수 있다고 믿는 사람 또는 도덕적 딜레마를 해결할 수 있는 알고리즘이 존재한다고 생각하는 사람을 신학자, 형이상학자로 일축한다. 리버럴 아이러니스트는 지금까

---

24) 같은 책, p.xiv.
25) 같은 책, p.85.

지의 자유주의자와 달리 '궁극 어휘(final vocabulary)'에 대해 기초를 제공하려고 하지 않는다.

로티는 아이러니스트가 필연적으로 자유주의자는 아니라는 사실을 인정하였다. 그가 아이러니스트로 간주하고 있는 니체나 하이데거는 자유민주주의를 경멸하였다. 아이러니와 자유주의는 서로 적대적이다. 이들에게 '리버럴 아이러니스트'라는 개념은 모순 어법이 아닌가. 만일 양자의 일치가 자유주의와 아이러니를 종합하는 이론적인 관점을 찾아내는 것을 의미한다면 로티는 이러한 종합은 헛된 것이라고 생각하였다. 왜냐하면 형이상학적이고 신학적인 방법으로 공적인 것과 사적인 것을 결합하려고 하면 하나의 공통적인 인간의 본질을 인정해야 하기 때문이다. 이러한 시도를 도모한 사람들은 모두 우리가 다른 사람과 공통으로 가지고 있는 그 무엇을 찾으려 하였다. 그러나 로티는 그러한 인간의 본성은 발견될 수 없다고 주장한다.

니체와 같은 회의주의자들은 형이상학과 신학이 이타주의를 조장한다고 비판하면서 모든 사람에게 공통으로 존재하는 인간의 본성에 대한 이론을 제시했다. 권력에의 의지 또는 리비도적인 충동이 그것이다. 그러나 그들은 자아의 심층에 연대감은 존재하지 않는다고 보았다. 로티는, 회의주의자들이 연대감은 인간이 사회화되면서 얻게 된 인공물에 지나지 않는다는 입장을 견지함으로써 그들은 반사회적인 입장을 가지게 되었다고 본다. 로티는 다음과 같이 말한다.

헤겔 이후의 역사주의자들은 '인간의 본질' 또는 '자아의 심층'과 같은 개념 자체를 부정하였다. 역사주의자들은 사회화나 역사적 상황에 앞선 인간의 본성은 존재하지 않는다고 생각하였다. 이러한 역사주의적 전회는 점차적으로 신학과 형이상학, 시간과 우연으로부터 벗어나 절대적인 것을 찾으려는 유혹으로부터 우리를 자유롭게 하였다. 역사주의의 도움으로 우리는 사유와 사회 진보의 목적이 진리가 아니라 자유라는 사실을 깨닫게 되었다. 그러나 그 뒤에도 사적인 것과 공적인 것의 긴장은 여전히 남아 있게 되었다.26)

로티의 분석에 따르면, 창조와 사적인 자율성에 대한 갈망에 사로잡혔던 하이데거와 푸코 같은 역사주의자들은 여전히 사회화를 니체와 같이 우리 속에 깊숙이 자리 잡고 있는 것에 대한 대립물로 파악하고 있다. 좀 더 정의롭고 자유로운 인간 사회에 대한 갈망이 지배적이었던 듀이와 하버마스와 같은 역사주의자들은 개인의 완성에 대한 갈망을 '비합리주의'와 '심미주의'에 물들어 있는 것으로 보았다.

로티는 양자에 대해 공정한 입장을 견지하면서 어느 하나를 선택하려고 하지 않는다. 로티는 키에르케고르, 니체, 프루스트, 하이데거, 나보코프는 개인의 완성 즉 자기 창조적이고 자율적인 인간의 삶이 무엇인가를 보여주는 좋은 본보기라 생각한다. 반면에 마르크스, 밀, 듀이, 하버마스, 롤즈는 본보기라기보다는 동료 시민으로서 우리의 제도와 실천을 더욱더 정의롭고 덜 잔인하게 하려는 노력에 깊이 참여하고 있다고 보았다.

포괄적인 철학적 관점에서 자기 창조와 정의, 개인의 완성과 인간의 연대를 하나로 묶을 수 있는 방법이 존재할 수 없는 까닭은 "자기 창조의 어휘는 필연적으로 사적이고, 공유되어 있지 않고, 논

---

26) 같은 책, p.xiii.

의의 대상이 될 수 없으며, 정의의 어휘는 필연적으로 공적이고, 공유되어 있고, 논의를 통한 교류의 매개물이 되기"[27] 때문이다. 로티가 점차적으로 아이러니스트 문화가 되어가는 오늘날에 "철학은 어떤 사회적 과제를 추구하기 위해서가 아니라 개인의 완성을 추구하기 위해 중요성을 지닌다."[28]라고 말하는 이유도 여기에 있다.

로티는 니체와 마르크스, 하이데거와 하버마스를 종합할 수 있는 인간과 사회와 합리성에 대한 이론이 있을 수 없다는 사실을 받아들이고, 공적인 것과 사적인 것을 통합할 수 있는 이론에 대한 요구를 버리고, 자기 창조의 요구와 인간 연대의 요구가 영원히 공약 불가능함에도 불구하고 똑같이 타당하다는 사실에 만족한다는 것이다. 로티에 따르면 우리는 아이러니를 개인에게 귀속시키고 공공 시민으로서 우리의 일차적인 책임인 자유민주주의를 꽃피우기 위해 필요한 연대를 육성해야만 한다. 로티는 리버럴 아이러니스트를 통해 연대의 가능성을 보여준다.

합리성에서 연대로

로티는 기초나 합리성을 연대라는 개념으로 대치했다. 연대는 이성이나 이론에 근거하고 있는 것이 아니다.

인간의 연대는 탐구가 아닌 상상 곧 낯선 사람을 고통 받는 동료로 볼 수 있는 상상력에 의해 성취된다. 연대는 반영에 의해 발견되는 것이 아니라 창조되는 것이다. 연대는 타인의 고통과 굴욕, 낯선

---

27) 같은 책, p.xiv.
28) 같은 책, p.94.

사람들의 세부 사항에 대한 감수성을 증대함으로써 창조된다. 이렇게 증대된 감수성은 사고방식에 있어 우리와 다른 사람들을 소외시킬 수 없게 만든다.[29]

이와 연장선에서 로티는 도덕적 진보를 이야기하고 있다. 도덕적 진보는 어떤 목적에 접근하였다는 의미에서 진보가 아니라, 인간 사이의 연대가 확장되었다는 의미에서 진보다. 도덕적 진보가 모든 사람에게 공통적인 인간 본질을 인정하는 것은 아니다. 로티에게 있어 연대성은 고통과 모멸감이라는 측면에서의 유사성이 인종이나 종교, 관습의 차이성보다 더 중요하다는 사실을 깨닫고, 우리와 다른 사람을 '우리'의 범위에 포함시킬 수 있는 능력이다.[30]

철학은 연대를 강화하는 과정에서 별로 중요한 역할을 하지 못한다. 왜냐하면 "다른 사람들을 '그들'이 아닌 '우리 가운데 하나'로 여기게 되는 과정은 낯선 사람들이 어떠한가와 우리 자신의 모습이 어떠한가를 재기술하는 일이다. 이러한 과제는 이론이 맡아야 할 과제가 아니고 기술적 민족지학(ethnography), 언론인의 보고서, 만화 잡지, 다큐멘터리, 드라마, 특히 소설과 같은 장르에 주어진 과제"로서 "영화와 텔레비전 프로그램이 점차적으로 그리고 점증적으로 도덕적 변화와 진보의 중요한 수단으로서 설교와 논문의 자리를 대신하게 되었기 때문"[31]이다.

로티는 연대를 강화하기 위해서는 철학자나 사회 이론가보다 소

---

29) 같은 책, p.xiv.
30) 같은 책, p.192.
31) 같은 책, 같은 곳.

설가나 시인이 필요하다고 본다. 이러한 리버럴 유토피아의 문화에서는 아이러니만 보편적이다. 이러한 문화에 사는 사람들은 전통적인 의미의 진리, 객관성, 실재, 합리성 등에 사로잡히지 않는다.

로티에게 있어서 자유 사회의 영웅은 시인이다. 로티는 이러한 주장의 근거를 진리에 대한 이해 변화에서 찾고 있다. 약 200년 전부터 진리는 발견되는 것이 아니라 만들어지는 것이라는 아이디어가 유럽인의 상상력을 사로잡기 시작하였는데, 프랑스 혁명은 사회적 관계에 대한 모든 어휘와 모든 사회제도의 스펙트럼이 거의 하루아침에 바뀔 수 있다는 사실을 보여주었기 때문이다. 이러한 선례로 인해 유토피아 정치학은 지식인들 사이에서 예외가 아니라 규칙이 되었다. 유토피아 정치학은 신의 의지와 인간의 본성에 대한 물음을 제쳐두고 그때까지 알려지지 않은 형태의 사회를 창조하는 꿈을 꾸었다. 그에 의하면 이와 비슷한 시기에 낭만주의 시인들은 예술이 더 이상 모방이 아니라 예술가 자신의 창조물로 생각될 때 어떤 일이 일어나는가를 보여주었다. 로티는 계몽주의자들이 과학이 차지해야 한다고 주장하였던 자리를 시인이 대신 차지해야 한다는 주장을 하였다.32) "철학은 사회적 과업이 아니라 개인의 완성을 추구함에 있어 더욱더 중요하게 되었다."33) 로티는 이렇게 됨으로써 인간의 삶과 사회에 의미를 부여하는 목적에 대한 물음은 종교, 철학 혹은 과학이 담당해야 할 물음이라기보다는 예술과 정치 혹은 이 양자에 해당하는 물음이 되었다고 말한다.

---

32) 같은 책, p.3 참고.
33) 같은 책, p.94.

네오 프래그머티즘의 정치철학적 함축

로티의 입장은 구체적인 현실 정치와 관련하여 기존의 체제를 절대적으로 옹호하고, 비판적인 관점은 완전히 결여되어 있다. 특히 그의 자문화중심주의는 그의 보수성을 잘 반영하고 있다. 자문화중심주의는 마르크스주의자들이 '부르주아 민주주의'라고 부르고 웅거가 '부유한 북대서양 민주주의'라고 부른 정치사회적 문화에 대한 충성을 의미할 수도 있기 때문이다. 이러한 비판에 대해 로티는 현재 서구의 자유민주주의를 전면적으로 부정하는 마르크스주의자도 이 문화 밖에 서 있는 것이 아니라 이 문화 안에 존재하고 있으며, 그들이 대안적인 문화를 제시했다고 보기는 힘들다고 대응하고 있다. 로티는 "우리 사회는 대부분 비합리적이다."라는 주장에 대해 "다른 어떤 사회와 비교해서 비합리적인가?"라고 묻는다. 그는 "자유민주주의의 문화는 여전히 자기비판과 개혁의 기회를 많이 제공하고 있다."고 밝힘으로써 그가 발붙이고 사는 서구 사회에 대한 확실한 신념을 표명하고 있다.

프래그머티즘은 진리나 과학보다는 양식 있는 시민 사이의 자유로운 합의야말로 최종적인 기준이라고 생각한다. 최종적인 기준은 잠정적으로 최종적인 기준일 뿐이다. 따라서 끊임없는 토론과 타협을 통한 합의의 도출이 무엇보다 중요한 요소다. 합의는 매 순간 기준의 역할을 수행할 뿐 진리와는 무관하다.

그러나 자문화중심주의가 자기가 처해 있는 상황에서 생각하고 출발한다고 하더라도, 기성의 체제를 그대로 인정해야 한다는 결론이 도출된다고 보기는 힘들다. 기성의 체제를 옹호하려고 하면 옹호의 이유가 되는 어떤 가치에 대한 합의 혹은 전제가 필요하기 때문이다. 이러한 합의나 전제가 로티의 주장처럼 보편적이지 않고 우연적이라고 하더라도, 시간과 공간 안에서는 지속성을 지녀야 한다. 그러나 로티는 그 지속성을 확보할 수 있는 여지를 제시하지 못하고 있다. 우리가 좋다고 생각하는 가치가 구체적으로 지금까지 실현된 적이 없다고 하더라도, 우리는 그 가치의 실현을 위해 노력할 수 있으며 노력해야 한다. 따라서 기존의 다른 사회와 비교해서 우리 사회가 더 비합리적이지 않지만, 우리가 실현하려고 꿈꾸는 좋은 사회와 비교하여 지금의 사회가 더 비합리적일 수 있다.

정치는 끝없는 타협의 과정이고 조금씩 개선해가는 과정이지, 결코 초월하거나 근본적인 변혁을 이루는 것이 아니라는 로티의 정차적 입장은 포퍼적인 점진적 사회공학의 연장선상에 서 있다. 이러한 사실은 그의 사회민주주의적인 정책에 대한 지지에도 분명히 나타나 있다.

그렇다고 해서 로티가 미국 혹은 부유한 북대서양 민주주의에 대해 낙관적인 전망을 하고 있는 것은 아니다. 그는 점차로 탐욕적이고 이기적인 중산층의 영향력이 커지는 것을 우려하고 있다. 이러한 중산층은 자신들의 조세 부담을 줄이기 위해 약자의 희망을 빼앗아가는 정치 선동가를 뽑기 때문이다. 이러한 경향이 계속된다면 미국은 야만화될 것이라는 우려를 하고 있다. 그렇게 되면 개혁에 희망을 거는 것은 어리석은 일이고 혁명에 희망을 걸 수밖에 없을 것이다. 그러나 현재 미국은 여전히 민주주의가 잘 기능하는 사회이며, 힘의 동원보다는 설득에 의한 변화를 기대할 수 있고 희망할 수 있다는 관점이다.[34]

---

34) Richard Rorty, 앞의 책(1991), p.15 본문과 주 29 참고.

로티가 말하는 자유주의자는 사회민주주의자를 지칭한다. 흔히 자유주의란 자유지상주의 또는 자유방임주의를 의미하지만, 로티는 자유주의를 사회민주주의와 같은 의미로 사용한다. 따라서 로티의 자유주의는 자유시장경제와는 무관하다. 로티가 말하는 자유주의는 생산수단의 국유화에는 반대하지만 복지국가를 내세우는 사상이다. 이런 점에서 사회민주주의는 마르크스주의와 다르고 자본주의와도 다르다. 그의 이러한 관점은 동구권 몰락으로 확인된, 자본주의를 대체할 만한 것이 없다는 사실과 복지국가를 건설해야 한다는 명제를 동시에 우리에게 던졌다.

　로티는 근대적 의미의 보편성과 합리성 및 인간의 본성을 전면적으로 부정하고, 전혀 새로운, 이전의 사유 체계와는 완전히 불가공약적인 이야기를 하였지만, 결과적으로 정치적 문제에 대해서는 자유민주주의를 지지한 정치철학자들과 크게 다르지 않다. 현재 자유민주주의가 지금까지 존재해온 체제 가운데 가장 좋은 제도이고, 점진적인 방법으로 더 나은 사회를 만들 수 있다고 생각하며, 사회민주주의를 지지한다는 점에서 합리주의자인 포퍼와 동일하다. 그러나 왜 그래야만 하는가에 대해서는 전혀 다른 근거를 제시하고, 우리 문화가 지향해야 할 방향이 어떠해야 하는가에 대해서도 다른 관점을 지니고 있다. 이 점이 바로 로티의 보수성과 참신성을 함께 보여주는 독특한 입장이라 할 수 있다.

　로티는 지금까지 철학이 추구해온 것을 전면적으로 부정하고, 새로운 철학의 자기 이미지를 창조하려고 한다. 그는 과학에는 잘못이 없지만 '과학주의'에 잘못이 있고, 계몽주의 시대의 이상이 창조한 제도와 실천은 잘못이 없지만, 객관성의 지지자들이 제시한 정당화에 잘못이 존재한다는 입장이다. 그의 이러한 판단을 지지해주는 근거는 "우리가 우리의 습관을 굳힘에 있어 전통적인 서양의 형이상학적, 인식론적 방법이 더 이상 적용되지 않는다."35)라는 말에 나타나 있듯이 프래그머티즘적 관점이다. 그러나 '왜 더 이상 적용되지 않는가'에 대한 설명은 없다.

로티의 네오 프래그머티즘이 지닌 설득력은 논증을 통해 획득될 수 없다. 그의 관점 자체가 이러한 이론적 논의 자체를 거부하고 모든 것을 실천의 문제로 보려고 하기 때문이다. 그의 네오 프래그머티즘의 성공 여부는 자기 입장을 계속 재기술함으로써 연대성을 얼마나 확장하는가에 달려 있다고 할 수 있다. 대화와 설득을 통해 '객관성을 향한 욕망'을 버리고 '연대성을 향한 욕망'을 갖도록 철학자와 일반인 사이에서 '연대'를 확장하는 것이 로티 지지자들의 일차적 과제다. 만일 이러한 연대가 확장된다면 로티는 철학의 개념을 바꾸고 나아가 사람들의 인생관을 바꿀 수 있을 것이다.

---

35) 같은 책, p.33.

8 장
위기의 자유주의

자유주의의 실패

자유주의에 대한 비판은 자유주의 발전의 초기부터 시작되었지만, 자유주의는 그것을 잘 극복하고 그동안 정통 정치 이념으로 정착하였다. 자유주의 정치철학에 따르면 인간은 권리를 가진 개인으로서, 각자 자신의 좋은 삶을 계획하고 추구할 수 있다. 자유주의 정치철학은 국민의 권리 보호에 헌신하는 제한된 정부와 각각의 개인이 진취적으로 자신의 꿈을 추구할 수 있도록 해주는 자유시장경제 체제를 옹호한다. 정치 체제의 정당성은 사회계약에서 온다. 정치권력의 정당성은 시민의 투표에서 나온다. 자유주의 정치철학은 헌법의 제약 아래서 효과적인 정부, 법치, 독립적인 사법부, 시민의 요구에 순응하는 공무원, 자유롭고 공정한 선거를 옹호하였다. 자유주의 정치철학은 파시즘과 사회주의 정치철학과 대결하면서 승리를 쟁취하였다. 자유주의는 최종 승리자가 되면서 많은 사람의 지지를 얻었다.

그러나 최근 몇 년 사이에 상황은 급변하고 있다. 사람들은 자유주의 정치철학이 우리가 당면하고 있는 문제를 해결할 수 있다고 믿지 않게 되었다. 자유주의가 시민의 신뢰를 잃기 시작한 것이다. 자유주의 정치철학에서 유래한 정치 체제는 더 이상 잘 작동하지 않아 사람들은 자유주의에 대한 믿음을 철회하고 있다. 부와 소득의 격차가 해소될 수 없을 정도로 확대되었고, 사회 구성원들 사이에 적대 관계가 심화되고 있다. 자유주의 공화정은 종말을 향해 가고 있고, 자유주의 설계자의 약속은 산산이 부서졌다. 국가권력이 확대되어 시민 생활의 구석구석을 통제하고, 정부의 권력은 통제 불능이 되었다. 부유하고 높은 지위를 가진 자만이 자신의 권리를 보호할 수 있고, 시민은 자율성을 상실하였다. 자유주의의 주장과 현실 사이의 거리가 점점 더 확대되면서 자유주의에 대한 시민의 믿음이 사라졌다. 이렇게 주장하는 대표적인 학자가 바로 드닌이다.

드닌은 자유민주주의를 살릴 수 있는 희망이 있다고 믿는 정치학자들과 달리 "자유주의는 실패했다."고 선언한다. 자유주의가 초래한 문제는 자유주의로 해결될 수 없다는 것이다.[1] 그런데 실패의 원인으로 지적한 것이 흥미롭다. 자유주의가 성공했기 때문에 실패했다는 것이다.[2] 자유주의가 성공해서 실패했다는 드닌의 역설적인 주장은 자본주의의 몰락에 대한 마르크스의 선언을 연상시킨다. 마르크스에 따르면 자본주의는 발전하면 발전할수록 몰락에 가까워

---

1) Patrick Deneen, *Why Liberalism Failed*(New Haven: Yale University Press, 2018), pp.154-161.
2) 같은 책, p.179.

진다는 것이다.3) 마르크스는 자본주의의 몰락을 미래형으로 선언했지만 드닌은 자유주의의 실패를 과거형으로 선언했다. 자유주의는 개인적인 목적에 집중하는 대중의 육성에 초점을 맞춰왔기 때문에 이러한 결과가 나온 것은 당연하다는 것이다. 자유주의는 자기 이익을 추구하는 야심을 격려하고, 공공복리보다 사적 이익 추구를 중시하고, 검약과 절제와 같은 덕목을 함양하려고 하지 않았다는 것이다.

드닌의 기본 전제는 "우리가 물려받은 문명화된 질서의 토대가 자유주의적인 사회와 정치와 국가의 영향 아래에서 불가피하게 침식하리라는 것이다."4) 그가 말하는 문명화된 질서는 종교와 문화를 통해 가정과 공동체 안에서 배운 규범을 의미한다. 드닌이 중시하는 것은 전통적인 문화 규범과 관행이다. 그는 가족, 공동체, 종교 규범과 제도를 중시한다. 자유주의가 스스로 이런 전통적인 문화 규범과 관행을 파괴함에 따라 자유주의의 정당성이 위기를 맞이하게 되었다는 것이다.

드닌은 그럼에도 불구하고 자유주의 지지자들은 반항하는 대중에게 자유주의 이데올로기를 강요한다고 주장한다. 이러한 강요로 자유주의가 한시적으로 우세한 이데올로기처럼 보이지만 장기적으로는 실패할 수밖에 없다는 것이다. 드닌에 따르면 결국 사람들은 자유주의에 등을 돌리게 되어 자유주의는 실패하고 종말을 맞이하게 된다는 것이다. 그는 자유주의가 실패할 수밖에 없는 이유 곧 정당성의 위기를 자유주의 자체의 논리에서 찾는다. 그러나 그는 자유주의를 대체할 수 있는 다른 이데올로기를 모색하지 않는다.

---

3) 같은 책, pp.3-4.
4) 같은 책, p.xiii.

이데올로기로부터 벗어나야 한다고 믿기 때문이다.

드닌은 자유주의는 부족해서가 아니라 자유주의에 충실했기 때문에 실패했다고 믿는다. 그에 따르면 자유주의가 '자신을 더 실현할수록' 그것의 내적 논리가 분명하게 드러나면서 자신의 내적 모순도 명백하게 드러난다. 자유주의는 자신의 주장의 변형이면서 동시에 자유주의 이데올로기의 실현인 그러한 병폐를 산출하였다. 더 큰 공평성을 촉진하고, 상이한 문화와 신념에 대한 다원성을 옹호하고, 인간의 존엄성을 다짐하고, 그리고 말할 것도 없이 자유를 확대하기 위해 등장한 자유주의 정치철학이 실제로는 거대한 불평등을 낳고, 획일성과 균등성을 강조하고, 물질적, 정신적 타락을 조장하고, 자유의 토대를 침식하였다. 자유주의가 얼마나 성공했는가는 자유주의가 성취할 것이라고 우리가 믿었던 것과 반대되는 것이 얼마나 나타났는가에 의해 측정될 수 있다. 누적된 재앙을 우리가 자유주의의 이상에 도달하지 못했다는 것의 증거로 여길 것이 아니라, 자유주의가 산출한 폐해가 바로 자유주의의 성공의 징표라는 사실을 명백히 해야 한다. 자유주의의 해악을 치유하기 위해 자유주의적 대책을 더 많이 적용하는 것은 불난 집에 휘발유를 끼얹는 것과 같다. 그렇게 하면 정치적, 사회적, 경제적, 도덕적 위기가 더 심화될 것이다.5)

드닌은 지금 우리가 당면하고 있는 위기는 우리가 당연한 것으로 받아들여온 정치 체제, 그것의 토대인 정치철학의 파산이 초래한 것으로 보기 때문에 자유주의를 통해서는 그 위기를 벗어날 수 없다고 주장한다. 질병의 원인으로 질병을 치료할 수는 없다는 것이

---

5) 같은 책, pp.3-4.

다. 그러면서 그는 궁극적으로 지속 가능한 정치 이데올로기는 없다고 믿는다. 모든 이데올로기는 궁극적으로 실패할 수밖에 없다는 것이다. 그에 의하면 이데올로기는 인간의 본성에 관한 잘못된 생각에 기초하고 있기 때문에 실패할 수밖에 없으며, 인간의 본성에 대한 잘못된 생각이 차차 명백해지면서 이데올로기가 주장하는 것과 그 이데올로기의 지배 아래 살고 있는 사람들이 실제 경험하는 것 사이의 간극이 점점 확대됨에 따라 결국 체제는 정당성을 상실하게 된다. 이데올로기의 옹호자들은 자신의 이데올로기를 방어하기 위해 거짓말에 순응하기를 강요하고, 주장과 현실 사이의 간극은 그 이데올로기에 대한 대중들의 신뢰를 완전히 상실하게 하여 결국은 그것을 붕괴시킨다. 오늘날 자유주의는 자신이 만든 덫에 걸려 빠져나오지 못하고 있다. 이런 현상은 정치와 정부, 경제, 교육, 과학과 기술의 영역에서 일어나고 있다. 자유주의는 인간사의 모든 영역에서 자유를 확장하고 인간의 운명에 대한 통제력을 강화한다는 명분을 걸고 제도를 바꾸었다. 그런데 놀랍게도 해방의 수단이라고 생각한 것들이 우리를 가두는 철창이 되었다는 사실을 깨달은 사람들이 늘어나면서 자유주의가 초래한 정치, 경제, 교육, 과학과 기술에 대한 불만과 분노가 확산되고 있다.6)

오늘날 역사상 가장 많은 자유를 누린다고 하는 현대인은 경제 체제의 과정과 논리를 더 이상 통제하지 못하여 무력감을 느낀다. 젊은 세대는 현재의 자유주의 정치경제 체제를 받아들이도록 세뇌당한다. 그러나 청년들은 역사상 가장 자유롭고 자율적인 세대라고 느끼지 못한다. 기성세대가 요구하는 의무에 응하기는 하지만, 즐거

---

6) 같은 책, p.5.

움이나 기쁨을 느끼지 못한다. 오늘날 자유인이라고 자부하는 사람들이 스스로 '노예교육'으로 여겼던 교육을 선호하고 있다. 오로지 돈벌이를 위해 직업교육에 몰두하고 있다. 오늘날 자유주의자들은 자유민과 농노, 주인과 노예, 시민과 하인의 구별을 폐지하였지만, 모두 자유민, 주인, 시민의 교육이 아니라 농노, 노예, 하인의 교육을 받고 있다. 과거 자유를 박탈당했던 사람들이 받았던 교육만을 받고 있는 것이다.[7]

자유주의는 다양한 형태의 속박으로부터 인류를 해방시키기 위해 정치와 경제, 과학에서 변화를 이끌어내야 한다고 주장했다. 정치에서는 대의제, 경제에서는 시장 자본주의, 그리고 과학과 기술을 발전시킴으로써 인류는 자유를 확장할 수 있다고 믿었다. 그런데 과학과 기술은 인류를 해방시켰지만, 환경 위기, 인간성 상실과 변질을 초래하였고, 많은 사람들은 과학과 기술이 인간의 통제를 벗어나 있다는 공포심을 가지고 있다. 과학기술이 발전하면서 인간은 편리한 도구를 많이 얻었지만, 차분히 집중하여 생각하거나 반성할 수 있는 기회를 잃어가고 있다. 드닌은 모든 것을 연결시킨다는 자유롭고 자율적인 자아를 이상적으로 삼은 자유주의 인간관은 불안하고 고독하고 힘없는 개인을 양산했다고 주장한다.

새로운 공동체의 모색

드닌은 자유주의의 문제점이 자유주의의 본질과 원칙의 실현에서 나왔기 때문에 더 많은 자유주의나 완전한 자유주의로 해결될

---

7) 같은 책, pp.11-13.

수 없다고 생각한다. 드닌에 따르면 자유주의에 대한 대안은 자유
주의를 포기하는 것이다.

우리가 쟁취해야 할 가장 도전적인 과제는 자유주의 사회의 병을
자유주의를 실현함으로써 고칠 수 있다는 믿음을 거부하는 것이다.
자유주의가 부과한 불가피성과 통제 불가능성에서 자유롭게 되는
유일한 길은 자유주의 자체에서 자유롭게 되는 것이다. 우리 시대의
중요한 정치적 선택지는 가짜 동전의 양면으로 이해해야 한다. 자유
주의가 약속의 실현을 향해 나아갈 때 자유주의가 실현될 것이라는
진보주의의 믿음이나 미국의 헌법에 명시한 통치 철학을 회복할 때
미국의 위대함을 되찾을 수 있다고 주장하는 보수주의의 결론은 자
유주의의 진전에 대한 현실적인 방안이 될 수 없다. 자유주의는 정
신적, 물질적 자원을 완전히 고갈시켰다. 미국 정치에서 양대 산맥
을 이루고 있는 진보적, 보수적 자유주의는 현재 우리가 당면한 문
제를 해결할 수 없다.8)

자유주의를 넘어선다는 것은 자유주의가 약속한 정치적 자유와
인간의 존엄성을 포기하는 것이 아니라, 세계를 재구성하려고 한
자유주의의 잘못된 이데올로기를 버리는 것이다. 자유주의가 초래
한 문제점은 자유주의를 다른 이데올로기로 대체한다고 해서 해결
될 수 있는 것이 아니라는 것이다. 드닌은 "혁명적으로 질서를 뒤
엎으려는 정치혁명은 오직 무질서와 비참함을 초래할 뿐이다. 더
나은 길은 더 소규모의 지역적 저항이다. 곧 이론보다는 실천, 자유
주의의 반문화(anticulture)에 대항하여 탄력 있는 새로운 문화를 세

---

8) 같은 책, p.18.

우는 것이다."9)라고 말한다. 그러면서 그는 "새롭고 더 나은 자아를 육성하고, 다른 사람의 운명에도 관심을 가짐으로써, 곧 공동체, 배려, 희생, 소규모 민주주의 문화를 경작함으로써 더 나은 실천이 나오고, 더 나은 실천으로부터 궁극적으로 아마도 실패하고 있는 자유주의의 프로젝트보다 더 나은 이론이 나올 것이다."10)라고 믿는다.

드닌은 자유주의 이후 도래할 삶의 암울한 시나리오를 피하고 지금보다 더 좋은 무엇을 만들려면 플라톤이 『국가』에서 시작한 유토피아적인 것과 현실적인 것을 절충하는 활동이 필요하다고 말한다. 그러면서 그는 자유주의에 대한 대안 모색의 초기 단계에서 필요한 세 가지 조치를 제시하였다.11)

첫째, 자유주의가 성취한 것을 인정하고, 자유주의 이전 시대로 '회귀하려는' 욕망을 갖지 말아야 한다. 자유주의가 성취한 것을 토대로 삼으면서, 자유주의의 실패를 초래한 근본적인 원인을 버려야 한다. 후진하지 말고 전진만 해야 한다. 자유주의의 성취를 인정해야 한다는 것은 자유주의의 성공을 발판으로 삼아야 한다는 의미로, 자유주의가 초기에 발휘한 정당성과 실패의 이유를 모두 인식한다는 것이다. 이것은 시민의 자치와 개인의 자치 양자 모두에게 실질적인 인간의 자유를 제공하는 것이지, 소비와 성(性)에서 자율성을 보장하는 것은 아니다.

둘째, 우리는 이데올로기 시대에서 벗어나야 한다. 우리는 자유주의를 대체할 수 있는 새로운 이데올로기를 상상하지 말고, 새로

---

9) 같은 책, pp.19-20.

10) 같은 책, p.20.

11) 같은 책, pp.182-188.

운 형태의 문화, 가정 경제, 폴리스 생활을 촉진할 수 있는 실천을 발전시키는 데 주목해야 한다. 좀 더 인간적인 정치는 하나의 이데올로기를 다른 이데올로기로 대체하려는 유혹에서 벗어나야 한다. 정치와 인간 사회는 아래에서 위로, 경험과 실천에서 퍼져 나가야만 한다.

셋째, 그러한 경험과 실천의 용광로에서 정치와 사회에 대한 더 나은 이론이 궁극적으로 등장할 것이다. 그러한 이론은 정의와 존엄에 대한 요구와 같은 자유주의의 성취와 올바른 요구의 중요성을 알고 있어야 한다. 자유주의에 내재되어 있는, 자유주의 이전에도 이미 중요한 것으로 인식되었던 자유를 길잡이로 삼아 인간의 삶에 필수적인 경험과 실천을 담고 있는 정치적 이상을 담아야 한다.

드닌에 따르면, 자유주의의 전통을 구성하는 핵심적인 요소인 자유, 평등, 존엄, 정의, 입헌주의는 서양 고대부터 전해온 것이다. 기독교가 중세에 발전시킨 정치철학은 개인의 존엄성, 인격 개념, 권리와 그에 따른 의무, 무엇보다 중요한 시민사회와 다양한 결사, 폭정에 불가피하게 이끌리는 인간의 성향을 미연에 막는 최고의 방편인 제한된 정부 개념 등을 강조했다.12)

자유주의는 장소와의 관계, 이웃과의 관계, 국가와의 관계, 가족과의 관계, 종교와의 관계를 막론하고 모든 관계에서 느슨한 연계를 격려한다. 그러나 인간은 인간으로서 살아가기 위해 두터운 집단 연대를 필요로 한다. 가족, 장소, 공동체, 지역, 종교, 문화와의 깊은 유대를 상실하면 국가를 통해 소속감을 느끼려고 한다. 공산주의나 전체주의의 발흥은 국가보다 작은 공동체 결사와 공동체를

---

12) 같은 책, pp.184-185.

자유주의가 공격하여 발생한 당연한 결과였다는 것이다.13)

대신에 드닌은 새로운 형태의 공동체를 모색한다. 그는 체코의 반체제 정치인이었던 바츨라프 하벨이 『힘없는 자의 힘』에서 다음과 같이 말한 것을 믿는다. "더 나은 체제가 자동적으로 더 나은 삶을 보장하지 않는다. 사실은 그 반대다. 오직 더 나은 삶을 창조함으로써 더 나은 체제가 창출될 수 있다."14) 드닌은 오직 폴리스(a polis)의 경험에 기초한 정치만이 우리 시대의 불신, 소외, 적개심, 증오를 대체하기 시작할 것이라고 주장한다. 그가 말하는 폴리스의 경험은 공통의 목적의식, 동시대인이 함께 겪는 삶에서 나온 슬픔과 희망 그리고 즐거움에서 발원한 의무와 감사하는 마음, 잠재된 신뢰와 신의의 촉진을 함께하는 삶을 의미한다.15) 공동체 안에서 덕성을 함양하면서 더불어 살아가는 삶을 좋은 삶으로 설정하고 있는 것이다. 그는 폴리스의 삶을 '민주적 삶'이라 부르며, 그것을 강화하기 위해서는 희생과 인내가 필요하다고 말한다. 그가 중시하는 것은 공동체 안에서의 자치다. 이를 위해서는 시위를 통해 정치적 분노와 절망을 드러낼 것이 아니라, 자치 입법과 숙의를 통해 민주적 통치를 쇄신해야 한다.

새로운 문화는 공동체 내부의 문화를 유지하고 가정 경제, '폴리스 라이프' 또는 시민의 참여에서 나오는 자치 형태의 실천에 집중해야 한다. 이러한 모든 실천은 자유주의적인 추상화와 비인격화를

---

13) 같은 책, p.34, pp.59-61.

14) Václav Havel, "The Power of the Powerless", *Open Letters: Selected Writings, 1965-1990*(New York: Vintage, 1992), p.162. Patrick Deneen, 앞의 책(2018), p.xv에서 재인용.

15) Patrick Deneen, 앞의 책(2018), p.xv.

받아들이지 않는 지역 환경에서 일어난다. 드닌은, 문화는 가정에서 가장 직접적인 방식으로 함양되고 전달된다고 주장한다. 곧 문화는 가족 공동체 안에서, 특히 출생과 관혼상제(冠婚喪祭)를 중심으로 발전한다는 것이다. 문화는 지역 상황을 고려하고 지역의 지리와 역사로부터 자양분과 영감을 얻으며, 특정 장소의 이야기와 노래를 통해 기억을 자자손손 전달한다는 것이다.16)

드닌은 새로운 문화는 가정경제를 중심으로 한 경제적 실천에서 출발해야 한다고 주장한다. 그렇게 하려면 효율과 편의성을 거부하고 국지적인 지식과 기교를 택해야 한다. 소비와 낭비를 멀리하고 가정에서 필요한 재화를 자급하는 것에 자부심을 느껴야 한다. 건축의 기술, 수리, 요리하기, 심기, 음식물 저장, 퇴비 만드는 기술은 가정의 독립성과 통합성을 지지할 뿐만 아니라 문화와 시민의 공동생활의 발전에도 기여한다. 이렇게 함으로써 자연의 리듬에 동참하고 자연을 칭송하게 된다. 그는 얼굴을 맞대지 않고 익명성에 기초한 현대의 시장경제는 시민이 서로서로 또 세계와 맺는 관계를 제대로 보지도 듣지도 말하지도 못하도록 한다고 비판한다. 시장경제와 달리 가정 중심의 경제는 우리가 잃어버린 자치를 회복시켜줄 것이라고 믿는다. 드닌은 정치적으로는 지역의 타운 정치를 지지한다. 타운 정치는 중앙정부에 무관심하고, 중앙정부는 타운 정치에 권한 행사를 자제한다. 시민 참여를 통해 자치를 실현함으로써 시민이 그들 자신의 목표뿐만 아니라 공동의 목표를 함께 달성한다는 것이다. 이런 정치는 인간의 실제 관계성, 사회성, 구체적인 이웃을 중시한다.17)

---

16) 같은 책, pp.192-193.
17) 같은 책, pp.194-197.

경제와 문화의 이상적 모델은 아미쉬 공동체이며, 정치의 이상적 모델은 토크빌이 '미국 민주주의의 학교'로 칭송했던 '지역의 타운 정치'다. 토크빌은 자유의 개념을 서양 고대까지 거슬러 올라가 추적한다.[18] 그는 근대의 '자기가 원하는 대로 하는' 자유와 자기 규율에 기초하여 좋은 것을 하기 위해 결정하는 자유, 선택으로서의 자유를 구별한다. 그는 다른 사람을 해치지 않는 한 자기가 하고 싶은 것을 하는 자유주의적 자유가 아니라 '정당하고 선한 것(just and good)'을 스스로 선택하는 고전적, 기독교적 자유를 권한다. 이러한 자유는 권위와 대립하지 않는다. 이때 권위는 사회에 질서를 부여하고 시민이 정당하고 선한 것을 선택하고 행하도록 격려하는 권위다.

토크빌은 고전적, 기독교적 자유는 자연스럽게 민주적 실천으로 이어진다고 생각하였다. '자유에 대한 아름다운 정의'에서 영감을 얻은 민주주의는 자기 통치의 규율 특히 정치적, 개인적 자기 제한이라는 도전적인 실천을 요구한다는 것이다. 이러한 민주주의는 동료 시민과 부단히 상호작용을 해야만 인식할 수 있는 공공선을 추구하기 위해 개인의 욕구와 선호를 자제할 것을 요구한다. 토크빌은 동료 시민과 상호작용을 통해서 자아를 '개인'과 동일시하는 생각 자체가 근본적으로 변할 수 있다고 생각했다. 사람들과 상호작용을 통해서만 개인의 감정과 사상이 새로워지고 마음이 확장되고 이해력이 발달한다고 본 것이다.

토크빌의 이런 주장은 단순히 사고에서 나온 것이 아니라 그가 미국의 북동부를 여행하면서 목격한 뉴잉글랜드 타운의 민주적 관

---

18) 같은 책, pp.173-178.

행을 관찰한 결과에서 나온 것이다. 그는 그가 본 민주적 관행을 청교도적 자유관의 직접적인 영향으로 파악하였다. 사람들이 자기 자신에게 직접 법을 부과하는 자치 관행을 관찰하고 자유로운 시민의 힘은 지역 공동체에 존재한다고 보았다. 그가 관찰한 뉴잉글랜드 타운의 시민은 각자의 운명뿐만 아니라 동료 시민과 공유하는 운명에도 적극적으로 관심을 쏟을 가능성이 높다고 생각하여 타운의 근접성과 직접성을 강조했다. 타운의 시민은 주정부나 연방정부와 같은 권력의 중심에는 신경을 쓰지 않았다.

토크빌은 자치(self-rule)란 실천과 습관의 결과이며, 이런 자치가 없을 경우 자유는 꽃필 수 없고, 멀리 있는 통치자에게 맹종하게 된다고 주장했다. 그는 민주주의를 투표권 행사가 아니라 자기가 속한 장소에서 잘 아는 사람들과 오랫동안 토론하고 논쟁하며 자치를 실현하는 활동으로 이해했다. 사람들은 이런 민주주의를 통해 자신의 이익에 대한 관심에서 벗어나 공공선에 관심을 갖게 된다는 것이다. 시민은 민주주의를 통해 스스로 통치하면서 통치받는다. 민주주의는 법제의 산물이 아니라 법제를 만들면서 민주주의를 성취하는 법을 배운다는 것이다. 토크빌이 생각한 민주 시민은 자신의 삶에 결정적인 영향을 미치는 정부와 경제, 기술, 세계화의 세력 앞에 무력감만을 느끼는 자유주의 시민과는 구별된다.

하나의 패러다임으로서 자유주의

하나의 이념으로서 자유주의는 토마스 쿤이 말하는 하나의 패러다임과 유사성을 지닌다. 쿤은 과학사에 나타난 몇몇 혁명적인 변화를 설명하기 위해 패러다임이라는 개념을 도입했다. 쿤의 『과학혁명의 구조』의 주요 논제는 과학의 변화이며, 그에 따르면 전통적인 견해와 달리 과학의 변화 또는 발전은 누적적인 과정이 아니라 혁명적인 과정을 통해서 성취된다. "과학은 개별적인 발전이나 발명을 통해 누적적으로 발전하지는 않는다."19) 과학의 변화는 과학혁명을 통해 이루어지며, 과학혁명은 한 이론 체계가 포기되고, 그것과 양립할 수 없는 다른 이론 체계가 그 자리를 메꿈으로써 이루어진다는 것이다.

혁명을 통해 과학의 진보가 성취되는데, 쿤은 혁명 이전의 안정된 기간을 '정상과학'이라 부른다. 과학혁명은 정상과학이 위기를 맞이하여 무너지게 되면 나타나는 현상이며, 이 과학혁명은 또다시 정상과학으로 정착하게 되고, 이 과정은 계속된다. 이러한 과정을 설명하는 핵심적인 개념이 바로 패러다임이다. 패러다임이 무엇인가 하는 문제는 정상과학을 규정하기 위해서 필요하며, 쿤의 과학관에서 매우 중요한 개념이다. 쿤은 이 개념을 아주 좁게 정의했다. 모범적인 시험이나 문제 해결을 의미하는 것으로 정의했다. 쿤의 패러다임에는 과학에서 기본이 되는 이론과 법칙들 그리고 기본적인 법칙을 다양한 상황에 적용하는 표준적인 방법, 도구적인 기술, 형이상학적인 원리, 이론의 선택, 평가, 비판과 관계된 원리 등이 포함된다.

정상과학 안에서 활동하는 과학자들은 활동의 토대인 패러다임을 비판하지 않는다. 정상과학 안에서 활동하는 과학자들의 가장 두드러진 특징은 개념적으로나 현상적으로 새로운 것을 발견하려는 노력을 조금도 기울이지 않는다는 것이다. 정상과학은 보수적이

---

19) T. S. Kuhn, *The Structure of Scientific Revolutions*, Fourth Edition (Chicago: The University of Chicago Press, 2012), p.2.

다. 과학자들은 성공적인 기술을 확장하고, 기존의 체계 안에 존재하는 문제들을 제거하기 위해 힘쓸 뿐이다. 정상과학에서는 패러다임과 일치하지 않는 연구 결과는 과학자의 실수로 생각되며, 문제에 대한 해결을 찾지 못할 때에는 이론에서 잘못을 찾지 않고 과학자에게서 잘못을 찾는다.[20] 따라서 여기에서는 결코 이론에 대한 반증이 일어나지 않는다.

그런데 변칙 사례가 나타남으로써 정상과학의 퍼즐들이 예상된 해답을 얻는 데 실패하고 변칙 현상이 기존의 지식 체계로 해결되지 않을 때 정상과학은 위기에 돌입한다. 변칙이 위기를 초래하면 그 변칙은 변칙 이상의 것이 되며, 변칙이 정상과학의 퍼즐 이상으로 여겨지게 될 때 위기로의 전이와 이상과학이 시작된다.[21] 이렇게 되면 과학자들의 주목의 대상이 되고, 이 변칙을 해결하기 위한 노력이 시작된다. 그러나 변칙을 위기로 파악하여 과학자들이 패러다임을 불신한다고 해서 곧 그 패러다임을 버리지는 않는다.

위기를 해결하기 위해 새로운 이론 체계가 나타나고 이 체계를 과학자들이 받아들이면 과학혁명이 일어난다. 혁명은 전문가들의 공동 전제가 변하기 때문에 세계관의 변화를 수반한다. 쿤은 과학혁명에 대한 역사적인 사례로 코페르니쿠스, 뉴턴, 라부아지에, 아인슈타인 등이 제시한 이론의 변화를 들고 있다. "코페르니쿠스, 뉴턴, 라부아지에, 아인슈타인 등이 성취한 업적은 과학혁명이 무엇인가를 잘 설명해주고 있다. 이들은 그 당시까지 받아들여진 과학 이론을 부정하고 그와 양립 불가능한 이론을 받아들이도록 하였다. 그리고 과학적 활동의 터전이 되는 세계의 변화라고 할 수 있는 과

---

20) 같은 책, p.35, p.80.
21) 같은 책, p.82.

학적 세계관의 변화를 가져왔다."22)

쿤은 과학혁명을 정치적 혁명에 비유하기도 한다. 정치적 혁명은 현존하는 제도가 제기된 문제를 해결할 수 없다는 사실을 감지함으로써 시작된다. 과학혁명과 마찬가지로 정치혁명을 통해서 구축한 제도와 그 이전의 제도를 비교할 수 있는 제3의 기준은 존재할 수 없다.23)

자유주의의 미래

여기서 우리가 주목해야 할 것은 패러다임의 전이가 기존 패러다임이 해결하지 못하는 문제가 많이 등장한다고 해서 바로 일어나는 것은 아니라는 사실이다. 과학혁명은 기존의 패러다임을 대신할 수 있는 새로운 패러다임이 등장하기 전에는 결코 발생하지 않는다. 새로운 패러다임이 등장해야 과학자들은 기존의 패러다임을 버리고 새로운 패러다임 안에서 과학 활동을 지속한다.

드닌의 주장에 따르면 자유주의가 해결할 수 없는 문제가 많아졌기 때문에 자유주의는 실패했다. 하지만 자유주의를 대신할 수 있는 새로운 이데올로기가 등장한 것은 아니다. 과학혁명의 구조에 빗대자면 새로운 패러다임이 나타난 것은 아니다. 그러나 이렇게 자유주의가 초래한 문제를 자유주의의 원리로 해결할 수 없을 때, 그 문제는 문제가 아니라 모순으로 변한다. "문제가 하나의 프로그램이나 애플리케이션에 있는 것이 아니라 운영 체제 자체에 있다."24)

---

22) 같은 책, p.6.
23) 같은 책, pp.92-93.
24) Patrick Deneen, 앞의 책(2018), p.179.

는 것이다. 따라서 운영 체제를 바꾸지 않고서는 문제를 해결할 수 없다. 그런데 자유주의로 해결할 수 없는 문제가 더 많아졌고 규모가 커졌다고 해서 모든 시민이 운영 체제로서의 자유주의를 거부하는 것은 아니다.

드닌은 자유주의의 실패를 자유주의 종말의 전조로 이해한다. 시민이 자유주의의 정당성을 신뢰하지 못해 그것에 대한 신념을 버린 것이 자유주의 실패의 가장 근본적인 원인이라는 것이다.[25] 그런데 드닌이 자유주의의 실패를 자유주의의 종말과 동일시하지 않고 전조로 해석하는 이유는, 아직까지 자유주의의 가치에 대한 믿음이 사라지지 않았을 뿐만 아니라, 새로운 이데올로기의 출현을 기대해서도 안 된다고 믿기 때문이다. 그러나 다른 형태의 이데올로기가 나타나면 이념으로서 자유주의는 사라질 수도 있을 것이다.

이념으로서 자유민주주의가 위기에 봉착했다는 주장이 많이 제기되고 있지만, 아직 그것을 대치할 새로운 이데올로기는 등장하지 않았다. 자유민주주의를 신뢰하는 사람들은 자유민주주의를 통해서 현재 우리가 당면한 문제를 해결할 수 있다고 주장할 것이고, 불신하는 사람들은 다른 이데올로기를 모색하거나 드닌처럼 다른 삶의 양식을 찾을 것이다. 이런 상황이 지속되면서 새로운 변화가 일어날 수도 있을 것이다. 이데올로기의 미래는 열려 있다고 할 수 있다. 다수의 사람들이 원하는 것이 궁극적으로 이데올로기의 미래를 결정할 것이다.

---

25) 같은 책, p.179.

• 에필로그 •

위기의 민주주의

20세기에는 전체주의와 공산주의의 출현, 참혹한 전쟁, 환경 문제에 봉착하면서도 정치 체제로서 자유민주주의와 경제 질서로서 시장경제에 대한 믿음은 크게 흔들리지 않았다. 후쿠야마는 공산주의 국가의 몰락을 예측하면서 이념적으로 자유민주주의의 '최종 승리'를 선언했다. 그러나 21세기 들어 20세기의 공공철학이었던 자유민주주의가 실패했거나 죽었다는 주장이 제기되고 있다.[1] 공동체

---

1) 이런 상황을 분석하고 대안을 모색하기 위해 자유주의 또는 민주주의와 관련된 책들이 여러 권 출간되었다. Patrick Deneen, *Why Liberalism Failed*(New Haven: Yale University Press, 2018); Mark Lilla, *The Once and Future Liberal: After Identity Politics*(New York: Harper Collins Publishers, 2017); Edward Luce, *The Retreat of Western Liberalism*(New York: Atlantic Monthly Press, 2017); Steven Levitsky

주의와 공화주의도 자유주의와 결합한 민주주의의 문제점을 지적하면서 그것에 대한 대안으로 제시된 것이다.

자유민주주의의 실패 또는 죽음이 의미하는 내용은 학자에 따라 다르고, 실패나 죽음의 증거로 제시하는 사례들도 일치하지 않는다. 예일대학 출판부에서 발간하는 『정치와 문화』 시리즈의 편집자인 제임스 데이비슨 헌터와 존 M. 오언 4세는, 이 시리즈가 세계적으로 확산되고 있는, 자치가 병들고 있다는 전제에서 시작되었다고 말한다. 그런데 문제는 이 병을 감지한 사람들도 이 병이 무슨 병인지, 치료 방법은 무엇인지에 대해 아직 합의를 보지 못하고 있으며, 시간이 갈수록 커지는 의견의 차이가 이 병의 일부라고 주장한다. 그러면서도 "21세기 초엽에 다수결의 원칙과 개인의 권리가 결합한 자유민주주의가 정당성의 위기에 봉착했다. 과거 수십 년 동안 실행되었고, 국제 질서의 원칙이었던 자유민주주의가 그것이 약속한 것을 이행하지 못함으로써, 그것에 불만을 가진 사람들이 많아지고, 점점 조직화되어 목소리를 높이고 있다."[2]라고 했다.

자유민주주의로 결합되어 자유주의와 민주주의는 한 몸인 것처럼 사용되지만, 자유주의와 민주주의의 관계는 복잡하다. 민주주의는 고대부터 존재하였지만, 근대 자유주의의 영향 아래 고대와는

---

and Daniel Ziblatt, *How Democracies Die*(New York: Crown, 2018); Yascha Mounk, *The People vs Democracy: Why Our Freedom is in Danger and How to Save It*(Cambridge: Harvard University Press, 2018); David Runciman, *How Democracy Ends*(New York: Basic Books, 2018) 등이 대표적이다.

2) James Davison Hunter and John M. Owen IV, "Forward", in Patrick Deneen, *Why Liberalism Failed*(New Haven: Yale University Press, 2018), p.ix.

구분되는 새로운 민주주의가 전개되었다. 고전적 자유주의를 지지하는 사람들은 민주주의를 자유주의의 기본 원리를 침해할 수 있는 위험한 정치 체제로 본다. 반면에 인민의 통치를 민주주의의 본질로 보는 사람들은 고전적 자유주의는 공적인 것이 아니라 사적인 것을, 시민 정신이 아니라 자기 이익을, 공공선보다 개인의 선을 추구하도록 격려하는 이념으로 파악함으로써, 자유주의는 민주주의와 시민권을 없애는 방향으로 나아가려 한다고 비판한다.

민주주의는 자유주의보다 더 오래된 이념이지만, 근대에 자유주의의 만민평등사상과 결합하여 새로운 민주주의로 재탄생했다. 개인의 자유를 가장 높은 가치로 보는 자유주의는 민주주의의 다수결의 원칙과 대립하고 갈등하기도 하지만, 민주주의는 자유주의를 정치적으로 정당화하는 역할을 하였다. 다수의 시민이 자유주의를 선택하였기 때문에 자유주의는 민주주의적인 방식으로 정당화되었다. 따라서 민주주의가 위기에 처하면 민주주의를 통해 정당화되었던 자유주의의 정당성도 흔들리게 된다. 민주주의의 위기는 곧 자유주의의 위기와 연동되어 있기 때문이다.

자유주의자들은 민주주의의 핵심인 만민평등사상, 인민주권사상, 다수결주의가 최악의 상태로 결합하면 자유주의가 위태로워진다고 주장한다. 오늘날 정치적 의사 결정은 정치인, 각종 시민단체, 이익단체, 시민의 여론과 투표 같은 정치 행위를 통해 이루어진다. 이들의 행위가 정치, 경제, 사회, 교육 등에 결정적인 영향을 미친다. 이들의 영향 가운데 부정적인 결과를 초래하는 경우는 주로 민주주의의 타락한 형태인 포퓰리즘으로 나타난다는 것이다. 포퓰리즘은 자신의 정치적 이익을 위해서 선동하는 정치인, 자신의 이익만을 추구하는 시민단체와 이익단체, 여기에 동조하는 의식 없는 시민이 협력하여 만들어낸 결과다.

국민주권에 기초한 민주주의는 '공유지의 비극(tragedy of the common)'에 비유되기도 한다. '모두의 것은 누구의 것도 아니다'라는 비극은, 경험이 증명하듯, 착취와 낭비를 정당화한다. 즉, 주권이 국민에게 있다는 말은 아무에게도 없다는 말과 같다는 것이다. 모든 사람이 주인인 민주주의에서 대리인들은 소유주가 아니기 때문에 온갖 패악을 저지를 가능성이 높다. 소유권을 갖지 않은 자의 특징은 귀중한 재화(財貨)를 보존하기보다 착취하고, 알뜰하게 운영하기보다 낭비하는 데 더 열중한다. 인기 영합적 매표(買票) 정책을 마구 수립하고, 예산을 무작정 늘리고, 권한을 확대하려 한다. 그 다음 선거도 중요하므로 공짜 복지 공약이 남발되고, 유권자는 집단에 따라, 지역에 따라, 특혜에 따라 쏠려 간다. 뿐만 아니라 민주정은 필연적으로 '입법 과잉'을 초래한다. 무책임한 입법 과잉은 필연적으로 개인의 자유를 침해하는 것으로 이어진다.

바스티아는 보통 선거권이 합법적 약탈을 초래했다고 주장한다.3) 보통 선거권은 한 집단이 다른 집단의 부를 빼앗을 수 있는 입법의 길을 열어주었다는 것이다. 그는 사회주의적인 합법적 약탈의 사례로 관세, 산업 보호 정책, 장려금, 보조금, 누진 소득세, 무상교육, 근로권, 이익에 대한 권리, 임금에 대한 권리, 원조의 권리, 노동 수단에 대한 권리, 퇴직금 등을 제시하였다.4) 민주주의의 원리 가운데 하나인 보통 선거권이 다수의 결정으로 개인의 재산권을 침해하는 현상을 사회주의와 동일시하고 부정적으로 본 것이다.

---

3) Frédéric Bastiat, *The Bastiat Collection 1*(Auburn: Ludwig von Mises Institute, 2007), p.61.
4) 같은 책, p.60.

1920년대 스페인의 철학자 오르테가 이 가세트가 쓴 『대중의 반역』이 예고하였듯이, 대중사회가 타락하면 히틀러의 나치즘과 같은 정치가 등장한다. 과거 권력층이 개인으로서 권력을 남용하였다면, 민주주의 사회에서 대중은 집단화를 통해 권력을 장악한다. 그와 동시에 대중은 권력을 지향하는 개인과 기관의 조작과 선동의 대상이다. 그 결과로 선동과 괴담, 음모론과 거짓이 난무한다. 대중이 집단적으로 권력을 휘두르고 있음에도 불구하고 아직도 권력을 일부 '특권층', '권력층'이 갖고 있다고 착각한다. 히틀러의 나치즘이 히틀러와 같은 권력자에게서 유래한 것만은 아니다. 그의 출현을 원하고 추종한 대중이 있었기 때문에 히틀러의 나치즘이 가능했다. 에리히 프롬은 목숨을 걸고 자유를 쟁취한 조상들과 달리 자유로부터의 도피 현상이 나치즘의 등장을 가능하게 했다고 분석했다.

민주주의의 다수결을 불신하는 자유주의자들은 개인의 자유를 보호하기 위해 헌법을 통해 정부와 다수의 권력을 제한하는 제한적 민주주의만을 옹호한다. 민주주의를 앞세워 자유주의를 침해하는 경우가 허다하기 때문에 자유주의자들은 민주주의를 제약하는 방안으로 엘리트 통치나 전문가 통치를 옹호하기도 하였다. 그들은 시민의 낮은 문해력(civil literacy), 저조한 투표 참여율, 추락하는 공공정신을 문제 삼아 민주주의를 제한하려고 한다.

이론적으로 민주주의는 많은 비판을 받았지만, 민주주의를 발전시킨 나라에서 대부분의 사람들은 민주주의를 지지했다. 민주주의를 실현하기 위해 목숨까지 바친 사람도 많다. 그러나 민주주의에 대한 평가가 바뀌고 있다.

사반세기 전만 해도 자유민주주의 국가의 국민 대부분은 정부에 매우 만족했고, 자신들의 제도를 열렬히 지지했다. 그러나 이제는 그 어느 때보다 큰 환멸을 나타내고 있다. 사반세기 전에는 대부분의 국민이 자유민주주의 체제에 사는 것을 자랑스러워했고, 그들의 정치 체제를 대신하려는 권위주의를 강력하게 거부했다. 그러나 이제는 점점 더 많은 사람들이 민주주의에 적대적이다. 사반세기 전만 해도, 서로 다른 입장의 정파들도 민주주의의 기본 원리와 규범에 대해서는 존중하는 모습이었다. 이제는 자유민주주의의 가장 기본적인 규범을 위반한 후보자들이 큰 권력과 영향력을 얻고 있다.5)

최근 민주주의에 대한 논쟁은 과거와 그 양상이 달라지고 있는 것이다. 오늘날에는 민주주의에 대한 '위협'이 아니라 '죽음'이 화제다. 레비츠키와 지블랫은 그들의 공동 저서 『어떻게 민주주의는 죽는가』에서 오늘날에는 과거와 달리 파시즘, 공산주의 또는 군부 통치와 같은 노골적인 독재가 아니라 투표장에서 선출된 지도자가 민주주의를 죽인다고 했다.6)

냉전 기간 중 민주주의 붕괴의 3/4은 쿠데타에 의한 것이었다. 아르헨티나, 브라질, 도미니카공화국, 가나, 그리스, 과테말라, 나이지리아. 파키스탄, 페루, 태국, 터키, 우루과이의 민주주의가 모두 쿠데타에 의해 죽었다. 그러나 이제 민주주의는 군인 아닌 국민이 선출한 지도자의 손에 의해 죽을 수 있다. 곧 민주적 절차를 통해 선출된 대통령이나 총리가 권력을 잡자마자 민주주의를 죽일 수 있다. 1933년 히틀러가 독일 의사당 화재를 통해 그랬던 것처럼 일부

---

5) Yascha Mounk, *The People vs Democracy: Why Our Freedom is in Danger and How to Save It*(Cambridge: Harvard University Press, 2018), p.5.

6) Steven Levitsky and Daniel Ziblatt, *How Democracies Die*(New York: Crown, 2018), p.5.

지도자는 순식간에 민주주의를 해체해버린다. 하지만 민주주의는 더 많은 경우 거의 드러나지 않은 방식으로 서서히 침식한다.7)

『어떻게 민주주의는 죽는가』의 집필 배경은 미국이지만, 그 내용은 오늘날 독재자의 심성을 가진 독단적인 정치인들이 지배하는 나라에서 발견할 수 있는 공통적인 현상이다. "독재정권의 민주주의 전복 시도는 의회나 법원의 승인을 받았다는 점에서 '합법적'이다. 심지어 사법부를 효율적으로 개편하고 부패를 척결하고, 선거 절차를 간소화한다는 명분으로 민주주의를 '개선'하려고 한다. 신문은 발행되지만 정권의 회유나 협박은 자체 검열을 강요한다. 시민은 정부를 비판할 수 있지만 그럴 경우 세무조사를 받거나 소송을 당하게 된다. 독재를 비판하는 사람들의 주장은 과장이거나 거짓말이라고 '오해'를 받는다. 대부분의 사람들은 그들이 민주주의 사회에서 살고 있다고 믿으며, 민주주의가 무너지고 있다는 사실을 제대로 인지하지 못한다."8) 민주주의의 붕괴는 민주주의의 상징인 투표장에서 일어나기 때문에 사람들이 붕괴를 인지하지 못한다는 것이다.

레비츠키와 지블랫은, 잠재적 독재자는 자신의 반민주적 조치를 정당화하기 위한 수단으로 경제 위기나 자연재해, 특히 전쟁과 폭동, 테러와 같은 안보 위협을 이용하고, 시민도 국가 안보가 위기에 처했을 때 권력자의 전체주의 조치를 용인한다고 말한다. 또한 그들은 "한 사람의 정치 지도자가 단독으로 민주주의를 끝낼 수 없다. 어떤 지도자도 혼자서 민주주의를 구할 수 없다. 민주주의는 우리 모두가 함께 수행해야 할 일이다. 민주주의의 운명은 우리 모두의

---

7) 같은 책, p.3.
8) 같은 책, pp.5-6.

손에 달려 있다."9)라고 주장한다.

레비츠키와 지블랫은 정당이 상대 정당을 정당한 경쟁자로 인정하는 상호 관용과 이해, 그리고 제도적 권리를 행사할 때 신중함을 잃지 않는 자제력이라는 민주주의의 규범이 작동하지 않으면, 헌법에 명시된 권력 분립이 민주주의를 막는 보호막 구실을 할 수 없다고 주장한다. 정당이 발휘해야 하는 관용과 절제의 규범이 사라지면 선출된 독재자는 사법부 등 정치적 중립 기관들을 자신의 입맛대로 바꾸거나 '무기로 활용하고', 자신에 대한 반대 의사를 표명하지 못하도록 언론과 민간 영역을 매수하고, 정치 게임의 규칙을 변경하여 기울어진 운동장을 만들어 경쟁자에게 공정한 경쟁의 기회를 제공하지 않는다는 것이다.10)

포퓰리스트 정치인은 사법부를 포획하기 위해 판사, 수사기관, 공직윤리 담당기관에 대한 압박을 예사로 삼는다. 법관에 대한 공개적인 모욕과 비판을 가함으로써 사법부의 권위를 실추시킨다. 나아가 자신들의 선동 정치에 방해가 되는 주류 미디어와 시민단체, 이익단체를 직접적으로 위협한다. 뿐만 아니라 거리낌 없이 민주정치의 기본 절차와 상식을 파괴한다. 공권력이나 예산 삭감을 통해 자신에 비우호적인 인물이나 조직을 위협한다. 그동안 포퓰리즘은 주로 퍼주기식 복지 정책을 통해 인기를 유지하려는 선심성, 방만 예산에 초점이 맞추어졌지만, 최근에는 민주주의의 기본질서와 상식을 허물고 있다. 포퓰리즘은 관용과 공존에 기초한 다원주의를 말살한다.

이런 포퓰리즘의 원인은 여럿이지만 가장 중요한 것은 분노다.

---

9) 같은 책, p.230.

10) 같은 책, pp.8-9.

포퓰리즘 뒤에는 어디서나 심화하는 경제 양극화와 빈곤의 심화에 대한 분노가 자리 잡고 있다. 이 분노에 정치인들이 영합한다. 뿐만 아니라 현대 민주주의는 소셜 미디어와 결합한 혐오 발언과 가짜 뉴스로 위협을 받고 있다. 무능하고 무책임한 정치인들은 대중에 영합하여 포퓰리즘 정치를 폭발적으로 이어가고 있다. 영국이 EU 로부터 탈퇴한 브렉시트, 미국의 기성 정치를 부정하면서 등장한 트럼프는 포퓰리즘의 극치로 여겨지고 있다. 혐오 발언과 가짜 뉴스와 결합한 포퓰리즘은 다원주의와 법치, 자유와 관용이 작동하는 민주정치를 위협한다.[11)

지금까지 이런 일들은 미국과 전혀 관계가 없는 일이었는데, 트럼프의 등장 이후 민주주의의 위기를 알리는 징후적인 행동을 미국 정치인들이 실행하기 시작했다는 것이다.

이들은 미국에서 민주주의의 규범이 깨진 이유를 정치 양극화에

---

11) Yascha Mounk, 앞의 책(2018), pp.16-18. 뭉크는 포퓰리즘의 확산을 막기 위해서는 적어도 세 가지를 고려해야 한다고 말한다. 첫째, 국내외적으로 불평등을 완화하고 급속히 상승하는 생활수준 향상의 기대에 부응하기 위해 경제정책을 개혁해야 한다. 경제성장의 결과를 더 공평하게 분배하는 것은 분배적 정의의 문제가 아니라 정치적 안정을 위해 필요하다. 둘째, 근대 국민국가에서 시민권과 거주권의 의미를 재고해야 한다. 어떤 신조나 피부색을 가진 구성원이라도 진정으로 동등한 대우를 받을 것이라는 다민족 민주주의를 실행해야 한다. 모든 사회 구성원의 권리가 존중되어야 한다. 마지막으로, 우리는 인터넷과 소셜 미디어의 혁신적인 영향을 견딜 수 있게 학습해야 한다. 혐오 발언과 가짜 뉴스의 확산은 소셜 미디어 기업들 또는 정부가 검열관으로 활동할 수 있도록 부추긴다. 이렇게 되면 언론의 자유가 위기에 처한다. 디지털 민주주의를 안전하게 유지하기 위해서는 소셜 미디어에 어떤 메시지가 퍼져 나가는지뿐만 아니라 그것을 사람들이 어떻게 받아들일 것인지를 잘 파악해야 한다.

서 찾는다. 민주주의 규범의 침식은 당파적 양극화에서 비롯되었다는 것이다. 당파적 양극화의 정책 차이를 넘어서, 인종과 문화에 걸친 본질적 갈등으로까지 확산되었다. 미국 사회가 다양화되면서, 인종 간 평등을 실현하려는 노력이 성공하지 못하면서 오히려 양극화는 심화되었다. 극단적인 양극화는 민주주의를 죽음에 이르게 할 수 있다. 그러나 역설적으로 극단적인 양극화가 민주주의를 죽일 수 있다는 교훈을 통해서 민주주의를 지킬 수도 있다고 주장한다.12)

미국에서의 민주주의의 위기 또는 죽음을 연구한 학자들이 그것의 원인으로 제시한 것 가운데 가장 중요한 것은 정치적 양극화와 경제적 양극화다. 이 두 가지 양극화가 민주주의에 대한 시민의 믿음을 허물고 분노를 조장하면서 정치인들이 그것을 이용하는 악순환이 벌어진다는 것이다. 그러나 학자들은, 민주주의는 죽어가고 있지만, 아직 민주주의를 살릴 길이 남아 있다는 믿음을 공유하고 있다.

이념과 민주주의

그렇다면 자유주의, 공동체주의, 공화주의와 같은 정치적 이념과 민주주의는 어떤 관계인가? 자유주의, 공동체주의, 공화주의는 서로 경합관계에 있는 이념이지만 민주주의는 그렇지 않다. 민주주의는 이런 이념들과 범주가 다르다. 현실 정치에서 민주주의는 이런 이념들보다 우선한다. 이런 이념들이 내세우는 원칙, 체제, 정책을 실행할 것인가, 그렇지 않을 것인가를 결정하는 것은 민주주의이기

---

12) Steven Levitsky and Daniel Ziblatt, 앞의 책(2018), pp.9-10.

때문이다. 의사 결정 기제로서 민주주의는 특정의 이념적 경향성을 갖지 않으며, 민주주의를 통해 어떤 이념이 결정될지 우리는 미리 알 수 없다.

자유주의, 공동체주의, 공화주의가 현실에서 가치와 이념으로 공존하면서, 민주주의를 통한 선택을 기다리면 된다. 자유주의, 공동체주의, 공화주의는 서로 공유한 부분도 많지만, 현실 문제의 해결과 우리가 지향해야 할 나라가 어떤 나라인가를 두고서는 서로 경쟁하고 갈등한다. 이들 사이의 갈등과 경쟁은 철학적 논의로 해결될 수 있는 문제는 아니다. 쿤의 패러다임처럼 서로 독립된 이념 체계로서 자기 정당화의 논리를 갖추고 외부의 비판을 자신의 논리를 강화하는 방향으로 수용하기 때문이다. 이런 상황에서 우리는 민주주의에 호소해야 한다. 민주주의는 선택된 이념에 정당성을 부여한다.

민주주의는 또 이념보다 우위에 있음에도 불구하고, 많은 문제점을 안고 있다. 그렇다고 민주주의를 버릴 수는 없다. 아직까지 민주주의를 대체할 만한 더 나은 정치 체제는 나오지 않았기 때문이다. 우리에게 자유주의와 민주주의는 '노이라트의 배'13)다.

---

13) 'Neurath's Boat'는 노이라트의 다음과 같은 말에서 유래한다. "우리는 육지의 조선소에서 배를 해체하고 좋은 부품으로 새로운 배를 건조할 수 없는, 망망대해에서 배를 수리해야 하는 선원과 같다." Otto Neurath, *Philosophical Paper 1913-1946*, eds. and trans. by Robert S. Cohen and Marie Neurath(Dordrecht: Reidel, 1983). 노이라트는 이 비유를 확고한 지식의 기초가 존재하지 않는다는 의미로 사용했다.

· 참고문헌 ·

김광수. 「애덤 스미스의 법과 경제: 정의와 효율성 간의 관계를 중심으로」, 『經濟學硏究』 제57집 제1호. 서울: 한국경제학회, 2009.

김낙연. 「우리나라 소득불평등의 추이와 국제 비교」, 『사회과학연구』 제25권 제2호. 2018.

김낙연. 「한국의 부의 불평등, 2000-2013: 상속세 자료에 의한 접근」, 『경제사학』 제40권 제13호. 2016.

김용환. 「공감과 연민의 감정의 도덕적 함의」, 『철학』 제76집. 서울: 한국철학회, 2003.

김인규. 「플라톤의 지속가능한 불평등과 한국」, 『철학과 현실』 109호. 서울: 철학문화연구소, 2016.

로티, 리처드. 「현대철학과 인식론의 종언: 차인석과의 대화」, 『철학연구』 제17집. 서울: 철학연구회, 1982.

박찬구. 「흄과 칸트에 있어서의 도덕감」, 『철학』 제44집. 서울: 한국철학회, 1995.

신중섭. 「샌델의 시민적 정치경제학의 한계」, 『인문학연구』 제117호. 대전: 충남대학교 인문과학연구소, 2019.

신중섭. 「공화주의의 시민경제학」, 『대동철학』 제89집. 대구: 대동철학회, 2019.

신중섭. 「국가의 중립성과 인성교육」, 『윤리교육연구』 제46집. 대구: 한국윤리교육학회, 2017.

신중섭. 「개인과 공동체」, 『윤리교육연구』 제45집. 대구: 한국윤리교육학회, 2017.

신중섭. 「샌델의 시민적 공화주의」, 『윤리교육연구』 제42집. 대구: 한국윤리교육학회, 2016.

신중섭. 「피케티의 사본과 불평등」, 『윤리교육연구』 제41집. 대구: 한국윤리교육학회, 2016.

신중섭. 「도딕적 자격과 성의」, 『철학논총』 제80집. 대구: 새한철학회, 2015.

신중섭. 「피케티의 『21세기 자본』에 대한 철학적 비판」, 안재욱·현진권 편저. 『피케티의 「21세기 자본」 바로 읽기』. 서울: 백년동안, 2014.

신중섭. 「도덕 감정과 이기심: 아담 스미스를 중심으로」, 『철학논총』 제73집. 대구: 새한철학회, 2013.

신중섭. 「자생적 질서와 도덕」, 『철학논총』 제68집. 대구: 새한철학회, 2012.

신중섭·이종흡·박만섭·Serap Kayatekin. 「스코틀랜드 계몽주의, 자본주의, 신자유주의」, 『국민윤리연구』 46권. 서울: 한국국민윤리학회, 2001.

신중섭. 「로티의 자유주의 유토피아」, 『과학사상』 제7집. 서울: 과학사상연구회, 1996.

조승래. 「마이클 샌델의 공화주의」, 『대구사학』 112권. 대구: 대구사학회, 2013.

주동률. 「평등과 응분(desert)의 유기적 관계에 대한 변호」, 『철학』 제85호. 서울: 한국철학회, 2005.

주원준. 「구약성경의 세 가지 '탐욕'」, 『인간 연구』 제22호. 서울: 가톨릭대학교 인간학연구소, 2012.

피케티, 토마·이정우·김홍중(사회). 「특별대담: 자본주의의 운명에 대한 예언의 서사」, 『21세기 자본』. 『문학동네』 겨울호. 2014.

그레이, 존. 손철성 옮김. 『자유주의』. 서울: 이후, 2007.

김경희. 『공화주의』. 서울: 책세상, 2009.

김광수. 『애덤 스미스의 학문과 사상』. 서울: 해냄, 2005.

김남두. 「들어가는 말」, 김남두 엮어 옮김. 『재산권 사상의 흐름』. 서울: 천지, 1993.

김동식. 『로티의 신실용주의』. 서울: 철학과현실사, 1994.

김용준·이유선·황설중·임건태·이병철. 『로티의 철학과 아이러니』. 서울: 아카넷, 2014.

김우창. 『성찰: 시대의 흐름에 서서』. 파주: 한길사, 2011.

김우창. 『정의와 정의의 조건』. 서울: 생각의 나무, 2008.

대처, 마거릿. 「대처주의의 이념과 실제」, 인촌기념회·고려대학교 엮음. 『인촌기념강좌』, 서울: 인촌기념회·고려대학교·동아일보사, 2002.

도메 다쿠오. 우경봉 옮김. 『지금 애덤 스미스를 읽는다』. 서울: 동아시아, 2010.

드닌, 패트릭 J. 이재만 옮김. 『왜 자유주의는 실패했는가』. 서울: 책과함께, 2019.

레비츠키, 스티븐·대니얼 지블랫. 박세연 옮김. 『어떻게 민주주의는 무너지는가』. 서울: 어크로스, 2018.

롤즈, 존. 장동진 옮김. 『정치적 자유주의』. 파주: 동명사, 2019.

롤즈, 존. 황경식 옮김. 『정의론』. 서울: 이학사, 2003.

매기, 브라이언. 이명현 옮김. 『칼 포퍼: 그의 과학철학과 사회철학』. 서울: 문학과지성사, 1992.

민경국. 『자유주의의 지혜』. 서울: 아카넷, 2007.

민경국. 『하이에크, 자유의 길: 하이에크의 자유주의 사상 연구』. 파주: 한울아카데미, 2007.

밀, 존 스튜어트. 서병훈 옮김. 『자유론』. 서울: 책세상, 2010.

바바렛, J. M. 박형신·정수남 옮김. 『감정의 거시사회학: 감정은 사회를 어떻게 움직이는가?』. 서울: 일신사, 2007.

바지니·파슬, 피터. 상준호 옮김. 『윤리학의 연장통』. 파주: 서광사, 2009.

박정순. 『마이클 샌델의 정의론, 무엇이 문제인가: 지혜의 자각과 자기발견을 위한 철학적 여로』. 서울: 철학과현실사, 2016.

박정순. 『마이클 월저의 사회사상과 철학적 깨달음』. 서울: 철학과현실사, 2017.

박정순. 『존 롤즈의 정의론: 전개와 변천』. 서울: 철학과현실사, 2019.

볼, 테렌스·대거, 리처드. 정승현·강정인·김수자·문지영·오향미·홍태영 옮김. 『현대 정치사상의 파노라마: 민주주의의 이상과 정치 이념』. 서울: 아카넷, 2006.

부어스틴, 다니엘 J. 이성범 옮김. 『발견자들 I』. 서울: 범양사출판부, 1995.

부크홀츠, 토드. 류현 옮김. 『죽은 경제학자들의 살아있는 아이디어』. 파주: 김영사, 2009.

비롤리, 모리치오. 김경희·김동규 옮김. 『공화주의』. 고양: 인간사랑, 2006.

샌델, 마이클. 안규남 옮김. 『민주주의의 불만』. 파주: 동녘, 2012.

샌델, 마이클. 안진환·김선욱 옮김. 『정치와 도덕을 말하다: 좋은 삶을 향한 공공철학 논쟁』. 서울: 와이즈베리, 2016.

샌델, 마이클. 이양수 옮김. 『정의의 한계』. 고양: 멜론, 2012.

샌델, 마이클. 이창신 옮김. 『정의란 무엇인가』. 파주: 김영사, 2010.

스미스, 애덤. 김수행 옮김. 『국부론(상·하)』. 서울: 비봉출판사, 2007.

스미스, 애덤. 박세일·민경국 옮김. 『도덕 감정론』. 서울: 비봉출판사, 2009.

스위프트, 애덤. 김비환 옮김. 『정치의 생각』. 서울: 개마고원, 2011.

신중섭. 『딱 맞게 풀어쓴 「선택할 자유」』. 서울: 자유경제원, 2015.

신중섭. 『마이클 샌델의 정의론 바로 읽기』. 서울: 비봉출판사, 2016.

신중섭. 『칼 포퍼의 열린사회와 그 적들』. 서울: 자유기업센터, 1999.

아리스토텔레스. 천병희 옮김. 『정치학』. 파주: 숲, 2013.

아블라스터, 앤서니. 조기제 옮김. 『서구 자유주의의 융성과 쇠퇴』. 파주: 나남, 2007.

이근식. 『상생적 자유주의: 자유, 평등, 상생과 사회발전』. 파주: 돌베개, 2009.

이근식. 『신자유주의: 하이에크·프리드먼·뷰캐넌』. 서울: 기파랑, 2009.

이근식. 『애담 스미스의 고전적 자유주의』. 서울: 기파랑, 2006.

이근식·황경식 편저. 『자유주의의 원류: 18세기 이전의 자유주의』. 서울: 철학과현실사, 2003.

이한구. 『역자주의와 반역사주의』. 서울: 철학과현실사, 2010.

이한구. 『역사학의 철학』. 서울: 민음사, 2007.

장하성. 『왜 분노해야 하는가』. 성남: 헤이북스, 2015.

장하성. 『한국 자본주의』. 성남: 헤이북스, 2014.

정원섭. 『롤즈의 공적 이성과 입헌민주주의』. 서울: 철학과현실사, 2008.

조승래. 『공화국을 위하여: 공화주의의 형성과정과 핵심사상』. 서울: 도서출판 길, 2010.

최윤재. 「맨더빌의 삶과 생각」, 버나드 맨더빌. 최윤재 옮김. 『꿀벌의

우화: 개인의 악덕, 사회의 이익』. 서울: 문예출판사, 2010.

케인즈, 존 메이나드. 정명진 옮김. 『설득의 경제학』. 서울: 부글북스, 2009.

콩드-스퐁빌, 앙드레. 이현웅 옮김. 『자본주의는 윤리적인가?』. 서울: 생각의 나무, 2010.

킴리카, 윌. 장동진 · 장휘 · 우정열 · 백성욱 옮김. 『현대 정치철학의 이해』. 서울: 농명사, 2006.

파빈, 필. 이화여대 통역번역연구소 옮김. 『칼 포퍼』. 서울: 아산정책연구원, 2015.

페팃, 필립. 곽준혁 옮김. 『신공화주의: 비지배 자유와 공화주의 정부』. 파주: 나남, 2012.

포퍼, 칼. 이한구 옮김. 『열린사회와 그 적들 I』. 서울: 민음사, 2006.

포퍼, 칼. 이명현 옮김. 『열린사회와 그 적들 II』. 서울: 민음사, 1997.

포퍼, 칼. 이한구 옮김. 『추측과 논박 1 · 2』. 서울: 민음사, 2001.

포퍼, 칼. 이한구 · 정연교 · 이창환 옮김. 『역사법칙주의의 빈곤』. 서울: 철학과현실사, 2016.

프리드먼, 밀턴. 심준보 · 변동열 옮김. 『자본주의와 자유』. 서울: 청어람미디어, 2007.

프리드먼, 밀턴 · 프리드먼, 로즈. 민병균 · 서재명 · 한홍순 옮김. 『선택할 자유』. 서울: 자유기업원, 2003.

플라톤. 박종현 역주. 『법률』. 파주: 서광사, 2009.

피케티, 토마. 장경덕 옮김. 『21세기 자본』. 파주: 글항아리, 2014.

하이에크, 프리드리히 A. 민경국 · 서병훈 · 박종운 옮김. 『법, 입법 그리고 자유』. 서울: 자유기업원, 2018.

하이에크, 프리드리히 A. 신중섭 옮김. 『치명적 자만』. 서울: 자유기업원, 2005.

황경식. 『자유주의는 진화하는가: 열린 자유주의를 위하여』. 서울: 철학과현실사, 2006.

황경식. 『정의사회의 철학적 기초』. 서울: 문학과지성사, 1985.

Anthony, Quinton. "Karl Popper: Politics Without Essence", in Anthony de Crespigny and Kenneth Monogue eds. *Contemporary Political Philosophers*. London: Methuen & Co, 1976.

Aristotle. *The Politics*.

Ball, Terence and Richard Dagger. *Political Ideologies and the Democratic Ideal*, 8th Edition. Boston: Longman, 2011.

Bastiat, Frédéric. *The Bastiat Collection 1*. Auburn: Ludwig von Mises Institute, 2007.

Beiner, Ronald S., "The Quest for a Post-Liberal Public Philosophy", in Anita L Allen and Milton C. Regan, Jr. eds. *Debating Democracy's Discontent: Essays on American Politics, Law, and Public Philosophy*. Oxford: Oxford University Press, 1998.

Brenkert, George G., *Marx's Ethics of Freedom*. London: Routledge & Kegan Paul, 1983.

Brennan, Geoffrey and Loren Lomasky, "Against reviving republicanism", *Politics, Philosophy & Economics* 5(2). 2006.

Burtt, Shelly. "The Politics of Virtue Today: A Critique and Proposal", *American Political Science Review* 87. 1993.

Dagger, Richard. "Neo-republicanism and civic economy", *Politics, Philosophy & Economics* 5(2). 2006. 6.

Daly, Markate. "Introduction", in Markate Daly, ed., *Communitarianism: A New Public Ethics*. Belmont: Wadsworth Publishing Company, 1994.

Davis. K. and W. Moore. "Some Principles of Stratification", *American Sociological Review*, Vol. 10, No. 2. April, 1945.

Deneen, Patrick. *Why Liberalism Failed*. New Haven: Yale University Press, 2018.

Durant, Will. *The History of Civilization* Vol 1: *Our Oriental Heritage*. New York: Simon and Schuster, 1954.

Escalas, Jennlfer Edson and Barbara Stern. "Sympathy and Empathy: Emotional Responses Advertising Dramas", *Journal of Consumer Research*, Vol. 29, No. 4, March, 2003.

Ferguson, Adam. *An Essay on the History of Civil Society*. Cambridge: Cambridge University Press, 2001.

Friedman, Milton and Rose. *Free to Choose: A Personal Statement*. New York: Harcourt Bruce & Company, 1990.

Friedman, Milton. *Capitalism and Freedom*, Fortieth Anniversary Edition. Chicago: The University of Chicago Press, 2002.

Gamble, Andrew. *Hayek: The Iron Cage of Liberty*. Boulder: Westview Press, 1996.

Giere, Ronald N., *Understanding Scientific Reasoning*. Fort Worth: Harcourt Brace College Publishers, 1997.

Gray, John. "Hayek, the Scottish School, and Contemporary Economics", *The Scottish Contribution to Modern Economic Thought*. Douglas Mair ed. Aberdeen: Aberdeen University Press, 1990.

Gray, John. *Liberalism*, Second Edition. Buckingham: Open University Press, 1995.

Gray, John. *Liberalisms: Essays on Political Philosophy*. London: Routledge, 1991.

316

Hayek, F. A. "The Muddle of the Middle", *Philosophical and Economic Foundations of Capitalism*. S. Pejovich ed. Lexington: Lexington Books, 1983.

Hayek, F. A. "Economics and Knowledge", *Individualism and Economic Order*. Chicago: The University of Press, 1980.

Hayek, F. A. "The Moral Imperative of the Market", in *The Unfinished Agenda: Essays on the political economy of government policy in honour of Arthur Seldon*. Martin J. Anderson ed. London: The Institute of Economic Affairs, 1986.

Hayek, F. A. "The Principles of a Liberal Social Order", in Anthony Crespigny and Jeremy Cronin eds. *Ideologies of Politics*. Oxford: Oxford University Press, 1975.

Hayek, F. A. *Individualism and Economic Order*. Chicago: The University of Chicago Press, 1948.

Hayek, F. A. *Law, Legislation and Liberty*. London: Routledge, 2013.

Hayek, F. A. *New Studies in Philosophy, Politics, Economics and the History of Ideas*. Chicago: The University of Chicago Press, 1978.

Hayek, F. A. *Studies in Philosophy, Politics and Economics*. London: Routledge and Kegan Paul, 1967.

Hayek, F. A. *The Constitution of Liberty*. Chicago: The University of Chicago Press, 2011.

Hayek, F. A. *The Fatal Conceit: The Errors of Socialism*. Chicago: The University of Chicago Press, 1988.

Hobbes, Thomas. *Leviathan*. ed. by Richard Tuck. Cambridge: Cambridge University Press, 1991.

Hunter, James Davison and John M. Owen IV, "Forward", in Patrick Deneen. *Why Liberalism Failed*. New Haven: Yale University Press, 2018.

Huntington, Samuel P. *The Clash of Civilizations and the Remaking of World Order*. New York: Simon & Schuster, 1996.

Jarvie, I. and Pralong, S., eds. *Popper's Open Society After 50 Years*. London: Routledge, 1999.

Keynes, John Maynard. *The General Theory of Employment, Interest, and Money*. London: Palgrave Macmillan, 2018.

Kuhn, T. S. *The Structure of Scientific Revolutions*, Fourth Edition. Chicago: The University of Chicago Press, 2012.

Levitsky, Steven and Ziblatt, Daniel. *How Democracies Die*. New York: Crown, 2018.

Lilla, Mark. *The Once and Future Liberal: After Identity Politics*. New York: Harper Collins Publishers, 2017.

Luce, Edward. *The Retreat of Western Liberalism*. New York: Atlantic Monthly Press, 2017.

Magee, Bryan. *Popper*. Glasgow: Williams Collins & Co Ltd, 1978.

Marcuse, Herbert and Karl Popper. *Revolution or Reform?: A Confrontation*. Chicago: New University Press, 1976.

McCarthy, T. "Private Irony and Public Decency: Richard Rorty's New Pragmatism", in *Critical Inquiry* 16. 1990.

Mounk, Yascha. *The People vs Democracy: Why Our Freedom is in Danger and How to Save It*. Cambridge: Harvard University Press, 2018.

Mulhall, Stephen and Adam Swift. *Liberals & Communitarians*, Second Edition. Oxford: Blackwell Publisher, 1996.

318

Nietzsche, F. *On the Genealogy of Morals*. trans. by Walter Kaufmann and R. J. Hollangdale. New York: Vintage Books, 1969.

Nozick, Robert. *Anarchy, State and Utopia*. New York: Basic Books, Inc., Publishers, 1974.

Olsaretti, Serena. *Liberty, Desert and the Market: A Philosophical Study*. Cambridge: Cambridge University Press, 2004.

Pack, Spencer P. *Capitalism as a Moral System: Adam Smith's Critique of the Free Market Economy*. Northampton: Edward Elgar, 1991.

Pazzanese, Christina. " 'People want politics to be about big things': Michael Sandel's passion for justice (interview)", *Harvard Gazette*, April 5, 2016.

Petsoulas, Christina. *Hayek's Liberalism and its Origins: His idea of spontaneous order and Scottish Enlightenment*. London: Routledge, 2001.

Pettit, Philip. *Republicanism: A Theory of Freedom and Government*. Oxford: Oxford University Press, 1997.

Pettit, Philip. *Just Freedom: A Moral Compass for a Complex World*. New York: W. W. Norton & Company, 2014.

Piketty, Thomas. *Capital in the Twenty-First Century*. trans. by Arthur Goldhammer. Cambridge: The Belknap Press of Harvard University Press, 2014.

Popper, Karl. *Conjectures and Refutations: The Growth of Scientific Knowledge*. London: Routledge and Kegan Paul, 1978.

Popper, Karl. *In Search of A Better World: Lectures and Essays from Thirty Years*. London: Routledge, 1992.

Popper, Karl. *The Lesson of This Century*. London: Routledge, 1997.

Popper, Karl. *The Myth of the Framework: In Defence of Science and Rationality*. London: Routledge, 1994.

Popper, Karl. *The Open Society & Its Enemies*, New One-Volume Edition. Princeton: Princeton University Press, 2013.

Popper, Karl. *The Poverty of Historicism*. London: Routledge & Kegan Paul, 1976.

Raphael, D. D. *Smith*. Oxford: Oxford University Press, 1985.

Rawls, John. *Justice as Fairness: A Restatement*. ed. by Erin Kelly. Cambridge: The Belknap Press of Harvard University Press, 2001.

Rawls, John. A Theory of Justice. Cambridge: The Belknap Press of Harvard University Press, 1971.

Rawls, John. *Political Liberalism*. New York: Columbia University Press, 1996.

Rogers, Melvin L, "Republican Confusion and Liberal Clarification", *Philosophy and Social Criticism* 34-7. 2008.

Rorty, Richard. "From Logic to Language to Play: A Plenary Address to the Inter-American Congress", *Proceedings and Addresses of the American Philosophical Association* 59. 1986.

Rorty, Richard. "Introduction: Pragmatism as Anti-Representa tionalism", in J. P. Murphy. *Pragmatism: From Peirce to Davidson*. Oxford: Westview Press, 1990.

Rorty, Richard. "Thugs and Theorists: A Reply to Bernstein", in *Political Theory*, Vol. 15. 1987.

Rorty, Richard. *Consequences of Pragmatism*. Minneapolis: University of Minnesota Press, 1982.

Rorty, Richard. *Contingency, Irony and Solidarity*. Cambridge:

Cambridge University Press, 1989.

Rorty, Richard. *Objectivity, Relativism, and Truth*. Cambridge: Cambridge University Press, 1991.

Runciman, David. *How Democracy Ends*. New York: Basic Books, 2018.

Sandel, Michael. "Bernie Sanders and Donald Trump look like saviours to voters who feel left out of the American Dream", *The Guardian*. Sunday 28, February 2016.

Sandel, Michael. "Reply to Critics", in Anita L. Allen, and Milton C. Regan, Jr. eds., *Debating Democracy's Discontent: Essays on American Politics, Law, and Public Philosophy*. Oxford: Oxford University Press, 1998.

Sandel, Michael. *Democracy's Discontent: America in Search of a Public Philosophy*. Cambridge: The Belknap Press of Harvard University Press, 1996.

Sandel, Michael. *Justice: What's the right thing to do?* Farrar: Straus and Giroux, 2009.

Sandel, Michael. *Liberalism and the Limits of Justice*. Cambridge: Cambridge University Press, 1998.

Sandel, Michael. *Public Philosophy: Essays on Morality in Politics*. Cambridge: Harvard University Press, 2005.

Skinner, Andrew. "Adam Smith", *The New Palgrave Dictionary of Economics*, Volume 7, Second Edition. ed. by Steven N. Durlauf and Lawrence E. Blume. New York: Palgrave Macmillan, 2008.

Smith, Adam. *An Inquiry Into The Nature and Causes of The Wealth of Nations*, Volume I. ed. by R. H. Campbell and A. S. Skinner. Indianapolis: Liberty Press, 1979.

Smith, Adam. *An Inquiry Into The Nature and Causes of The Wealth of Nations*, Volume II. ed. by R. H. Campbell and A. S. Skinner. Indianapolis: Liberty Press, 1979.

Smith, Adam. *The Theory of Moral Sentiments*. ed. by D. D. Raphael and A. L. Macfie. Indianapolis: Liberty Press, 1984.

Swift, Adam. *Political Philosophy: A Beginner's Guide for Students and Politicians*, Second Edition. Cambridge: Polity Press, 2006.

Unger, Roberto. *Knowledge and Politics*. New York: The Free Press, 1975.

Werhane, Patricia H. "Business Ethics and the Origins of Contemporary Capitalism: Economics and Ethics in the Work of Adam Smith and Herbert Spencer", *Journal of Business Ethics* 24. 2000.

• 찾아보기 •

신중섭

고려대학교 철학과를 졸업하고 동 대학원에서 철학박사학위를 받았다. UC
버클리, UW 매디슨, 빈 대학에서 연구하였다. 한국과학철학회 회장을 역임
하였으며 현재 강원대학교 윤리교육과 교수이다.
주요 저서로 『포퍼와 현대의 과학철학』, 『현대 과학철학의 문제들』(공저),
『포퍼의 열린사회와 그 적들』, 『마이클 샌델의 정의론 바로 읽기』 등이 있으
며, 역서로 『현대의 과학철학』(공역), 『과학이란 무엇인가』(공역), 『치명적
자만』, 『과학적 연구프로그램의 방법론』, 『비판이론의 이념』(공역) 등이 있
다.

자유주의의 철학적 기초

1판 1쇄 인쇄	2021년 4월 5일
1판 1쇄 발행	2021년 4월 10일

지은이	신 중 섭
발행인	전 춘 호
발행처	철학과현실사
출판등록	1987년 12월 15일 제300-1987-36호

서울특별시 종로구 대학로 12길 31
전화번호 579-5908
팩시밀리 572-2830

ISBN 978-89-7775-845-2   93160
값 16,000원